새벽 기관차

박관현 평전

새벽 기관차

박관현 평전

(재)관현장학재단 편
최유정 지음

사계절

광주고등학교 1학년 6반 간부들과 함께. 첫째 줄 맨 왼쪽이 박관현이다.

동중학교 졸업식 때. 앉아 있는 사람이 박관현이다.

고교 시절의 박관현

전남대 법대 입학 후 동생들과 함께

전남대학교 총학생회장에 당선된 후
『전대신문』과 인터뷰하는 모습

1980년 4월 4일 학교 대강당 앞 광장에서 열린 총학생회장 선거 첫 번째 유세에서
열변을 토하는 모습

박관현 동지를 떠나보낸 지도 30년이 되었습니다.

들불야학 강단에서, 용봉 캠퍼스와 전남 도청 분수대에서 80년 민주화의 새벽 기관차였던 동지의 사자후가 지금도 들리는 듯합니다.

체포 후 법정 최후진술에서 소수 정치군부의 반인륜적 학살을 규탄하고 역사의 준엄한 심판을 경고했던 동지의 열변은 아직도 우리의 가슴속에 뜨겁게 메아리치고 있습니다.

박 동지가 그렇게 소망했던 민주주의와 민족의 통일은 더욱 멀어지고 양극화된 사회는 노동자와 농민의 삶을 더욱 팍팍하게 옥죄고 있습니다.

한 세대의 시간이 흐른 지금, 박 동지가 눈물겹게 그리운 것은 80년 봄 모든 시민·학생의 가슴에 자유와 평등, 민주와 대동세상의 꿈을 심어준, 결코 잊을 수 없는 집단적 경험 때문입니다. 동지께서는 5·18민중항쟁의 진군을 위해 법조인의 꿈을 접고 5월 투쟁의 선봉에 섰습니다.

소수 군부와 일전이 불가피하니 행여 살아남는다면 교도소에서 단합대회를 열자며 시위를 독려하면서 단식농성 중인 학생들의 잠

자리에 학생회관 커튼을 모두 뜯어 덮어주던 봄날의 밤을 결코 잊을 수 없습니다.

항상 작업복에 타이어표 고무신을 신고 탁배기를 즐겨 하며 노동자의 행복과 해방을 위한 깊은 실천가였던 동지가 총학생회장에 출마하면서 윤상원 열사의 양복을 빌려 입고 와서 어색해하던 표정이 지금도 눈에 선합니다.

죽음을 결의하고 교문을 돌파하던 날, 이제 물러서지 않겠노라고 말했던 동지. 광주의 고립과 희생을 우려하면서 전국 대학과의 연대투쟁과 광주전남 지역 시민학생들의 대동단결을 소리 높여 외쳤던 동지. 유신 잔당과 소수 정치군인들을 횃불시위로 응징하자고 연설했던 박 동지는 지금 어디에 계십니까!

투철한 소신 속의 휴머니즘과 솔선하는 지도력으로 시대의 아픔을 딛고 우리 사회의 민주화와 통일을 향한 열망을 가장 뜨겁게 보듬었던 박 동지는 지금 어디에 계십니까!

동지의 29년이라는 짧고 굵은 삶을 되짚어보면서 한없는 그리움과 살아 있는 우리의 부끄러움을 감출 길 없습니다.

이제 동지의 제단에 동지의 목소리와 혼백을 담은 작은 평전을 바칩니다. 동지의 정신을 기리는 기억과 계승의 소박한 출발입니다. 장학사업, 기념비 건립, 10월제 등 동지의 기념사업도 더욱 내실을 기하고 기초자료 수집과 좀 더 폭넓은 개인 및 집단 증언 채록을 바탕으로 초기 5월항쟁을 재구성하는 작업을 계속해나갈 것입니다. 이 과정에서 수많은 후학들이 5월항쟁이라는 역사적 공간에서 박 동지와 해후하기를 기대합니다.

떳떳한 생을 내걸어

사내는 벽 속의 평온을 끊었다.

음식을 끊고

협박을 끊고

불성실을 끊고

생명을 끊었다.

시들어 죽은 죽음이 아니라

굶주린 아가미로 압제의 썩은 고기를

처넣은 죽음이다.

재일동포 시인 김시종은 「입다문 언어-박관현에게」라는 시에서 박 동지의 죽음을 이렇게 통절하게 애도하고 있습니다.

동지를 떠나보내고 남은 우리가 동지의 뜻을 올곧게 실천할 수 있도록 늘 지켜주소서. 영면하소서.

오재일 (재)관현장학재단 이사장

차 례

서장

의혹 1

1982년 10월 10일 오전 10시쯤. 신영일은 옆방에서 나는 소리에 온 신경을 곤두세웠다. '특수 징벌방'에서 돌아온 관현이 그동안 죽 한 그릇 제대로 먹지 못했다는 것을 알고 있기 때문이었다. 힘이 하나도 없을 텐데 관현은 청소를 하겠다며 담당 교도관을 불러 걸레 빨 물까지 챙겼다.

쓱쓱, 관현 방에서 들려오는 걸레질 소리가 평상시 같지 않았다. 아까부터 걸레질 소리에서 점점 힘이 빠져가고 있었다.

"형님, 너무 무리하지 마쇼."

영일이 벽에 대고 걱정 어린 한마디를 했다. 응답이라도 하듯 관현의 방에서 신음 소리가 들려왔다. 벽에 기댔는지 몸을 뒤척이는 소리도 함께 들렸다. 영일은 자기도 모르게 관현이 기대고 있을 벽으로 바짝 붙어 섰다.

"형님, 무슨 일이요? 어디 편찮은 게요?"

영일이 벽에 대고 물었다. 위기감이 영일의 온몸을 번개처럼 훑고 지나갔다.

그러나 아무 대답도 없이 관현의 방에서는 신음 소리만 계속 들려왔다. 관현의 신음 소리가 땅 끝으로 끌려가듯 깊고, 깊었다. 영일은 입술이 바싹 타들어갔다. 어디가 아프다고 엄살 부릴 관현이 아니었기 때문이다.

"형님, 형님!"

"가슴이 아파. 어지럽기도 하고……."

관현의 목소리가 들려온 것은 영일이 몇 번이나 관현을 불러대고 한참 지나서였다. 관현의 목소리에서는 평상시 기백이라곤 전혀 느껴지지 않았다.

영일은 당장 뚫고 나갈 것처럼 시찰구 쪽에 몸을 갖다 붙였다. 이제는 위기감이 아닌 불길함이 영일의 온몸을 감쌌다.

"담당, 담당!"

영일의 목소리가 미결 2사 복도를 울렸다.

"담당, 담당!"

영일이 문을 차대는 소리도 미결 2사 복도를 향해 퍼져나갔다.

의혹 2

"안녕하십니까? 박관현입니다."

관현이 이성희를 보고 꾸벅 고개를 숙였다.

이성희는 전북대 수의학과 교수로 재직하다가 남민전 사건에 연루되어 수감되었다. 의사라곤 밖에서 들어온 의무과장뿐이던 당시, 교도소 쪽은 이성희에게 병원 사동의 사역 활동을 맡겨 인력 부족을 메우고 있었다.

이성희는 차돌처럼 다부진 몸매, 총명함이 담긴 눈빛, 흐트러짐 없이 고개 숙이고 있는 모습에서 관현이 보통 인물이 아니라는 것을 한눈에 느꼈다.

"자네 말은 많이 들었네. 고생 많았지?"

의무과장이 둘의 대화를 눈치챌세라, 이성희는 소곤거렸다. 관현은 아무 말 하지 않고 이성희를 바라보았다.

관현의 눈빛에서 이성희는 그가 얼마나 과묵한 사람인지 읽어냈다. 참을성이 많은 사람, 가볍게 움직이지 않는 사람. 그러나 한번 판단하면 그 판단을 결코 함부로 거두지 않는 사람. 두 사람의 만남은 이렇게 시작되었다.

"박사님, 특사 소식을 듣고 싶습니다. 제가 듣기로는……."

관현은 이성희를 병사에서 만날 때마다 특사 양심수 소식을 궁금해했다.

특사의 비인간적이고 비인도적인 상황이 극에 달해 있었기 때문이다. 기본권을 침해당하는 것은 물론이거니와 외부와의 연락도 철저히 차단당하고 있었다. 교도소 쪽은 특사 양심수들을 짐승 다루듯 했다. 특사 양심수들이 비인간적인 처우 개선을 요구할 때마다 지하 취조실로 끌고 내려가 개 패듯 짓밟았다. 그뿐이 아니었다. 죽도록 때려놓고도 모자라 지하 취조실 천장에 몇 시간씩 매달아놓기까지 했다.

"어떻게 그런 일이……."

이성희에게서 특사의 대략적인 상황을 전해 들은 관현은 차마 말을 잇지 못했다.

이성희와 만날 무렵 관현은 1982년 5월 사망한 기정도의 사인 규명 등을 요구 조건으로 내걸고 단식투쟁 중이었다. 관현은 더 큰 의무감을 느꼈다. 바깥 세계와 연결되는 길을 차단당한 특사의 처우 개선 문제도 자신의 어깨에 책임 지워져 있다는 생각이 절실해졌기 때문이다.

1982년 10월 10일.

이성희는 일이 도무지 손에 잡히지 않았다. 관현이 전남대 병원으로 이송되었다는 소식을 들었던 것이다.

'그렇게 쉽게 무너질 사람이 아닌데.'

지난 7월, 관현이 단식을 시작한 이후 지금까지 쭉 관현을 진료해온 이성희는 믿기지 않았다. 단식 투쟁 때문에 몸이 쇠약해진 것은 사실이지만, 관현이 그렇게 급작스럽게 쓰러지고 위급해질 정도는 아니라고 판단했기 때문이다.

'혹시…….'

의료실 책상을 정리하던 이성희의 손이 갑자기 멈췄다.

'그곳 때문이라면……?'

이성희는 고개를 흔들었다.

한 번도 경험해본 적은 없지만, 이성희는 특수 징벌방을, 그 징벌방이 얼마나 끔찍한 곳인지를 아주 잘 알고 있었다. 특사의 몇몇 동지들이 특방에 갇혀 죽을 만큼 고생한 이야기를 종종 들었기 때문이다. 이성희는 흠칫, 몸을 떨었다.

'어쩌면 그럴지도 몰라.'

의구심은 점점 확신으로 치달았다. 이성희는 자기도 모르게 입술을 깨물었다.

의혹 3

"쌍놈의 새끼들! 죽으려면 조용히 죽을 것이지, 여기가 니네들 안방이냐?"

남민전 사건으로 1980년 가을부터 광주교도소에 복역 중인 김종삼은 이날도 처우 개선을 요구하며 단식을 하고 있었다.

갑자기 독방 문이 열리더니 시커먼 것들이 우르르 떼거리로 들이닥쳤다. 차마 귀에 담아둘 수 없는 험한 소리들이 한꺼번에 쏟아졌다. 김종삼은 본능적으로 공벌레처럼 몸을 둥그렇게 말았다. 곧 몇 개인지 헤아릴 수도 없는 발들이 김종삼을 밟아대기 시작했다. 김종삼은 몸이 으스러지는 고통을 느꼈다.

당시 특사는 일 년에 100일 이상 단식 투쟁을 했다. 운동 시간 확보, 정량의 식사 공급, 신문 구독 등 비인간적인 처우 개선과 관련해서는 물론이고 1980년 5월 이후의 정치 상황은 특사 양심수들에게 목숨을 내건 단식을 요구하고 있었다.

단식이 길어지거나 격렬해지면 교도소 측은 특사 독방에 사형수들을 들여보냈다. 그들은 사형수들을 통해 양심수들을 회유하고자 했다. 회유가 통할 리 없다는 사실을 모르지 않을 텐데도 사형수들을 특사 독방에 집어넣는 교도소 쪽의 의도는 뻔했다. 양심수들을 죽음 직전까지 몰고 가는 것이 목표였다.

교도소 측은 특사 양심수들을 무릎 꿇리기 위해 수단과 방법을 가리지 않았다. 김종삼은 이달에만도 벌써 몇 번이나 교도소 쪽의 폭력에 맨몸을 내놓아야 했다.

김종삼은 얻어맞아서 생긴 골수종이라는 병에 시달렸다. 수술을 받아야 하는 상황이었지만 교도소 측은 차일피일 시간을 미루기만 했다. 병사에 간간이 보내주는 것이 그나마 그들이 베푸는 최고의 호의였다.

그날도 김종삼은 견디기 힘든 통증을 가라앉히려고 치료자 병사로 걸어가는 중이었다. 맞은편에서 한 청년이 오고 있었다.

김종삼은 그 청년이 박관현이라는 것을 대번에 알아차렸다. 1980년 5·18항쟁을 이끈 전남대학교 총학생회장 박관현이 얼마 전 광주교도소 미결 사동으로 들어왔다는 소문이 분분하던 즈음이었다. 어느새 청년은 김종삼과 어깨를 스칠 만큼 가까이 다가서 있었다.

"박관현, 멋있네."

김종삼이 한마디 툭 던졌다.

엇갈려 지나가던 청년이 뒤돌아 김종삼을 바라보았다. 김종삼도 고개를 돌린 채로 청년을 바라보았다.

"감사합니다."

관현이 바른 자세로 서서 고개 숙여 인사를 했다. 김종삼은 관현과 몇 마디 더 이야기를 나누고 싶었다. 하지만 교도관이 김종삼의 팔을 거칠게 잡아당기는 바람에 더는 눈빛조차 교환할 수 없었다.

반대편 복도를 향해 걸어가면서 김종삼은 관현이 소문대로 무척 예의 바르고 진중한 청년이라고 느꼈다. 간결한 말 한마디에 배어 있는 진중함. 비록 찰나적인 만남이었지만 김종삼은 관현에게서 깊은 인상을 받았다.

1982년 10월 11일.

"정말입니까? 관현이가 죽을 지경이 되었다는 게 사실이란 말입니까?"

병사에서 만난 이성희가 김종삼에게 믿을 수 없는 소식을 전했다. 관현이 전남대 병원 응급실로 실려갔다는 것이었다.

"건강하다고, 괜찮다고 하지 않았습니까, 박사님?"

응급실이라니? 호흡 곤란이라니? 김종삼은 도무지 믿기지 않아 따지듯 이성희에게 물었다.

이성희가 갸웃 떨구었던 고개를 들고 김종삼을 바라보았다. 김종삼을 바라보는 이성희의 눈길에는 걱정과 근심, 해결되지 않은 의구심이 가득 담겨 있었다.

"관현이가 생명을 내놓을 정도는 아니었지, 분명. 특수 징벌방에 가기 전까지는 내가 가끔 봤으니까 말이야."

"그렇다면 왜 이 지경이 된 겁니까? 도대체 이유가 뭡니까?"

"글쎄……."

그때 퍼뜩 김종삼의 머릿속으로 생각 하나가 밀려들었다.

'특수 징벌방. 거기는 살인 감방이나 마찬가지인데.'

광주교도소가 재소자들을 특별 관리할 목적으로 만든 특수 징벌 방은 사방이 탄력 있는 하얀색 특수체로 만들어져 있었다. 이 특수체 때문에 1.5평 정도의 방이 0.75평 정도로 더욱더 좁아졌다. 특수체를 덧댄 이유는 수감자가 자해를 할 수 없게 하기 위해서였다. 수감자가 머리를 벽에 아무리 세게 부딪혀도 전혀 다치지 않았다.

특수체를 덧댄 또 다른 이유는 방음을 위해서였다. 미세한 소리도 절대 새나가지 않는 방음 효과 때문에 이 방에서는 무자비한 폭력도 자유롭게 행해질 수 있었다. 방문에 붙어 있는 급식구까지 특수 유리로 만들어 그야말로 바깥과 완전히 차단된 상태. 방 바깥과 대화도 인터폰으로 해야 할 정도로 빛과 소리, 공기가 완전히 차단된 공간이었다. 환기는 그저 조그만 급식구를 통해서만 이루어지게 되어 있었다.

김종삼은 몸서리를 쳤다.

겨우 하룻밤이었지만 그 징벌방에서 보낸 24시간이 김종삼은 너무 끔찍했다. 생각만 해도 머리가 아프고 구역질이 나면서 숨을 쉬기가 힘들었다. 그 기억이 떠올라 김종삼은 눈을 꼭 감았다.

이성희가 김종삼을 흔들었다.

"한 달 넘도록 단식한 사람을 그곳에 집어넣었으니……."

김종삼이 혼잣말을 했다.

"관현이가 거기에서 나오자마자 병원으로 실려갔다면……. 그랬다면……."

김종삼이 이성희 앞으로 한 발짝 성큼 다가섰다.

"박사님! 밖에서 여닫게 되어 있는 급식구가 닫힌다면, 그러면 당연히 숨을 쉴 수 없게 되는 것 아닙니까? 24시간 열려 있어야 할 그 급식구가 실수로라도 닫힌다면 말입니다."

생각의 속도를 따라가듯 김종삼의 말이 점점 빨라졌다.

이성희는 눈을 감았다. 이성희의 눈꺼풀이 바르르 떨렸다.

"속단해서는 안 돼."

"그렇지만 어떻게 관현이가 갑자기 다 죽어간단 말입니까? 관현을 저 지경으로 만든 결정적인 이유가 있지 않겠습니까?"

김종삼이 소리치듯 말했다.

이성희는 김종삼을 자제시켰다. 의무실 소파에 주저앉은 김종삼의 얼굴에는 허탈함과 분노가 한데 뭉뚱그려져 있었다.

김종삼은 특사로 돌아와 관현의 소식을 전했다. 모두들 특수 징벌방이 관현의 상태를 악화시킨 게 분명하다고 입을 모았다. 이렇게 넋 놓고 있어선 안 되는 것 아니냐고, 살인 감방을 방치해두면 더 많은 사람들이 죽어갈 것이라고 모두들 분노했다. 김종삼도 마찬가지 생각이었다.

이튿날 김종삼은 교도관의 감시를 받으며 운동을 하고 있었다.

관현이 응급실로 이송되어 그런지 교도관들은 여느 때와 달리 유들유들했다. 김종삼이 병원에 있는 관현의 상태를 물어도 넙죽넙죽 대답해줬다. 한참을 교도관과 함께 교도소 안마당을 돌던 김종삼이 입을 열었다.

"교도관, 특수 징벌방 말이오. 내가 거기 좀 한번 들여다보면 안 되겠소?"

"특수 징벌방이요?"

교도관은 잠시 아무 말도 하지 않았다.

그러나 김종삼이 다짜고짜 징벌방이 있는 건물 쪽으로 걸어가자 군말 없이 김종삼 뒤를 따라왔다.

당시 교도소는 위기감에 휩싸여 있었다. 관현이 죽느냐 사느냐에 따라 재소자들의 움직임이 달라질 것이기 때문이었다. 교도관이 동행한 덕분에 김종삼은 징벌방까지 아무 제지 없이 들어갈 수 있었다.

김종삼은 특수 징벌방으로 들어가 사방을 살폈다. 천장 가까이에 있는 창문이 눈에 들어왔다. 창문은 아크릴 같은 재질로 밀봉되어 있었다. 원래는 뚫려 있던 곳을 공기 하나 통하지 않도록 특수 재질의 아크릴판 같은 것으로 완전히 막아놓은 것이다.

'저기만이라도 뚫려 있었다면, 뚫려 있었다면……'

이런 생각이 들자 김종삼은 도저히 참을 수가 없었다.

"망치 좀 가져다주시오."

"아니, 망치는 왜요?"

"이게 얼마나 튼튼한지 한번 재미 삼아 두드려보고 싶어졌소."

손가락으로 벽을 틱틱 튕기는 김종삼의 말을 교도관은 별로 의심하지 않았다.

교도관이 사람을 시켜 망치를 가져오게 했다. 김종삼이 벽이나 몇 번 두드려보고 말겠지 싶었던 것이다. 곧 쇠망치가 도착했다. 김종삼이 망치를 손에 불끈 쥐었다. 망치를 움켜쥔 김종삼의 팔뚝에서 새파란 핏줄이 툭툭 불거져나왔다. 김종삼은 팔을 높이 치켜들었다.

"뭐 하는 거요? 당장 그만둬요!"

교도관이 소리를 질렀다.

김종삼은 망치로 있는 힘껏 아크릴판을 두들겨댔다. 교도관의 눈에 종삼은 미친 것처럼 보였다.

"세상에, 창까지 막아놓는 악독한 놈들이 어디에 있어. 아예 사람 숨구멍을 틀어막을 작정이었던 게지, 나쁜 놈들!"

이렇게 외치는 김종삼의 망치질은 더욱 거세어졌다.

하지만 창을 덮고 있는 아크릴판은 꿈쩍도 하지 않았다. 깨지기는커녕 금도 가지 않았다.

"지독한 놈들! 이렇게 해놨으니 사람이 죽지, 안 죽고 배기겠어? 세상천지, 아무리 눈 씻고 봐도 없을 나쁜 놈들!"

어느새 김종삼의 눈에서는 눈물이 흐르고 있었다.

어린 시절

어머니

"관현아, 어서 자라. 엄니 오시면 깨울 테니."

눈이 가물거리면서도 자리에 눕지 못하는 관현을 보고 셋째 누나가 타일렀다. 관현은 대답이 없었다. 해가 산 너머로 사라진 지도 한참 지난 시각이었다.

관현은 속이 탔다. 어머니 혼자 재를 넘어오려면 무서울 텐데. 이고 간 비단을 다 팔지 못했으면 무겁기도 할 텐데.

누나는 관현의 그런 속도 모르고 계속 채근했다. 내일 학교 갈 준비나 하고 어서 자라며 꾸지람까지 했다. 건넌방 할아버지 헛기침 소리마저 관현을 나무라고 있었다.

관현은 살그머니 일어났다. 식구들은 모두 잠들어 있었다. 삐그

덕, 방문 열리는 소리에 가슴이 덜컥 내려앉았다. 할아버지가 알면 사달이 날 일이었다.

밤바람이 찼다. 아직 가을이 깊지 않았는데도 산등성이를 휘돌아 내려온 바람은 칼날이었다. 아무리 걸어도 어머니가 타고 올 산등성이 끝자락은 보이지 않았다. 쉬익, 갑자기 센 바람이 관현을 향해 달려들었다. 나무 그림자가 손아귀를 벌리고 관현을 붙잡으려 했다. 관현이 기겁을 하며 눈을 질끈 감았다. 결코 한낮에 관현이 타고 놀던 나뭇가지가 아니었다.

"너 관현이 아니냐?"

차마 눈을 뜨지 못하고 바람 소리에 갇혀 서 있는데 누가 관현을 불렀다. 어머니였다.

갑자기 오줌보가 터질 것 같았다. 어머니 목소리를 듣자마자 긴장이 풀려 사타구니까지 후들거렸다. 무서워서 꾹 참고 있던 오줌발이 끝내 한 방울 흘러나왔다. 관현은 당장이라도 울음이 터질 것 같았다.

"어머니!"

그런 마음과 달리 어머니 손에 들린 보따리가 먼저 눈에 들어왔다.

관현은 얼른 달려가 보따리를 낚아챘다. 밤바람에 내내 시달렸을 어머니의 손이 얼음장처럼 차가웠다.

"둬라. 이까짓 게 뭐 무겁다고……."

어머니가 다시 보따리를 가져가며 관현의 등짝을 철썩 내리쳤다. 얼마나 세게 쳤는지 얼어붙었던 등짝이 후끈거렸다. 서운한 마음에 관현의 눈에 눈물이 핑 돌았다.

"짐승이라도 나오면 어쩌려고? 누나들이 널 나가게 내버려두던?"

어머니는 애먼 누나들까지 들먹였다.

그러면서도 얼른 관현의 손을 붙잡았다. 어머니가 윗옷 앞섶을 벌려 관현의 손을 품었다. 어머니는 야단을 치면서도 어린 아들의 속내가 믿음직하게 느껴졌다. 이제 겨우 열 살이지만 배포가 두둑한 놈이라는 생각이 들었다.

"어머니, 비단은 다 파셨어요?"

어머니와 걸어가며 관현이 물었다.

어머니는 그냥 웃기만 했다. 보따리가 묵직한 것으로 보아 팔지 못하고 가져온 비단이 꽤 많은 것 같았다. 그래도 어머니의 미소는 보름달처럼 환했다. 관현은 어머니의 미소를 훔쳐보며 따라 웃었다.

관현과 어머니는 많은 이야기를 주고받았다. 주로 어머니가 말하고 관현이 듣는 편이었다. 어머니는 관현에게 오늘 학교에서 뭘 배웠는지도 묻고 할아버지가 저녁 진지를 드셨는지도 물었다.

"관현아, 내가 좀 늦게 온다고 울지 마라. 사내가 이깟 일에 마음 쓰고 눈물 보이면 안 된다. 너는 큰 인물이 될 사람 아니냐? 내가 보고 싶거든 기다리면서 책이라도 한 장 더 봐라. 그러면 내가 금방 달려올 테니 말이다."

어머니가 말했다.

관현은 그러겠다고 고개를 끄덕였지만, 속으로는 다른 생각을 하고 있었다.

모두가 잠든 밤. 재를 두 개나 넘어 건넛마을까지 행상을 다니는 우리 어머니. 얼마나 무거웠을까? 얼마나 힘들었을까?

어린 관현 가슴에 와 박힌 것은 차디찬 어머니 손이었고, 방금 전 어둠 속에서 어깨가 축 늘어져 더욱 작아 보이던 어머니 모습이었다. 관현이 깍지 낀 어머니 손을 움켜잡았다. 어머니도 어린 아들의 손을 힘주어 꽉 잡아주었다.

관현의 어머니는 함평군 손불면 이판춘의 셋째 딸이었다. 함평 손불에서 첫째가는 부농 집안이었고 떵떵거리며 산 양반집이었다.

관현의 외할아버지 이판춘은 셋째 딸을 시집보내려고 사람까지 사서 사윗감을 물색했다. 영광 불갑 쌍운리에 사는 박씨 집안 어른의 인물 됨됨이가 훌륭하다는 말을 매파가 곧 전해왔다. 외할아버지는 관현의 어머니를 그 집으로 시집보내기로 결심했다. 가세가 그리 넉넉지 않다는 점이 마음에 걸렸지만, 딸을 인품 있는 댁 며느리로 보낸다는 것이 흡족했다.

그러나 관현의 어머니 이금녀가 시집와서 맞닥뜨린 현실은 녹록지 않았다. 시집이라고 와서 보니 고구마밥이나 쑥밥, 무밥으로 끼니를 잇고 있었다. 관현의 어머니는 견디기 힘들었다. 고래 등 같은 기와집에서 머슴을 부리고 살아온 귀한 집 셋째 딸 아니던가. 어머니는 친정아버지도 원망스럽고 친정어머니도 원망스러웠다. 배고파서 못 살 지경인 사정도 모르고 딸을 시집보낸 부모. 관현의 어머니는 견딜 수가 없어서 몇 번이고 보따리를 쌌다 풀었다.

그렇게 겨우겨우 몇 달을 견디고 있던 어느 날, 기어이 어머니는 보따리를 옆구리에 끼었다. 밤도망을 가기로 작정한 것이다.

이런 사정을 낱낱이 이야기하면 친정 부모님도 눈물 바람을 하면서 나를 붙잡고 울겠지? 다시는 어디 보내지 않고 당신들 옆에 고이고이 나를 앉혀놓겠지? 밤도망을 가는 그날은, 그래서 어둠도 무섭지 않았다. 살길을 찾아가는 것이라 생각하니 오히려 종아리가 점점 짱짱해지는 듯했다.

멀리 친정집 지붕이 보이기 시작했다. 관현의 어머니는 날아갈 듯했다. 날개라도 돋은 것일까? 대문으로 들어서는 관현 어머니의 발걸음은 어느새 사뿐사뿐 가벼워져 있었다.

"어머니!"

마당에 들어서자마자 그제야 다리 힘이 풀렸다. 어머니는 마루에 걸터앉아 조용히 친정어머니를 불렀다.

듣지 못한 걸까? 방 안에서는 아무 기척이 없었다.

"어머니!"

다시 한 번 어머니를 불렀다.

방문이 열리며 그리운 친정어머니가 나왔다. 관현의 어머니는 차마 고개를 들 수 없었다. 왈칵 설움이 복받쳤기 때문이다.

"무슨 일이냐, 아가? 이 밤중에 네가 여기 웬일이란 말이냐?"

몇 달 만에 듣는 친정어머니 목소리에 어머니는 끝내 설움을 터뜨리고 말았다. 관현의 어머니는 보따리를 내려놓지도 못한 채 울기 시작했다. 온몸을 들썩이며 우는 딸을 친정어머니는 가만히 내려다보고만 있었다.

"못 살겠어서 왔소. 굶어 죽을 것 같아서 왔단 말이오."

한참을 울기만 하던 관현의 어머니가 헐떡거리며 간신히 사정을 털어놓았을 때였다.

친정어머니가 관현 어머니의 손을 잡아당겼다.

"따라오너라."

친정어머니가 딸을 데려간 곳은 베 짜는 방이었다. 어둠 속에서도 눈에 익은 베틀 여러 대가 보였다. 처녀 적, 관현의 어머니가 친정어머니와 함께 베를 짜던 틀이었다. 친정어머니 손에는 실 끝을 자를 때 쓰는 작은 칼이 들려 있었다. 관현의 어머니는 처녀 시절 자기 것처럼 가지고 놀던 베틀이 반가우면서도 한편으로는 어안이 벙벙했다. 친정어머니의 눈빛이 매서웠기 때문이다.

친정어머니가 갑자기 베틀에 칼을 갖다 댔다.

"너하고 나하고 여기서 죽자. 내가 말하지 않았느냐? 한 올 한 올 베 짜듯이 살아야 한다고. 네가 얼마나 고생하는지는 모르겠다만, 박씨 집안에서 뼈를 묻어야 할 네가 여기에 와 있으니 이 베틀 따위가 다 뭐냐? 베틀이고 뭐고, 너하고 나하고 여기서 죽자. 그러면 다 그만이다."

친정어머니 목소리는 서슬이 퍼랬다.

관현 어머니는 놀랐다.

위로받아야 할 처지에 놓인 자신을 이런 식으로 대하다니. 내가 너를 잘못 가르쳤다는 친정어머니의 하소연 따위는 귀에 들어오지도 않았다.

그러나 친정어머니는 딸의 변명을 들으려고 하지 않았다. 하는 수 없었다. 관현 어머니는 다시 보따리를 끌어안고 밤새 걸어온 길을 되짚어 돌아가야 했다.

영광으로 되돌아가는 길은 더할 수 없이 어둡고 어두웠다. 그새 더 밤이 깊어진 까닭이었다. 눈물마저 메말라버렸는지 더는 나오지 않았다. 서운했다. 친정어머니의 말이 옳은 것 같기는 해도, 친정어머니의 마음이 어떠리라는 걸 짐작 못하는 바는 아니어도, 그냥 서운했다. 하도 서운하고 서러워서 당장 그 자리에서 목이라도 매 죽고 싶었다.

호랑이가 산다는 지풍골 재를 넘어갈 때였다.

바닥까지 내려간 심정이 이제는 관현 어머니를 차분하게 만들고 있었다. 문득, 이런 생각이 들었다. 그래, 살자. 허리끈 졸라매고 어디 한번 살아보자. 그래서 내가 이 가난을 이겨내보자. 여봐란 듯 잘 살아보잔 말이다.

관현의 어머니는 해가 뜨기 전, 영광 집에 도착했다. 다행인지 불행인지, 아직 아무도 일어나지 않았다. 어머니는 들고 간 보따리를 부엌 찬장 깊숙이 밀어넣고 아궁이 앞에 앉았다. 누가 밀어넣은 것인지 군불이 타닥타닥 아직도 타고 있었다. 마른 나뭇가지 몇 개를 더 집어넣자, 대번에 불길이 확 일었다. 불길에 어린 어머니 얼굴이 벌겠다.

관현이 태어난 것은 1953년 6월 19일이었다. 내리 딸 셋을 낳은 뒤에 얻은 아들이라 관현의 탄생은 집안의 큰 경사였다. 하지만 어머니의 기쁨에 견주면 아무것도 아니었다. 관현 어머니는 아들과 함께 당신도 다시 태어난 기쁨을 느꼈다. 이 아들을 위해서라면 무엇이든 하리라. 꼼지락거리는 갓난아기를 끌어안은 어머니의 얼굴에서는 빛이 뿜어나왔다.

그러나 세상은 어머니를 더욱 모진 고난으로 이끌고 있었다.

관현이 태어난 뒤로 관현의 부모는 생각할 겨를조차 없이 살아야 했다. 한국전쟁 직후였기 때문이다.

비단 관현의 부모만 그런 것은 아니었다. 전쟁으로 엄청난 경제적·물질적 피해를 감당해내야 했던 그 시절 모든 민중의 삶이 그러했다.

이승만 정권은 전쟁에서 비롯된 모든 피해를 못 먹고 못 배운 사람들에게 전가시켰다.

친일세력을 주축으로 한 이승만 정권은 친일 기득권을 유지하기 위해서 친미정권으로 배를 갈아타는 일에만 혈안이 되어 있었고, 민중이 짊어지고 있는 가난함, 고달픔 따윈 거들떠보지도 않았다. 온 식구가 달라붙어 하루 종일 일해도 쌀밥 한 끼 제대로 먹을 수 없는 비참하기 그지없는 현실이었다.

관현이 태어나고 얼마 뒤, 관현 아버지 역시 먹고살 길을 찾아 먼 길을 떠났다. 장기 하사관으로 자원입대해 논산에서 군인 생활을 시작한 것이다.

관현의 어머니는 논산 훈련소 사격장에서 탄피를 주워다 고철로 팔았다. 밤에는 군인들의 옷을 모아 손빨래까지 했다. 삯바느질도 마다하지 않았다. 힘들 때마다 관현의 어머니는 자식 입에 들어갈 양식을 떠올렸다. 내가 이 돈을 벌지 않으면 내 새끼가 굶는다. 내가 이 돈을 모으지 않으면 내 새끼가 학교를 가지 못한다. 그렇게 힘든 와중에도 한 푼 두 푼 모아 저축할 수 있었던 건, 지풍골을 넘으며 새겨둔 결심 때문이었다. 내 자식들을 위해서라면. 내 아들 관현이를 위해서라면. 관현의 어머니는 삯바느질하는 당신 옆에 고이 잠든 어린 아들의 얼굴을 내려다보며 잠을 떨쳐내곤 했다. 내 어떻게 해서든 이 아들만은 단단히 가르치고 먹이리라. 많이 배우게 해서 큰 인물로 만들리라.

모래 속에 파묻힌 불발 탄피가 터져 손가락 끝이 터지기도 했지만 관현의 어머니는 아랑곳하지 않았다. 그 이튿날이 되면 어김없이 탄피를 주우러 나갔다. 덕분에 관현의 어머니는 꽤 많은 돈을 모을 수 있었다.

"어이, 김 형! 뭐가 그리 바쁜가? 와서 술 한잔하고 가."

6년 동안의 논산 생활을 접고 다시 영광으로 돌아온 어느 날.

옷감을 팔러 아랫마을에 다녀온 관현 어머니가 동네 어귀로 들어서면서 본 것은 질펀하게 눌러앉아 술추렴을 하고 있는 남편의 모습이었다. 남편은 오가는 사람들을 죄 불러 세워서 막걸리 잔치를 벌이고 있었다. 정자 기둥에 기대앉아 신선놀음을 하고 있는 남편을 보자 관현의 어머니 입에서 한숨이 터져나왔다. 관현의 아버지는 태산같이 쌓인 일도 밀쳐놓고 술추렴이나 하고 있는 게 분명했다. 관현의 어머니는 체한 것처럼 속이 답답해져 가슴을 탕탕 내리쳤다. 힘이 실린 주먹질에 어머니 가슴팍이 오목 들어갔다.

관현의 어머니에게 남편은 참으로 미운 사람이었다. 무슨 말이라도 한마디 조곤조곤 해주면 좋으련만, 입에 자물쇠를 채웠는지 평소에는 도통 아무 말이 없는 사람. 그러다가 술 한 잔만 걸치면 달구새끼까지 불러 모아 동네 잔치를 벌이는 사람. 관현 어머니는 사람 좋다고 소문난 남편 때문에 속이 상할 때가 한두 번이 아니었다. 자식들 먹이고 입히는 일을 점점 자신에게만 내맡기는 것 같아 남편만 생각하면 원망이 치솟았다.

그런데 이상했다. 원망은 한순간의 감정일 뿐이었다. 남편을 생각하면 불끈 화가 치밀어 오르다가도 며칠 후면 언제 그랬냐는 듯 모든 것이 다 이해되는 것이었다.

세상에 자기 주장 없는 사람이 어디 있을까? 관현의 어머니는 차츰 남편이 하고 싶은 말을 참고 있는 것이라는 생각이 들었다. 그것이 습관처럼 굳어져 입이 열리지 않는 것이리라. 하고 싶은 말을 참다 보니 술이라도 마셔야 직성이 풀리는 것이리라. 술추렴을 통해서라도 속내를 드러내니 그나마 다행이라면 얼마나 다행인가 싶었다. 이런 생각을 하자 오히려 남편이 불쌍해 보였다. 늘 누군가의 주장, 누군가의 처지를 봐주느라 자기를 덮고 가리는 남편이 더할 수 없이 불쌍했다. 아니, 화가 나면 불끈불끈 참지 못하는 자신보다 훨씬 더 지혜로워 보였다. 뱉어내는 것보다 참는 것이 얼마나 힘든 일인지 관현의 어머니도 잘 알고 있기 때문이었다.

4·19혁명이 일어난 1960년, 관현은 고향의 불갑국민학교에 입학했다.

관현이 6학년이 되자 어머니는 관현을 이대로 시골에 묶어두어서는 안 되겠다고 생각했다. 서울까지 보낼 처지는 못 되지만, 어떻게 해서든 도시로 보내고 싶었다. 금쪽같은 아들을 떼어놓는다는 게 차마 못할 짓이지만, 자식을 위해서는 감당 못할 일도 아니었다.

할아버지

'내일이면 새로운 생활이 시작되는구나. 도시 아이들은 시골 아이들과 다르다던데, 나를 무시하면 어떡하지?'

관현은 쉽사리 잠들지 못하고 뒤척이고 있었다. 할아버지가 계신 건넌방에서 헛기침 소리가 들려왔다. 초저녁잠이 많은 할아버지도 잠을 이루지 못하고 계신 게 분명했다. 관현은 누나들이 깰까 조심조심 이부자리를 젖히고 일어나 앉았다.

"관현아!"

할아버지가 관현을 불렀다.

"예."

"안 자면 나와봐라. 할애비 좀 보자."

관현은 주섬주섬 옷을 챙겨 입고 밖으로 나갔다. 할아버지는 벌써 마루에 나와 앉아 계셨다. 차가운 밤공기에 관현은 어깨가 절로 움츠러들었다.

"이리 와봐라, 얼른."

차가운 밤바람 때문인지, 내일부터는 홀로 광주살이를 시작해야 한다는 생각 때문인지, 관현은 괜스레 콧등이 시큰거렸다. 그런 관현의 마음을 알아챈 것일까? 할아버지가 관현의 손을 잡아당겼다.

들큰, 할아버지 냄새가 밀려들어왔다. 아, 할아버지 냄새! 할아버지한테서 풍기는 들큰한 냄새가 좋아 관현은 할아버지 쪽으로 얼굴을 더 들이밀었다. 할아버지 가슴 깊숙이로 관현이 파고들었다.

"옜다."

관현이 한참을 할아버지 냄새에 폭 빠져 있을 때, 바지춤을 뒤적 거리던 할아버지가 뭐를 불쑥 내밀었다. 꼬깃꼬깃 접혀진 500원짜 리 지폐 몇 장이었다.

"공책도 사고 연필도 사서 쓰고, 친구들하고 맛있는 것도 사 먹어라. 돈 없다고 절대 기죽으면 안 된다, 알겠쟈? 어서 받아라."

관현이 머뭇거리자 할아버지가 어서 받으라며 재촉했다.

관현은 냉큼 돈을 받을 수가 없었다. 그 돈이 어떤 돈인지 너무나 잘 알고 있기 때문이었다. 할아버지는 관현이 광주로 나갈 때 주려고 아주 오래전부터 한 푼 두 푼 모았을 것이었다. 살림에 관한 모든 것을 며느리에게 맡기고 뒤로 물러난 할아버지 처지에서는 500원짜리 몇 장 모으기가 하늘의 별 따기보다 훨씬 어려웠을 것이다. 얼마나 오랫동안 꼬불쳐두었는지, 손만 대면 접혀진 그대로 찢어질 것처럼 지폐는 낡디낡아 있었다. 관현은 밭고랑처럼 갈라지고 터진 할아버지 손에 쥐어진 지폐 몇 장을 한참 내려다보았다. 자기도 모르게 눈물 한 방울이 뚝, 떨어졌다. 관현은 할아버지가 볼세라 얼른 눈두덩을 닦아냈다.

"절대 배 곯지 말고 맛난 것 사 먹어야 한다. 알았쟈?"

할아버지는 관현의 손에 억지로 돈을 쥐여주고는 건넌방으로 들어갔다.

관현이 일생을 통해 누구보다 존경하고 사랑한 사람 가운데 한 명이 바로 관현의 할아버지 박서수였다. 그것은 관현에 대한 할아버지의 맹목적이고 육친적인 사랑 때문만은 아니었다.

관현은 어린 시절 내내 할아버지 무릎에서 자랐다. 할아버지는 어린 관현을 앉혀놓고 늘 사람의 도리를 일러주었다. 사람으로 태어나서 부모를 몰라보면 사람이 아니다, 조상 섬김은 조금도 소홀히 해서는 안 된다, 조상의 음덕을 알고 선영을 잘 보살피며 제사를 정성껏 모셔야 한다……. 아마도 이런 가르침이 훗날 관현의 가치관을 형성하는 데 중요한 역할을 했으리라.

사실 밥상머리 가르침보다 관현을 더욱 감동시킨 것은 지위 여하를 막론하고 사람을 중히 여기는 할아버지의 마음이었다. 또한 그 마음을 마음으로만 갖고 있지 않고 실제 삶에서 실현하는 할아버지의 모습이었다.

봄볕이 푸진 어느 날이었다.

"아가, 나가서 대문 밖에 있는 사람 좀 데리고 와라. 여기 상에다 숟가락도 하나 더 놓고."

빨래를 하고 있던 관현의 셋째 누나에게 할아버지가 일렀다.

누나는 얼른 대문 밖으로 나갔다. 그런데 아무도 없었다. 할아버지가 동네 사람을 불러 점심이라도 드실 모양이구나 여겼는데, 위아래를 둘러봐도 사람이라곤 아무도 없었던 것이다. 누나는 그냥 들어와 하던 빨래를 계속했다.

"뭐 하냐? 국 식기 전에 밥숟가락 들어야 할 텐데."

찬물에 다시 손을 담그는 셋째 누나를 보고 할아버지가 다그쳤다.

"아무도 없던데요."

누나가 대답했다.

할아버지가 고개를 갸우뚱하더니 신발을 꿰어 신었다. 대문 쪽으로 걸어가는 할아버지 발걸음이 급했다. 관현의 눈길이 할아버지를 좇았다. 도대체 누굴 보고 저러시는 걸까? 관현은 궁금하기 짝이 없었다.

"괜찮소, 괜찮아. 사람 사는 집에 사람 들어가는 건데, 뭐가 어쨌다요."

놀랍게도 할아버지가 데리고 들어온 사람은 거지였다. 머리는 산발에다 옷은 너덜너덜하고, 언제 씻었는지 모를 얼굴은 온통 검댕이었다. 거지는 안 그래도 퀭해 보이는 눈이 한 치나 움푹 들어가 있어 얼마나 굶었을지 짐작조차 하기 힘들었다.

"어서 한 숟가락 드시오. 넉넉지 않아 찬이라곤 김치밖에 없소."

할아버지가 거지 손에 숟가락을 들려주었다.

밥 냄새를 맡은 거지의 목울대가 연신 오르락내리락했다. 그러면서도 거지는 얼른 밥을 뜨지 못했다.

거지가 주저하는 사이, 관현과 눈이 마주쳤다. 관현은 얼른 시선을 돌려버렸다. 왠지 그래야 할 것 같았기 때문이다. 내가 멀뚱히 보고 있으면 거지가 부끄러워할 거야. 그러면 저 밥숟가락을 차마 못 들지도 몰라. 어린 관현의 마음속에서도 거지의 처지가 먼저 헤아려지고 있었다.

관현의 할아버지는 이런 사람이었다.

할아버지는 거지도 기회를 잡지 못해 그렇지 다 똑같은 사람이라고, 누구나 그런 처지가 될 수 있다고 관현에게 이르곤 했다. 할아버지는 장사꾼이 오면 절대 그냥 보내는 법이 없었다. 물건을 사지 않아도 밥 한 그릇, 냉수 한 사발이라도 꼭 챙겨 먹여 보냈다.

할아버지는 비단 주변 사람만 챙긴 게 아니었다. 한국전쟁 중에 영광 불갑에서는 낮엔 토벌군이 머물고 밤엔 빨치산이 내려와 죽치는 상황이 반복되고 있었다. 낮과 밤을 경계로 숨고 숨겨줘야 하는 상황, 죽고 죽여야 하는 반전의 상황이 이어지고 있었던 것이다.

그런데 이런 상황에서조차 할아버지는 누구의 적도 되지 않았다. 할아버지는 좌우를 가리지 않고 누구에게나 헌신했다. 할아버지는 토벌군이든 빨치산이든 지치고 병든 사람이 있으면 무조건 집으로 데려와 먹이고 치료해주기를 마다하지 않았다. 그것이 사람의 당연한 도리라고, 사람 살리는 데 좌나 우가 무슨 소용이냐며 할아버지는 언제나 혼잣말처럼 중얼거렸다. 그래서일까? 전쟁 중에 마을 사람들 대부분이 읍내로 피신했을 때도 관현의 가족만은 계속 마을에 남아 생활할 수 있었다.

관현은 사람이 중하며 사람이 근본이라는 할아버지의 생각을 어린 시절부터 가슴에 새길 수 있었다. 사상이니 계급이니 이런 것으로 편 가르지 않고 모든 사람이 행복하고 평등하게 사는 세상. 그런 세상을 만드는 것이 참이고 최고라는 생각을 이때부터 또렷이 새기고 있었다.

바로 이런 바탕 때문이었을 것이다. 관현이 죽음도 두려워하지 않고 저항하며 당당하고 정의롭게 살 수 있었던 이유는 바로 관현의 이런 어린 시절이 있었기 때문일 것이다.

관현의 어머니는 관현을 위해 한평생 헌신했지만, 단 한 번도 관현만이 최고가 되어야 한다고 가르치지 않았다. 어머니는 늘 관현에게 큰사람이 되어 많은 사람을 도와야 한다고 가르쳤다. 남 위에 군림하는 사람이 아니라 더불어 사는 사람이 되어야 한다고 가르친 것이다.

관현의 아버지는 관현에게 인내를 가르쳤다. 한 걸음 뒤로 물러나 제 할 일을 묵묵히 해내는 인내와 끈기, 그리고 상대를 배려하고 존중해주는 지혜로움까지. 과묵하기만 한 아버지에게서 관현은 인내 또한 지혜로움일 수 있다는 사실을 배우고 익혔을 것이다.

할아버지는 관현에게 사람 중심의 철학을 씨앗처럼 심어주었다. 더불어 사는 것의 가치와 행복을 몸소 실천해 보여줌으로써 사람 사는 도리와 이치를 관현이 생생히 경험하게 해준 사람이 바로 할아버지였다.

바로 이런 배경이 어린 관현을 성장시켰을 터이다.

내일이면 광주로 떠나는 관현은 보따리를 싸면서 이런 것들을 책보다 더 많이 챙겨 넣었다. 그래서일까, 관현의 머리맡에 놓인 보따리가 별나게 묵직해 보였다.

광주 생활을 시작하다

관현은 광주로 유학을 오면서 넷째 이모 집에서 기거했다. 넷째 이모 집 근처에 있는 수창국민학교로 전학했기 때문이다. 관현은 이모부가 다른 지역으로 전근을 간 뒤로는 이 집에서 이모와 이모부 없이 사촌 장현수, 동갑내기 외삼촌 이봉준과 생활하게 된다.

전학 올 당시 열두 살이었던 관현에게는 중학교 입시라는 관문이 놓여 있었다. 하지만 아무도 염려하지 않았다. 워낙 학교 성적이 뛰어났던지라 어느 누구도 관현이 명문 서중학교에 진학하지 못하면 어쩌나 걱정하지 않았던 것이다.

그런데 전혀 예상치 못한 일이 벌어지고 말았다. 어처구니없게 도 관현이 서중학교 시험에서 떨어진 것이다. 그것도 부정행위자 라는 이유로 떨어졌으니, 관현은 물론 관현의 어머니, 주변 사람들 모두 이 엄청난 사실에 크게 낙담했다. 하지만 아무도 관현을 탓하 지는 않았다. 관현이 시험에 왜 떨어졌는지 그 이유를 알고 있었기 때문이다.

"아무도 내 말을 믿어주지 않았어요. 내가 일부러 보여준 게 아 니라고 해도 내 말 따윈 귀담아듣지 않았다고요."

관현이 떨어진 이유는 관현 뒤에서 시험을 치르던 아이가 관현 의 시험지를 훔쳐봤기 때문이었다. 감독 선생님은 관현이 뒤에 앉 은 아이와 짜고 시험지를 보여준 것이라 판단했다. 관현이 아니라 고 해도 아무 소용이 없었다. 눈물 콧물 범벅이 되어 사정을 이야 기하는 관현 앞에서 감독 선생님은 관현의 답안지를 영점 처리해 버렸다.

관현은 집에 돌아와 이불을 뒤집어쓰고 밤새 엉엉 울었다.

물론 억울했다. 하지만 억울함보다 더 관현의 가슴을 아프게 한 것은 관현의 말을 귀담아듣지 않던 감독 선생님의 모습이었다. 선 생님이 자기를 믿어주지 않았다는 자괴감이 껌딱지처럼 가슴 한구 석에 붙어 끈질기게 관현을 괴롭혔다.

밤새도록 울고 난 관현은 새벽같이 일어나 책상 의자에 앉았다. 연필을 깎기 시작했다. 한 자루, 두 자루, 세 자루……. 관현은 연필

을 깎으며 생각했다. 그래, 다 잊어버리자. 그까짓 학교, 나를 믿어
주지 않는 학교 따윈 필요 없지 않은가? 괴로운 생각을 털어버리
자 날아갈 것 같았다. 속이 후련했다.

관현은 믿어주는 것, 상대방의 눈을 바라보며 그의 말을 들어주
는 것이 얼마나 중요한 일인지 뼈저리게 경험했다.

관현은 이듬해 동중학교에 원서를 냈다. 그리고 1967년 3월, 동
중학교에 진학했다. 관현은 검은 교복이 참으로 잘 어울리는 까까
머리 중학생이 되었다.

사실 관현은 고집불통 아이였다. 착하고 순한 줄만 알았다가 관
현의 고집에 두 손 두 발 든 사람이 한두 명이 아니었다. 영광 집에
서 어린 시절을 함께 보낸 사촌 형 박문수도 그중 한 사람이었다.

문수는 관현과 딱지치기할 때마다 매번 관현을 이겨먹었다. 문
수는 몸집도 키도 관현보다 배나 더 컸다. 동네 골목에서 문수를
따라갈 아이는 하나도 없었다. 그래서 문수의 딱지 주머니는 언제
나 불룩했다. 문수는 땅꼬마 관현이 감히 넘볼 존재가 아니었다.

그런 문수를 관현이 번번이 걸고 넘어졌다.

"싫어, 끝까지 해. 내 딱지 찾을 때까지 형은 절대 집에 못 들어
가."

문수는 관현의 딱지를 따먹기 싫었다. 어린 동생 딱지를 따먹기
싫은 이유도 있었지만 끝까지 제 딱지를 찾겠다고 덤벼드는 관현
의 근성에 기가 질렸기 때문이다. 관현은 자기가 가진 딱지를 다
잃으면 어떻게든 새 딱지를 만들어와 다시 덤벼들었다. 그러고는
그날 잃은 딱지를 다 찾을 때까지 딱지치기를 끝내선 안 된다며 벽

벅 우겨댔다.

문수는 자기를 이기려고 관현이 날마다 학교가 끝난 후에도 집에 가지 않고 학교 모퉁이에서 딱지 연습에 홀딱 빠져 있다는 걸 알고 있었다. 그래서 문수는 가끔 그냥 져주기까지 했다.

어느 날, 드디어 문수 딱지가 전부 관현 몫이 되고야 말았다. 관현의 고집에 질려버린 문수가 이제는 딱지치기를 안 하겠노라 선언하고 제 딱지 주머니를 아예 관현에게 물려주었기 때문이다.

관현의 이런 고집스러움을 잘 보여주는 또 다른 일화가 있다.

관현이 중학교 2학년 때였다. 막바지로 치닫던 여름이 안간힘을 쓰느라 온 천지를 달궈놓고 있었다. 땅바닥에 달걀을 깨뜨리면 그대로 익을 만큼 몹시 더운 날이었다.

"관현아, 우리 내기할까?"

마루에 배를 깔고 누운 동갑내기 외삼촌 봉준이 히죽히죽 웃으며 관현에게 말을 걸었다. 이종사촌 현수도 봉준 옆에서 낄낄거렸다. 관현은 읽던 책을 덮고 봉준과 현수를 바라보았다. 내기라고 하니 귀가 솔깃했다. 내기라면 무엇이든 자신 있었기 때문이다.

그러나 관현은 그 내기에서 지고 말았다. 봉준과 현수가 관현을 골탕 먹이려고 수를 썼기 때문이다. 그것도 모르고 관현은 당장 시무룩해졌다. 무언가 석연찮긴 했다. 하지만 정확한 증거 없이 사촌과 삼촌에게 대들 수는 없는 노릇이라, 관현은 꼼짝없이 벌칙을 받아야 할 처지였다.

"너, 지금 겨울 교복으로 갈아입고 아이스크림 사 와. 알았지?"

관현은 깜짝 놀랐다. 이 뜨거운 여름에 동복이라니! 봉준과 현수가 관현을 단단히 놀려주려고 작정한 것이 분명했다. 둘의 제안에 관현이 잠시 멈칫하자, 현수가 관현을 보고 눈을 찡긋거렸다. 아무래도 벌칙이 너무 심하다고 생각한 모양이었다.

"못하겠지? 그럼 다른 벌칙으로……."

현수가 막 입을 열었을 때였다.

"아니야. 왜 못해, 그까짓 것! 삼촌이 원한다면 동복, 아니 뭐라도 입고 당장 다녀오겠어요."

관현은 냉큼 대답하더니 다짜고짜 방으로 들어갔다.

잠시 뒤, 관현이 동복을 입고 마당으로 나왔다. 한여름이어서 동복은 더욱 두꺼워 보였다. 모자까지 제대로 쓰고 나온 관현을 보고 현수와 봉준은 입을 다물어버렸다. 심심하던 차에 관현이나 골리려고 꾀를 쓴 것인데, 관현이 이렇게 나오니 오히려 자기들이 낭패를 당한 기분이었다.

"다녀오겠습니다."

관현은 동복에 털신까지 챙겨 신고 대문 밖을 나섰다. 얼마 뒤 돌아온 관현의 손에는 아이스크림 봉지가 들려 있었다. 가게까지 별로 먼 거리가 아닌데도 얼마나 뜨거웠는지 관현의 얼굴은 땀으로 범벅이 되었다. 아이스크림도 벌써 반이나 녹아 있었다.

이처럼 관현은 매우 고집스러운 아이였다. 옳다고 생각되면, 해야 한다고 생각되면 무슨 일이 있어도 악착같이 물고 늘어지는 아이. 끝내는 주변의 모든 사람을 두 손 두 발 들게 만드는 아이. 어찌 보면 꼴통이라고 손가락질 받을 만큼 고집스러움이 남다른 아이였다.

관현은 그날 사촌이 내민 손을 잡고 조정된 벌칙을 따르면 그만이었다. 문수 형에게 달려들지 않아도 사촌 형 딱지는 자연히 제 것이 될 터였다. 하지만 관현은 절대 그러지 않았다.

그런 아들을 뒷바라지하기 위해 관현의 어머니는 관현이 중학교 3학년으로 올라갈 무렵 계림동에 집을 샀다. 이것은 관현의 광주고등학교 진학에 맞춘 계획이기도 했다. 관현의 어머니는 불갑의 살림을 도맡고 있어서 광주와 불갑을 수시로 오가며 생활했다. 관현의 어머니는 계림동 집에 구멍가게까지 열어 더욱 열성으로 돈을 벌었다. 관현을 좋은 대학에 보내는 것, 큰사람으로 만드는 것이 어머니의 유일한 꿈이었다. 관현의 어머니는 몸이 열 개라도 모자랄 만큼 바쁜 생활을 이어나갔다.

계림동 집에는 방이 두 칸밖에 없었다. 두 칸짜리 방은 관현의 동생들이며 누나들, 그리고 사촌들까지 드글드글했다. 책상마저 같이 써야 할 형편이었다. 그런 상황에서도 관현이 쓰는 책상만은 아무도 쉽게 쓰지 못했다. 특히 어느 때만 되면 사촌 동생들은 관현의 책상을 포기하고 방바닥에 엎드려 공부하곤 했다. 관현의 책상 위에 부적처럼 얹혀 있는 흰 봉투 때문이었는데, 모두들 이 흰 봉투를 부적 다루듯이 조심조심 소중히 여겼다.

관현은 중학교 시절 장학금을 자주 받았다. 동중학교는 무슨 행사가 있거나 납부금 내는 시기가 되면 빳빳한 천 원짜리 지폐를 봉투에 하나 가득 넣어 성적이 좋은 학생에게 주곤 했다. 누구보다 열심히 공부한 관현이 장학생 명단에서 빠지는 일은 별로 없었다.

관현은 장학금을 받으면 언제나 책상 위에 떡하니 얹어놓곤 했다. 구겨지거나 때라도 탈세라 다른 물건들 틈새에는 아예 두지도 않았다.

　관현이 장학금 봉투를 이렇게 고이고이 간직한 까닭은 어머니 때문이었다. 관현은 누구보다도 어머니에게 맨 처음으로 봉투를 보이고 싶어 했다. 봉투에 맨 처음 손을 대는 사람도, 열어보는 사람도 당연히 어머니여야만 했다.

　동생이나 누나 들은 관현의 이런 마음을 잘 알고 있었기 때문에 책상 위에 하얀 봉투가 놓인 그날만큼은 관현의 책상 근처에 얼씬도 하지 않았다.

일상에서 역사로

균형 속의 파격

관현의 사촌 동생 나종현은 고등학교에 진학하면서 다시 관현의 계림동 집으로 왔다. 종현은 미술 공부를 향한 갈망 때문에 부모님과 갈등을 겪고 있었다. 포기할 수 없는 꿈 때문인지 종현의 방황은 나날이 깊어만 갔다.

그 무렵 종현에게는 친구들만이 유일한 도피처였다. 친구들과 만나 이야기라도 나누면 답답한 속이 뻥 뚫리는 것 같았다. 하지만 주머니 사정이 허락하지 않아서 종현은 돈 때문에 늘 쩔쩔맸다. 종현은 친구들에게 얻어먹은 빵이라도 갚고 싶었다. 빵값 따위로 낯을 잃고 싶지 않다는 것이 종현의 솔직한 심정이었다.

종현은 용돈을 벌기 위해 신문 배달을 시작했다. 그렇지만 친구들과 만날수록 신문 배달로 번 돈만으로는 감당이 되지 않았다. 종현은 마침내 지국에 수금 처리할 돈까지 써버렸다. 종현이 책임져야 할 돈이 산더미처럼 쌓이자 지국에서는 종현 어머니에게 연락을 했다. 종현은 무서워 죽을 것 같았다. 이번 일은 어머니에게, 관현 형에게 맞아 죽을 각오를 해야 될 일이었다.

"관현아, 내가 너를 믿고 종현이를 맡겼는데 이게 무슨 일이냐? 저 지경이 되도록 종현이를 내버려뒀냐?"

관현과 함께 신문 지국을 나선 이모가 한탄하는 조로 말했다. 종현이는 두 사람 뒤를 묵묵히 따라오기만 했다.

애타는 이모나 종현의 심정은 아랑곳하지 않고 하늘을 뒤덮은 나뭇잎이 바람을 타고 살랑거렸다. 포플러 냄새가 진동하는 5월이었다.

관현은 이모 말을 듣고도 별 말을 하지 않았다. 그저 아무 말 없이 걷기만 했다. 그렇게 한참을 세 사람이 앞만 보고 걸어가고 있을 때였다.

"이모님!"

관현이 입을 열었다. 관현의 목소리가 차분했다.

종현은 사촌 형 입에서 무슨 말이 나올지 궁금했다. 종현의 어머니는 관현을 절대적으로 믿었기 때문에 관현 형이 하자는 대로 자신을 처리할 것이었다. 종현은 뚜벅뚜벅 들려오는 형의 발걸음 소리조차 무서웠다.

"저 나무를 보십시오."

관현이 손가락으로 가리킨 곳에는 아름드리 포플러 한 그루가 하늘로 치솟아오르듯 자라 있었다. 뜻밖이었다. 종현은 한 걸음 크게 내디뎌 형 옆으로 바투 다가섰다. 이모도 의아한 표정으로 나무를 바라보았다. 셋의 시선이 그대로 모두 포플러 한 그루에 꽂혔다.

"저 나무 밑동은 곧바로 자라지 않았습니다. 굴곡도 있고 움푹팬 상처도 많지 않습니까? 그런데도 무성하게 잎을 피워냈습니다. 종현이도 분명 그럴 겁니다. 분명 제대로 된 나무가 될 거예요. 그러니 아무 염려 마세요, 이모님."

관현이 말했다.

종현은 우뚝, 걸음을 멈추고 말았다. 형의 한 마디 한 마디가 가슴을 때렸기 때문이다. 종현은 새삼 형이 고마웠다. 결코 위기 따위를 벗어나게 해주어서가 아니었다. 나를 믿는구나. 형이 나를 제대로 된 나무로, 그렇게 커갈 나무로 봐주는구나 하는 생각에 가슴이 뭉클해진 것이다. 종현의 어머니도 아무 말 하지 않았다. 지문마저 닳아 없어진 손으로 그저 관현의 등만 쓰다듬고 있었다. 그제야 종현은 부끄럽다는 생각이 들었다. 종현은 당장이라도 두 사람앞에 무릎 꿇고 앉아 잘못했다고 빌고 싶었다.

관현은 1970년 광주고등학교에 진학한 뒤로 공부에만 힘을 쏟았다. 서울 법대 진학, 그리고 졸업한 다음 가난한 사람들을 돕는변호사가 되는 게 삶의 목표였기 때문이다. 관현은 고등학교 2학년때부터 서울대 진학반에 들어가 공부했는데, 이때 자주 만났던 이들이 정상현·고영대·박기학 등이다.

관현은 하루 두 시간도 자지 않고 공부할 때가 많았다. 잠깐 잠이 들더라도 동생들에게 1, 20분 뒤에 꼭 자기를 깨우라고 부탁했다. 잠이 깨지 않아 눈을 감은 채로 있는 관현을 동생들이 낑낑대며 일으켜 앉히면 관현은 금세 몸을 곧추세웠다. 등을 세우고 앉기만 하면 관현은 놀랍게 변했다. 방금 전까지만 해도 잠에 취해 가물가물한 상태였는데, 정신을 바짝 차리고는 절대로 방바닥에 등을 대지 않는 것이었다. 관현은 참으로 의지가 강한 학생, 눈물 나게 노력하는 학생이었다.

그렇다고 해서 관현에게 아무런 심적 갈등이나 부담감이 없었던 것은 아니다. 어떤 이유에서건 관현은 늘 성공에 대한 부담을 짐처럼 짊어지고 살았다. 무슨 일이 있어도 집안을 일으켜 세워야 한다는 지독한 갈망이 관현의 발목을 붙잡고 있었던 것이다. 그래서 관현은 항상 자제하고 평상심을 유지하려고 노력했다. 고등학교 2학년 때는 많은 친구들이 학생회장 출마를 권유했지만 관현은 공부해야 한다는 이유로 출마를 포기했다. 공부를 향한 관현의 목적의식은 칼을 갖다 대도 베어지지 않을 만큼 단단하고 질겼다.

그런 관현에게도 허물없이 자신을 내려놓곤 하는 순간들이 있었다. 바로 친구들과 함께할 때였는데, 관현은 특히 정상현·고영대·박기학 등과 흉허물 없이 지냈다. 이 친구들과 함께할 때면 관현은 바보처럼 히히덕거리기도 하고 아무 노래나 막 불러대기도 했다. 관현의 너털웃음이 가장 많이 터져나오는 시간이 바로 이 친구들과 함께할 때였다.

상현의 집은 함평이었다. 주말이나 방학이면 관현과 상현은 같은 방향 버스를 타곤 했다. 버스는 상현의 집을 거쳐 관현의 집 쪽으로 올라갔다.

어느 해 초여름이었다. 평소 상현 집에 자주 들르곤 했던 관현은 그날도 아무 연락 없이 함평에 들렀다. 그런데 상현은 집에 없고, 보리 베기가 한창인 때라 상현 어머니는 정신없이 바빴다.

"관현아, 앉아 있어라. 금방 돌아와서 밥상 차려줄 테니. 상현이도 그때쯤이면 돌아오겠지."

서둘러 보리밭으로 나가며 상현 어머니가 말했다. 관현은 소리 없이 웃기만 했다.

상현의 어머니가 한 고랑쯤 베어가고 있을 때였다. 상현 어머니가 허리를 펴고 한숨 돌리려는데, 보리밭 한 귀퉁이에서 낫질하는 관현의 모습이 보였다. 도대체 언제 온 것일까? 관현의 낫질에 제법 속도가 붙어 있었다.

"아니, 도대체 언제 뒤따라온 거냐? 그 낫은 어떻게 챙겨왔고? 아서라, 아서. 공부하느라 애쓰는 너희들까지 거들 필요 없다. 이까짓 거 금방 한다. 얼른 그만두라니까."

귀한 집 아들을 일 시켜먹는다고 누가 손가락질이라도 할까 봐 상현 어머니는 은근히 신경이 쓰였다.

하지만 관현은 상현 어머니 말은 귓등으로 흘려듣는지, 낫질만 계속했다.

"아이구, 내 새끼도 마다하는 농사일을……."

몇 번 더 말리다가 상현 어머니도 다시 낫질을 시작했다. 관현이 당신 말을 듣지 않으리라는 것을 짐작했기 때문이다.

보리 베기가 거의 끝나갈 무렵, 갑자기 후드득 소나기가 쏟아졌다. 빗방울이 제법 굵었다. 관현과 상현 어머니는 보리 베기를 끝내는 동안 비를 흠뻑 맞고 말았다. 지나가는 비였는지 금세 해가 나왔지만 어머니는 으슬으슬 추웠다. 감기에 걸릴 것 같았다. 상현 어머니는 광주로 돌아가 공부해야 할 관현이 걱정되었다. 얼른 마른 옷을 찾아 갈아입혀야겠다는 생각이 들었다. 남의 집 귀한 자식을 생고생시켰다는 자책이 상현 어머니를 다급하게 만들었다.

"어머니, 옷이 다 젖어서 입고 갈 수 없네요. 혹시 상현이 입던 헌 옷 있어요?"

상현 어머니의 마음을 읽은 것일까? 관현은 상현의 집에 도착하자마자 젖은 옷을 갈아입어야겠다며 윗도리를 벗었다. 상현 어머니는 깜짝 놀랐다. 관현의 러닝셔츠가 온통 구멍투성이였기 때문이다. 구멍은 한두 군데가 아니었다. 무늬처럼 송송 뚫려 있어서 러닝셔츠가 금방이라도 찢어질 듯했다. 상현 어머니는 관현이 당신 아들이나 된 것처럼 갑자기 속이 상했다.

"기다려라. 러닝셔츠부터 찾아줄 테니."

하지만 상현이 옷을 전부 자취방으로 옮겨간 까닭에 변변한 러닝셔츠 한 장이 없었다. 상현 어머니는 이웃집 몇 군데를 돌아다녀 새 러닝셔츠 한 장을 간신히 얻어왔다. 관현에게 하얗고 깨끗한 러닝셔츠를 입히고서야 상현 어머니는 마음이 놓였다. 한편으로는 친아들처럼 허물없이 구는 관현이 기특하고 대견했다.

"상현아, 관현이 그 녀석, 배포가 아주 두둑하더라. 너 같으면 창피해서 웃통 벗을 생각도 못했을 텐데."

밤늦게 들어온 상현에게 관현이 다녀간 이야기를 전하며 어머니가 말했다. 상현은 빙긋이 웃었다. 상현에게는 관현의 그런 모습이 아주 익숙했던 것이다.

관현은 이렇게 소탈할 뿐 아니라 남의 시선을 전혀 의식하지 않는 성격이었다. 그저 자기 안에 들어 있는 진실함, 있는 그대로의 모습만이 중요했다. 그런 관현을 친구들은 무한히 믿고 좋아했지만 한편으로는 어려워하기도 했다. 그래서 간혹 쉽게 다가서지 못하는 친구들도 있었다.

관현의 동생 관택도 관현을 어려워했다. 매사가 반듯하고 실수라곤 하질 않으니 관택에게 형은 늘 산꼭대기에 정좌하고 있는 사람처럼 여겨졌다.

관택은 형을 따라 초등학교 4학년 때 광주로 전학했다. 관택은 내성적인 성격이라 낯선 환경에 정을 붙이지 못했다. 좋은 가방에 좋은 옷을 입고 다니는 아이들, 그런 아이들만 예뻐하는 선생님, 관택은 모든 것이 힘들었다. 열등감의 나락으로 빠져들면서 관택은 점점 거칠어졌다. 날이면 날마다 싸움질만 했다. 중학교에 가서도 이런 생활은 계속 이어졌다. 워낙 말이 없고 무뚝뚝한 편이었지만 관택은 문제아로 낙인찍히면서 더욱더 입을 다물었다. 공부고 뭐고 그 무렵 관택은 도시 생활에서 아무런 재미도 찾지 못한 채그저 방황하고 있었다.

그러던 어느 날이었다.

"관택아!"

형의 눈을 피해 옆방에서 만화책을 보고 있는데 관현이 불렀다. 마치 시골 할아버지 음성처럼 관현의 목소리는 나직하고 깊었다.

겨울 찬바람이 문풍지를 살살 흔들어대고 있었다.

"이리 좀 와라."

형이 무슨 말을 하려는지 빤히 짐작되었지만 피할 수는 없었다. 관택은 내키지 않는 심정으로 형 방으로 건너갔다.

관택은 갑자기 짜증이 났다. 왜 나는 형 말이라면 꼼짝도 못하는 걸까? 관택이뿐만 아니라 심지어는 어머니까지도 형이 하는 말에는 별 토를 달지 못했다. 문득, 관택은 형의 이러한 존재감에 한 번쯤 파열음을 내고 싶었다. 관택은 주위에 있던 책이며 잡동사니를 걸어차면서 방바닥에 앉았다. 관택이 내는 거친 소리에, 책상에서 책을 보고 있던 관현이 그제야 뒤를 돌아보았다.

"관택아, 유진출 선생님이 연락을 하셨다. 너한테 무슨 일이 있다고……."

유진출 선생님은 관현이 동중학교 다닐 때 수학을 가르친 선생님이었다. 충장중학교로 자리를 옮긴 선생님은 관택이 관현의 동생이라는 것을 안 뒤로 관택에게 더 신경 써주고 있었다. 관택이 고개를 숙였다. 며칠 전 학교에서 한두 녀석을 패대기친 일을 형에게 알린 모양이었다.

"그래, 이야기 좀 해봐라. 어떻게 된 일인지."

관현이 말했다.

그러나 관택은 입을 열지 않았다. 전후 사정을 이야기한들 뭐가 달라지랴 싶었다. 누구나 결과만을 가지고 판단했다. 녀석들이 관택에게 얼마나 깝죽거렸는지, 화를 돋우게 만들었는지는 아무도 묻지 않았다. 중요한 것은 누가 주먹을 더 많이 휘둘렀느냐였다.

관택은 아무리 형이라도 자신을 이해해주지 못하리라 생각했다. 그래서 절대 입을 열지 않을 작정이었다.

관현은 묵묵히 기다렸다.

관택이 입을 다물고 있는 사이 5분이 지났다. 다시 5분이 지나고, 10분이 그냥 흘러갔다. 10분은 또 금방 20분이 되었다.

하지만 관현은 관택이 아무 말 하지 않고 있어도 다그치지 않았다. 유진출 선생님이 들려줬을 이야기는 한 마디도 꺼내지 않은 채 마냥 기다리고만 있었다. 시간이 흐르고 흘렀다. 벽시계의 초침 소리가 온 방 안을 채웠다. 30분이 지나자 이제 관택이 더 답답해지기 시작했다. 침묵을 감당해낼 수 없어 어디로든 도망가고 싶었다. 관택은 저도 모르게 입술을 달싹거렸다. 이젠 무슨 말이라도 해야 할 것 같았다. 접착제로 붙인 것처럼 달라붙어 있던 관택의 입이 드디어 열리기 시작했다. 절대 아무 말도 하지 않으리라 작정했던 것이 와르르 무너졌다.

"그랬구나."

관택의 이야기가 끝나자 관현이 고개를 끄덕이며 말했다. 하지만 고작 이 한 마디였다.

다시 침묵의 시간이 흘렀다. 관현은 방바닥만 내려다보고 있었다. 젠장, 야단을 치려면 치고, 한 대 때리려면 어서 빨리 때릴 것이지. 관택은 가시방석에 앉은 듯 자리가 불편해서 그냥 나가버릴까 싶었다. 하지만 그럴 수 없었다. 마음과 달리 몸이 꿈쩍도 하지 않았다. 관택은 한껏 주눅 들어 있는 자신의 모습이 한심하고 또 한심했다.

"관택아, 그럴 만했구나. 네가 화날 만했어. 나라도 화를 냈을 거야."

잔뜩 긴장하고 있는 관택에게 관현의 목소리가 들려온 것은 한참 후였다. 관택이 고개를 들어 형을 바라보았다. 관현도 관택을 바라보고 있었다. 관택을 바라보는 관현의 눈빛은 부드러웠다. 결코 나무라는 눈빛이 아니었다.

"그렇더라도 너한테 아무 잘못도 없는 건 아니야. 관택이 네 실수는 무엇인지, 잘못은 무엇인지 생각해봐야 한다."

나지막한 목소리로 관현이 말했다.

관택도 물론 알고 있었다. 녀석들의 잘못은 차치하더라도 이런 방식으로는 안 된다는 것, 내 입장이 있는 것처럼 녀석들 입장도 있다는 것, 관택도 그 점을 모르지 않았다. 하지만 관택은 대답하지 않았다. 관현도 더는 대답을 채근하지 않았다.

"모든 것을 내 문제로 보는 것이 중요해. 남 탓을 하면 안 된다. 그래서 관택아, 형으로서 네게 벌을 내리지 않을 수 없구나. 어머니 아버지가 안 계시니 이건 내 역할이고 책임이다. 창고에 가서 매를 가져와라."

관현이 말했다.

관택은 이 말에도 거절하거나 저항할 수 없었다. 전혀 기대하지 않았던 형의 위로가 관택을 꼼짝 못하게 했다. 형이 내 기분을 헤아려주었다. 내 사정을 다 이해해주었다. 그런데 무슨 변명 따위를 할 필요가 있겠는가. 이제 관택에게는 형의 한 마디 한 마디가 위엄 그 자체였다. 관택은 아무 말 없이 일어나 밖으로 나갔다. 형이 관택의 마음을 헤아려준 것처럼 관택도 형 마음을 알 것 같았다.

잠시 후 관택이 창고에서 가져온 매는 밀대였다. 창고에 있는 매 중에서 가장 굵은 거였다. 관택 스스로 이 정도는 맞아야 한다고 결정한 것이었다.

관현은 관택이 가져온 밀대를 내려다보았다. 한참 뒤 관택이 고개를 들어보니, 자신을 바라보는 형의 얼굴이 환했다.

"관택아, 됐다. 너 스스로 얼마만큼 잘못했는지 깨닫고 있으니 됐다. 됐어."

관현이 말했다.

관택은 부끄러웠다. 매를 맞은 것보다 더 가슴이 아팠다. 충분히 참을 수 있는 상황, 참아야 하는 상황을 이겨내지 못한 자신이 원망스럽기까지 했다.

이렇듯 관현은 매우 진중한 사람이었다. 열여덟 살 소년이라고 상상할 수 없을 만큼 사고의 폭이 깊고 넓었다. 허투루 행동하고 말하는 법이 없었다.

그렇지만 이런 모습을 관현의 전부라고 이해하면 안 된다. 관현 스스로 늘 절제하고 항상심을 유지하려 노력한 덕분이지, 관현의 이면에는 우리가 예상치 못한 모습도 분명히 있었다. 정형을 깨뜨리는 파격이라고도 할 수 있는 그러한 모습들에서 우리는 아주 매력적인 '인간 박관현'을 만날 수 있다. 잠시 관현이 고등학교 2학년 시절로 돌아가보겠다.

그날은 음악 실기 시험을 보는 날이었다. 한 명씩 앞으로 나가 지정곡을 노래해야 했다. 친구들 앞에서 노래 부르는 것도 민망스러운데, 시험이라니. 잔뜩 긴장한 탓에 목소리가 갈라지고 번번이 음정을 벗어나는 아이들이 많았다. 그럴 때마다 점수를 매기는 음악 선생님은 이맛살을 찌푸렸다. 실기 시험을 보는 음악실 분위기가 냉랭하기 그지없었다.

"32번 박관현!"

음악 선생님이 관현을 불렀다. 관현은 일어나 뚜벅뚜벅 음악실 앞으로 나갔다.

관현은 원래 노래 부르기를 즐겼다. 평소에도 노래를 불러야 할 때면 절대로 머뭇거리지 않았다. 오히려 무릎까지 두드려가며 분위기를 이끄는 편이었다. 앞으로 걸어가는 관현의 모습이 유별나게 흥겨워 보였다. 친구들은 시원한 목소리로 노래 한 곡을 뽑아낼 관현의 모습을 잔뜩 기대하고 있었다.

드디어 목청 좋은 관현의 노랫소리가 음악실 가득 울려 퍼졌다. 올라갈 때까지 올라간 관현의 목소리는 음악실 사방 벽을 날아다니며 춤을 추는 듯했다. 긴장을 녹여내는 관현의 노랫소리. 관현이 거침없이 소리를 내지르자 친구들은 박수까지 쳐댔다. 음악 선생님 얼굴에도 웃음이 번졌다.

하지만 음악 선생님이 즐거워한 것은 딱 거기까지였다.

"박관현, 당장 그만두지 못해! 지금 시험 중이라는 걸 잊어버린 거야? 너희들도 다 조용히 해. 그만 웃으란 말이야."

순간적으로 표정이 험악해지는가 싶더니 음악 선생님이 지휘봉으로 책상을 마구 두드렸다.

그래도 아이들은 웃음을 멈추지 않았다. 배를 움켜쥐고 교실 바닥을 구르는 아이들까지 있었다. 선생님이 아무리 지휘봉을 두드려도 교실 분위기는 가라앉지 않았다. 음악실은 갑작스레 무너진 둑 같았다.

음악실이 이렇게 웃음의 도가니가 된 까닭은 관현이 노래를 부르다 제 흥에 빠져들었기 때문이다. 곡이 절반쯤 진행되었을 때 관현이 갑자기 성악가처럼 팔을 벌려가며 노래를 부르기 시작했다. 그것도 성에 차지 않았는지 음악실 한쪽에 놓인 피아노로 걸어가 건반을 두드리기까지 했다. 아이들 사이를 왔다 갔다 하며 가수가 공연이라도 하듯 현란한 몸짓까지 부려대는 관현을 보고 아이들은 환호했다.

고등학교 동창 정상현은 관현의 이런 모습을 가장 많이 기억하고 있는 친구다.

"관현이는 원칙을 정하면 절대 흔들리지 않고 밀고 나가는 사람이었어요. 목표도 확실한 친구였고요. 하지만 그것을 다른 사람에게 함부로 강요하거나 드러내놓고 주장하지 않았어요. 그런 모습이 친구들에게 신뢰감을 주었지요. 또 다들 관현이의 소탈한 모습을 좋아했는데, 관현이가 〈한 많은 대동강〉을 부르고 나서 호탕하게 웃던 그 모습은 지금도 잊히지 않아요. 풍류남아 박관현! 한마디로 참 멋진 친구였지요."

정상현이 기억하는 풍류남아 박관현도 1972년 입시생이 되었다. 대학 진학을 코앞에 둔 고등학교 3학년이 된 것이다.

관현은 다시금 자신을 억세게 다잡았다. 각오를 새로이 하고 일어나자마자 책상머리에 냉수 한 사발 올리는 것으로 하루를 시작했다. 어머니나 할머니가 매일같이 관현과 그의 형제들을 위해 정화수를 떠놓는 것처럼, 관현도 어머니의 기대와 할머니의 사랑을 기억하는 것으로 하루를 시작했다.

관현에게는 서울대 법대 진학, 사법고시 합격, 법조인이라는 뚜렷한 목표가 있었다. 이것은 관현만의 꿈이 아니었다. 부모님의 꿈이기도 했고, 관현을 뒷바라지하기 위해 가발 공장에 다니는 작은누나와 구멍가게를 꾸려가는 큰누나의 꿈이기도 했다.

고등학교 3학년 때의 일기 한 구절은 그 무렵 관현의 결심이 얼마나 굳세었는지 잘 보여준다.

하루 아침 늦게 일어난다고 해서 그 사람을 게으름뱅이, 잠꾸러기라고 하는 것은 지나치다는 주장이 있다. 이것은 옳지 않은 주장이다.

'풀잎 움직이는 것을 보면 바람의 방향을 알 수 있고, 오동잎 떨어지는 것을 보고 가을이 왔음을 알 수 있듯' 그 사람의 생활은 하루 아침 늦잠 자는 것으로도 가히 짐작할 수 있지 않겠는가? 어쩌다 보면 그런 때도 있고 어쩔 수 없으니까 그렇겠지 하는 그 '어쩌다 보니, 어쩔 수 없으니까'란 말을 우리는 깊이 생각해봐야 한다. 아무리 사나운 산짐승이라도 잘 길들이면 유용한 동물이 되겠지만 '어쩌다 보니, 어쩔 수 없으니까' 다루지 못하고 길들이지 못하면 사나운 동물로 남아 있을 수밖에 없으리라. 인간도 결국 마찬가지다. 생활의 규칙성을 무질서하게 흩뜨려놓고서도 뻔뻔스럽게 '어쩌다 보니, 어쩔 수 없으니까' 하는 안일한 생각으로 잘못을 감추려고만 한다면 인간이 어찌 인간답다고 하겠는가? 이런 생활 태도 때문에 결국은 인간 생활이 점점 어둠 속을 헤매게 되는 것 아니겠는가?

그러나 암울한 시대 상황은 스무 살 관현에게 회복하기 힘든 좌절감을 심어주었다. 중학교 때부터 신문 읽기를 게을리하지 않았던 관현은 학교 도서관에서 책을 가장 많이 빌려다 보는 학생이었다. 주변 어른들과 사회문제를 놓고 토론하기도 마다하지 않았던 관현인지라, 정치가 개인의 삶에 얼마나 큰 영향을 끼치는지 잘 알고 있었다. 관현은 문득문득 책을 내려놓고 분노했다. 구체적이진 않지만 뭔가 잘못되어가고 있다는 생각에 부들부들 몸을 떨기도 했다.

……비겁한 불의를 옆에 두고서 서로의 의견조차 말해보지 못하고 그대로 동행해야만 하는 이 심정! 어떤 말로도 또 어떤 글로도 표현하지 못할 이 번민! 말로도 글로도 능히 뜻을 펴지 못함이 어찌 나만의 일이랴.

그 무렵 관현의 고민을 잘 보여주는 어느 날의 일기다.

1972년은 박정희 정권이 10월 개헌을 거쳐 유신정권을 탄생시킨 해이다. 대다수 국민들은 장기 집권, 영구 집권을 노린 파렴치하기 그지없는 정권의 반민중적 행위에 저항하기 시작했다. 유신정권은 긴급조치권을 발동해 학생·노동자·시민사회 세력의 저항을 강도 높게 탄압했다. 수많은 사회 저명인사와 학생, 노동자 들이 구속당하고 고문당하는 일이 빈번하게 벌어졌다.

관현은 괴로웠다. 누구든 자기에게 무엇이 잘못되었으며, 자기가 어떻게 해야 하는지 말해주는 사람이 있었으면 싶었다. 답답함은 날마다 쌓여만 갔다. 친구들도 답답해하긴 마찬가지였다.

그러던 어느 날이었다.

"유신이 뭐야?"

"우리 형 다니는 학교에 휴교령이 내렸대."

"우리도 학교 못 다니는 건가?"

"형 친구들이 다 끌려갔대. 우리 형도⋯⋯."

"뭐야? 다 잡아들이고 다 죽이면 끝나는 거야? 그러면 자기들 마음대로 할 수 있는 거냐고?"

그날따라 교실 분위기가 뒤숭숭했다. 여기저기 모여앉아 간밤에 선포된 계엄령을 걱정하고 있었다. 관현도 마음을 잡을 수 없었다.

"왜들 이렇게 소란스럽나? 지금 너희들이 이럴 때냐? 정신들 차려."

드르륵 문을 열고 들어온 담임선생님은 출석부로 교탁을 내리치며 대뜸 호통부터 쳤다. 아이들은 금세 조용해졌다. 관현은 선생님 얼굴을 뚫어져라 바라보았다. 속에서 주먹만 한 것이 치고 올라오는 분명한 이유는 알 수 없었지만, 관현은 야단부터 치는 선생님이 야속했다.

선생님이 천천히 입을 열었다.

"우리나라는 공산주의 세력과 등을 맞대고 있다. 게다가 전쟁 이

후 산업 기반이 완전히 붕괴되어 경제성장에 어려움을 겪고 있다. 유신은 이런 맥락에서 안보를 강화하고 산업화를 추진하는 데 절대적으로 필요한……."

서둘러 조회를 끝낼 생각이었는지 선생님의 말이 점점 빨라지고 있었다.

그때였다.

"선생님!"

벼락같이 선생님을 부르며 일어서는 학생이 있었다. 관현이었다. 선생님은 깜짝 놀라 관현을 바라보았다. 관현의 얼굴은 잔뜩 상기되어 있었다. 순간, 선생님 얼굴에 당혹스러움이 스쳤다.

"유신이 정당하다면 왜 계엄령을 선포합니까? 유신이 정당하다면 왜 학생들을 잡아가는 겁니까? 왜 언론에서는 앵무새처럼 정부의 입장만 뇌까리는 겁니까? 선생님, 저희도 알 건 다 압니다. 그런 말씀으로 저희의 눈과 귀를 흐리지 마십시오. 적어도 선생님께선 저희에게 진실을 말씀해주셔야 하지 않습니까?"

관현의 한 마디 한 마디가 비수처럼 날아갔다. 선생님 얼굴은 점점 흙빛으로 변해갔다. 관현은 선생님의 그런 모습에 참담함을 느꼈다. 관현이 일어선 채로 고개를 떨구었다. 교실은 침묵에 휩싸였다. 아무도 말 한 마디 하지 않고 숨소리마저 조심하고 있었다. 선생님은 아무 말 없이 출석부만 챙겨 교실을 나갔다. 그제야 관현이 털썩, 자리에 주저앉았다.

1973년 1월, 관현은 서울대 법대에 입학 원서를 냈다. 서울대에 응시하기에는 성적이 충분하지 않았지만 관현은 단호하게 밀어붙였다. 소신대로 지원하고 결과에 승복하자는 것이 관현의 생각이었다. 처음에는 서울대 응시를 반대하던 선생님들도 나중에는 관현의 뜻을 존중해주었다.

예상대로 결과는 좋지 않았다. 서울대에 낙방한 관현은 재수하기로 결심하고 서울의 큰누나 집으로 거처를 옮겼다. 재도전을 위해 서울로 간 관현은 1년 동안 각고의 노력을 기울였다. 그러나 다시 낙방의 고배를 마신 관현은 높디높은 서울대의 벽을 체감했다.

그래도 관현은 쉽게 포기하지 않았다. 입대 영장이 나오는 바람에 시간을 더 투자할 수 없게 됐지만, 3년 뒤 제대하고 나서 반드시 원하는 목표를 이루겠다고 계획을 수정했다.

1974년 가을, 관현은 그동안 공부했던 책을 덮고 논산행 기차에 올랐다. 3년 뒤를 기약하는 관현의 발걸음은 훨씬 더 진중해져 있었다. 기차가 황량한 벌판을 뚫고 달리기 시작했다.

만남

관현은 1977년 6월 제대했다. 혼자서 일주일 정도 강원도로 여행을 다녀온 관현은 3년 동안 처박아두었던 책 보따리를 들고 관택의 자취방으로 갔다. 그래, 다시 시작하는 거야. 후회하지 않도록 최선을 다해보는 거야. 관현의 보따리에는 군대에서 쓰던 영어사전 세 권이 들어 있었다. 얼마나 읽었는지 손때가 덕지덕지 묻어 있는 사전은 금방이라도 찢어질 듯 너덜너덜했다. 법조인의 꿈을 단 한 번도 접어본 적 없는 관현의 시간을 고스란히 보여주는 증거물이었다.

그때 관현의 동생 관택도 고3이었다. 관택은 하루 두, 세 시간만 자고 공부하는 형이 무지막지해 보였다. 그렇지만 줄곧 공부만 하는 형은 아니었다. 관택이 공부에 집중하지 못하고 방황할 때마다 관현은 막걸리 한 말을 사다놓고 동생을 불렀다.

"나를 형이라 생각하지 말고 부담 없이 말해봐라. 요즘 네가 많이 힘들어 보이더구나."

술 한 말이 바닥나도록 관현은 관택의 이야기를 들어주었다.

"관택아! 우리, 자기를 이기는 사람이 되자. 너나 나나 이 시기를 잘 넘겨야 꿈을 향해 한 걸음 더 나아가는 것 아니겠니?"

관택이 이야기하는 내내 거의 한 마디도 하지 않고 듣고만 있던 관현이 이렇게 말하며 관택의 손을 꼭 움켜잡았다. 관현의 말은 관택의 가슴에 절실히 와닿았다. 이유도 없이 들어차 있던 답답함이 어느새 말끔히 사라졌다. 막걸리 한 말이 바닥날 즈음 관택의 가슴은 시원스레 뚫려 있었다.

동생과 함께 열심히 공부했지만 관현의 예비고사 점수는 별로 만족스럽지 않았다. 서울로 진학하기에는 턱없이 부족한 점수였다. 관현은 고민했다. 대학 입시에 다시 도전할 것인가, 아니면 목표를 수정할 것인가? 문득 관현의 뇌리에 지난날들이 파노라마처럼 스쳐 지나갔다. 앞만 보고 달려온 지난 시간들. 달려온 시간만큼 그 동안 많은 일과 많은 변화가 있었다. 관현은 이제 뒤도 돌아보고 지금의 위치도 다시 되짚어봐야 한다는 생각이 들었다.

'내 나이 벌써 스물다섯 아닌가? 손아래 동생 관준이는 벌써 결혼했고 관택이는 대학 진학반이다. 늙은 부모님은 여전히 나더러 아무 걱정 말고 공부에만 전념하라고 하시지만…….'

관현의 부리부리한 눈동자에 부모님 모습이 어렸다. 관현은 드디어 결정을 내렸다. 서울대 법대 진학 계획을 수정하기로 결심한 것이다.

관현은 그해 말 전남대 본고사를 치렀다. 이건 포기가 아니야. 꿈을 이뤄가는 인생 지도를 다시 그리는 것일 뿐이야. 관현은 스스로를 다독이며 전남대학교 본고사를 치렀다. 한결 여유로워진 마음속으로 새로운 희망이 찾아들고 있었다.

1978년, 관현은 법대생이 되었다. 군에서 제대한 지 1년 만에 드디어 바라고 바라던 법대생이 된 것이다. 관현은 전남대 법대에 차석으로 합격했다.

인생의 새로운 첫발을 내디딘 전남대 교정은 더할 나위 없이 푸르렀다. 청명한 하늘도 관현의 출발을 기뻐해주는 것 같았다. 대학은 자유와 이상이 꿈틀대는 곳, 원대한 꿈과 희망이 넘실대는 곳이었다. 새로운 환경이 낯설긴 해도 관현은 모든 것이 다 잘될 것 같은 기대감이 들었다. 더 열심히 공부하리라. 그래서 반드시 사법고시에 합격하리라. 여기서 꼭 내 꿈을 이루리라. 이렇게 마음을 다잡은 관현에게서는 노장 신입생의 결기가 느껴졌다.

그러나 대학 교정이 늘 푸르기만 한 건 아니었다. 특히 1978년은 유신 말기라는 시대 상황 때문에 전국이 뒤숭숭하던 때였다. 대학도 예외일 수 없었다.

'동일방직 사건' '함평 고구마 사건' 등 굵직굵직한 민중 생존권 투쟁이 연일 터져나오고 있었다.

동일방직 사건은 동일방직 노동자들이 노조를 결성했다는 이유로 경찰 당국과 회사의 무자비한 탄압을 받은 사건이다. 회사 쪽에서 동원한 남자 직원들이 여성 노동자들에게 똥물을 퍼부어 일명 '똥물사건'으로 불리기도 한다.

현대 농민운동의 출발점으로 평가받고 있는 함평 고구마 사건은 1976년, 고구마 수매를 둘러싸고 일어났다.

이러한 투쟁에 맞서, 정권은 강도 높은 탄압으로 말기적 발악을 하기 시작했다. 투쟁의 선두에 선 사람들은 날마다 잡혀가고 죽어나갔다. 노동자, 농민, 학생, 양심적인 인사들이 굴비 꿰이듯 줄줄이 잡혀 들어갔다. 하지만 아무리 탄압해도 민중투쟁의 성난 파도는 결코 멈추지 않았다. 더 이상 참고 견딜 수 없다는 외침, 더 이상 짓밟힐 수 없다는 절규가 봇물처럼 터져나온 거리는 마치 불이 번져가는 들판 같았다. 이러한 열기는 대학 교정으로 번져나가 대학 역시 들끓기 시작했다. 삼삼오오 모여서 시국에 대해 분노하고 나라의 미래를 걱정하는 학생들이 점차 늘어갔다.

관현도 예외가 아니었다. 고교 시절, 유신 선포의 부당성에 그 누구보다 분노했던 관현 아니던가. 그러나 관현은 지금 당장은 아무것도 할 수 없다는 생각을 더 많이 하고 있었다. 내 작은 분노가, 내 작은 외침이 무슨 변화를 만들어낼 수 있단 말인가. 관현은 분노를 끌어안아야 한다고 생각했다. 분노하는 만큼 공부해야 한다고 생각했고, 분노하는 만큼 노력해서 더 큰사람이 되어야 한다고 생각했다.

　관현은 사법고시에 합격하는 것이 실천하는 길이라고 느꼈다. 반드시 양심적인 법조인이 되어야 한다. 양심적인 법조인이 되어 이 사회와 민중을 위해 헌신해야 한다. 그래서 관현은 현실에 대한 분노가 치밀 때마다 더욱더 각오를 새롭게 다졌다. 법전을 옆구리에 끼고 날마다 도서관으로 향했다. 강의가 끝나도 움직일 줄을 몰랐다. 텅 빈 강의실에서 책에 코를 파묻고 있는 이는 그래서 항상 박관현이었다. 관현은 그 무렵에 더욱 열심히 공부에 파고들었다.

　그러던 어느 날이었다. 그날도 관현은 법대 도서관에 틀어박혀 있었다. 자리에 앉은 지 세 시간이 넘도록 한 번도 일어나지 않았다.

　"관현아!"

　누가 관현을 불렀다. 개미 목소리로 관현을 부르는 사람은 양강섭이었다.

　강섭은 관현과 중고등학교를 같이 다닌 친구로, 제대한 뒤 전남대 영문과에 복학해 있었다. 관현은 강섭을 따라 도서관 밖으로 나갔다.

　"야! 이렇게 날씨 좋은 날 도서관에만 처박혀 있냐? 술이나 한잔하자."

　강섭은 종종 이렇게 관현을 불러내 같이 술을 마시곤 했다.

　강섭은 관현에게 소개할 사람이 있다고 했다. 그때 누가 맞은편에서 뚜벅뚜벅 걸어왔다. 한눈에도 늙수그레해 보이는 관현 또래의 청년이었다. 강섭이 손을 들어 알은척을 했다.

　"인사해라. 정용화라고, 딱 우리랑 놀기 제격인 녀석이야."

강섭은 늘 이런 식이었다. 말이건 행동이건 아무 꾸밈 없이, 하고 싶은 대로 했다. 관현은 이렇게 허물없이 다가오는 강섭이 좋았다.

관현이 먼저 손을 내밀었다.

"반갑네. 박관현이라고 해."

용화는 관현만큼이나 손아귀 힘이 대단한 친구였다. 다부져 보이는 용화에게 관현은 금세 호감을 느꼈다. 관현에 대해 이러저러한 이야기를 미리 들었던 용화도 관현이 대단한 녀석이라는 것을 한눈에 알아차렸다. 검정 고무신을 신은 독특한 차림새뿐 아니라 눈빛이 예사롭지 않았기 때문이다. 호랑이 한 마리가 앞에 떡하니 버티고 있는 건 아닐까 싶을 정도로 관현의 눈빛은 살아 꿈틀거렸다. 둘은 마주 잡은 손을 놓을 줄 몰랐다.

그 뒤로 셋은 거의 매일같이 만나 막걸리를 마셔댔다. 주로 관현이 하루 공부를 다 끝낼 즈음에 맞춰 두 사람이 찾아왔다.

여기서 잠시 정용화를 통해 민청학련 사건을 되돌아볼 필요가 있겠다. 1980년 광주전남운동, 특히 전남대학교 학생운동에서 민청학련 사건 관련자들의 역할이 매우 중요하기 때문이다.

민청학련 사건은 전국민주청년학생총연맹을 중심으로 180명이 구속·기소된 사건이다. 민청학련 사건은 1973년 8월 김대중 납치 사건을 계기로 전국이 반유신체제 투쟁으로 타오르던 1974년 4월에 일어났다. 당시 박정희 정권은 반유신체제 투쟁을 잠재우기 위해, 학생들이 정부를 폭력으로 전복하고자 반국가조직을 결성해 전국적인 민중봉기를 획책했다는 어처구니없는 혐의를 덮어씌웠다. 민청학련 사건의 변호를 맡은 강신욱 변호사는 '피고인석에서 그들과 같이 재판을 받고 싶은 심정'이라는 요지로 변론하다가 세계 사법사상 최초로 변호 도중 법정 구속되기도 했다. 지금도 이 사건은 유신정권의 대표적인 용공조작 사건으로 꼽힌다.

정용화도 민청학련 사건과 관련해 옥살이를 하다가 1978년 복학한 뒤 학내외의 여러 의식화 모임을 주도하고 있었다. 민청학련 사건을 겪으면서 단순한 정의감만으로는 사회의 부조리와 불평등 문제를 해결할 수 없다고 느꼈기 때문이다. 이것은 용화만의 생각이 아니라 2·15 석방 조치 후 사회와 학교로 복귀한 대다수 민청학련 관련자들의 생각이기도 했다.

이러한 맥락에서 보면 관현과 용화의 만남은 결코 단순한 만남이 아니었다. 개인과 조직의 만남이라고 할 수도 있겠고, 박관현을 80년 광주의 아들로 다시 태어나게 한 역사적 만남이라고 할 수도 있겠다. 또한 실천에 대한 관현의 고민, 운동에 대한 관현의 고민이 본격적으로 시작되는 지점이기도 하다.

세 사람은 막걸릿집에서 번번이 밤을 새웠다. 끈질기게 이어지는 토론 때문이었는데, 주로 정용화와 박관현 사이에 설전이 벌어지곤 했다. 강섭이 어떻게든 끼어들어 그 열기를 식혀주어야 할 정도로 두 사람의 설전은 만만치 않았다.

"우리 사회의 모순은 단순한 게 아니야. 아주 오랫동안 누적되어 온 거라고. 이런 구조적인 모순을 해결하는 길은 민중이 문제의식을 느끼고 단결하는 것뿐이야. 그 길 말고는 해결 방법이 없다고."

용화가 못을 박듯 이야기했다.

"아니지. 구조적인 문제보다 더 중요한 건 한 사람 한 사람이 자기 생활을 성실히 추스르고 열심히 살아가는 거야. 그게 더 근본적인 문제라고. 생각해봐라. 모두들 열심히, 성실하게 노력하면 이루지 못할 일이 뭐가 있겠냐? 사회문제도 마찬가지야. 한 사람 한 사람이 자기 생활을 성실히 하면 내 생활이 변하고 미래가 변할 수 있어. 그런 노력이 주변으로 확산되면서 결국은 우리 사회도 변화하고 발전하는 거란 말이야."

용화의 주장을 반박하는 관현의 목소리에도 잔뜩 힘이 실려 있었다.

"무슨 소리야? 그럼 우리 부모님이 성실하지 않아서, 도리를 다하지 않고 살아서 지금 이런 문제가 생겼다는 거냐? 아니야. 그것과는 다른 관점에서 문제를 바라볼 필요가 있어. 우리 부모님이 사는 세상, 내가 살아가고 있는 이 세상의 틀을 보란 말이야. 그 거대한 틀을 보란 말이야. 관현아, 그 틀이 잘못되어 있으면 아무리 노력하고 성실하게 살아도 우리 부모님의 삶은 절대 변하지 않아. 다람쥐 쳇바퀴 돌듯, 그 안에서 빠져나올 수 없단 말이야."

답답하다는 듯 용화 목소리가 점점 높아졌다.

"야, 그렇다 해도 그 틀이 어디 쉽게 바뀌냐? 그 틀을 바꾸자고 떠들어대는 것보다는 먼저 우리가 지금 당장 할 수 있는 일을 하는 게 더 중요해. 우리가 공부하는 것도 결국은 그 틀을 바꾸자고 하는 것 아니냐? 우리가 배워서 잘못된 틀을 바꾸면 되는 것 아니냐고?"

말을 마친 관현이 막걸리를 들이켰다. 벌컥벌컥 술 넘어가는 소리가 가빴다.

"틀리지 않아. 하지만 민중의 요구를 대변하는 것도 우리 임무야. 민중이 누구냐? 내 어머니, 내 아버지 아니냐? 내 어머니, 내 아버지가 아무리 열심히 일해도 잘살지 못하고 있는데, 사회 구조적인 틀이 우리 부모님의 삶을 낭떠러지로 몰아가고 있는데, 왜 우리가 책상머리만 지키고 있어야 하냐고? 현실의 문제에 눈감지 마. 우리가 눈감을수록 현실은 더 왜곡되고 만다고. 지금 우리는 공부도 해야 하지만 그보다 먼저 선도 투쟁을 해야 해. 선도 투쟁을 통해 잘못된 것을 바로잡아야 한다고. 내가 보기에 관현이 넌 너무 개인주의적이야."

벌컥, 막걸리를 들이켠 용화가 잔을 거칠게 내려놓는 바람에 사방으로 막걸리가 튀었다. 관현은 고개 숙인 채 묵묵히 제 잔에 술을 채웠다.

사실 관현은 자신의 주장이나 생각을 결코 쉽게 접는 사람이 아니었다. 처음부터 깊이 생각하고 판단하는 편이라 자기 발언에 완고할 정도의 확신을 가지고 있었다. 관현이 용화의 주장을 이렇게 반박했던 것도 어쩌면 부모님과 민중을 향한 관현의 애정과 고민이 남달랐기 때문일 것이다. 그래서일까? 관현은 용화가 자신에게 개인주의적이라고 한 발언을 결코 받아들일 수 없었다.

그렇지만 용화의 주장이 옳다는 느낌 또한 떨쳐버릴 수 없었다. 내가 보지 못했던 것, 듣지 못했던 것을 저 친구들은 보고 듣고 있다는 느낌이 관현의 뒤통수를 계속 내리쳤다. 사회구조니 변혁이니 하는 것이 과연 무엇일까? 혹시라도 내가 정말 저 친구들이 말하는 것처럼 강요된 허위의식을 당연하게 받아들이며 살아가고 있는 건 아닐까? 이때부터 관현의 머릿속에서는 수많은 물음표가 방향 잃은 화살표처럼 마구 부딪쳐댔다.

차츰차츰 관현은 용화와 강섭이 권하는 책을 읽어봐야겠다는 생각이 들었다. 그래서 그 친구들과 몇 차례 독서토론을 벌이기도 했다. 모리스 돕의 『자본주의 발전 연구』라는 영문판 책을 토론할 때는 해석하느라 밤새 끙끙대기도 했다.

그러나 용화가 주도하는 학습모임에 관현이 정식으로 참여한 것은 아니었다. 아직 관현은 자기 스스로 의문점들을 풀고 싶었다. 적어도 지금까지의 자기 생각을 뒤엎어줄 그 무엇. 좀 더 확실한 명분이 있지 않고서는 어릴 때부터 간직해온 꿈과 계획을 섣불리 수정하기 어려웠던 것이다. 관현은 이때부터 고시 공부와 동시에 사회과학 서적을 두루 섭렵해나갔다. 끊임없이 재생되는 여러 의문점을 스스로 풀어가느라 관현의 머릿속은 몹시 복잡하고 분주했다.

그러나 관현은 한순간도 고시 준비를 등한시하지 않았다. 고시 합격이 자기에게 주어진 사회적 책무라는 생각은 여전히 변함없었기 때문이다.

고시를 준비하고 사회운동에 대해 고민하면서 1학년 1학기를 거의 마칠 무렵이었다.

"무슨 일이야?"

학교 분위기가 이상하다고 느낀 관현이 도서관 옆자리 후배에게 물었다. 늘 학생들이 빼곡히 들어차 있던 도서관이 오늘은 드문드문 눈에 띄는 빈자리 때문에 썰렁했던 것이다.

"우리 학교 교수님들이 성명서를 발표했대요."

후배가 떨리는 목소리로 소곤거리며 대답했다.

관현은 보던 책을 그대로 덮어둔 채 밖으로 나갔다. 무슨 일이 일어났는지 당장 알아봐야겠다는 생각이 들었다. 관현은 왠지 고요하기만 하던 호수에 파문이 이는 느낌이었다. 관현은 용화가 있을 만한 곳을 찾아 발걸음을 옮겼다. 용화를 찾아가는 관현의 발걸음이 다급했다.

1978년 6·27 교육지표 사건은 송기숙·명노근·안진오 등 전남대학교 교수 11명이 「우리의 교육지표」라는 성명서를 발표하면서 일어났다.

정부는 1975년 5월 13일 긴급조치 9호를 발동하여 나라를 온통 살얼음판으로 만들어놓았다. 박정희의 독재가 극악으로 치닫고 있던 그 시절 아무도 감히 독재 권력을 비판하거나 부정하지 못했다. 투옥·고문·감금 등 정권의 폭력적인 발악이 극에 다다랐기 때문이다.

학원에 대한 권력 당국의 감시와 탄압은 더욱더 노골적이었다. 정의감에 투철한 학생들이 행여 떨쳐일어날까 두려워 유신독재 정권은 대학 캠퍼스마다 중앙정보부 요원, 사복형사, 형사기동대까지 배치했다. 진실을 말하는 교수들은 여지없이 교단에서 내쫓기고 어용화한 교수들만이 판을 치는 상황이었다. 유신독재 정권은 그것도 모자라 교수들에게 학생들을 감시하는 촉수 역할을 강요했다. 교수들은 학생시위를 막는 기동타격대 보조역으로 내몰리거나, 매달 문제 학생들에 관한 지도 보고서를 작성하도록 강요당했다.

이렇게 참담하기만 한 교육현장에서 지각 있는 교수들이 떨쳐 일어나 학원의 민주화, 인간화, 그리고 조국의 자주·평화·통일을 위해 헌신적으로 실천 투쟁할 것을 밝힌 교육지표 사건은 그야말로 충격적이었다.

관현은 용화를 만날 수 없었다. 갈 만한 데를 아무리 찾아봐도 용화는 보이지 않았다. 강섭이라도 만날 수 있으면 좋으련만 도대체 어디로 숨은 것인지 강섭마저 보이지 않았다. 관현은 점점 더 불안해졌다.

그날 관현은 더 이상 공부를 할 수 없었다. 성명서를 발표하자마자 11명의 교수가 모두 정보부로 연행되었다는 소식이 학교에 파다하게 퍼졌기 때문이다.

"어떻게 되는 거지?"

"교수님들이 연행되었는데 우리가 이렇게 손 놓고 있어도 되는 거냐?"

"공부가 다 뭐란 말이냐? 이런 상황에서 아무 말도 하지 않고, 아무 행동도 하지 않고, 책만 들여다보고 있어야 한단 말이냐?"

터지기 직전의 활화산처럼 교정이 들끓었다. 누가 불을 당겨주기만 하면 당장이라도 터지고 말 태세였다. 관현은 답답했다. 누구라도 만나 이 상황에 대해 이야기를 나누고 싶었다. 현실의 문제에 눈감지 말라던 용화의 말이 자꾸만 귀에 울렸다. 무기력한 자신이 이렇게 못나게 느껴진 건 처음이었다.

6월 28일 오후 1시 30분.

전남대학교 중앙도서관 앞 잔디밭에서 관현은 비로소 용화를 볼 수 있었다. 그곳에서는 기독학생회가 연행·구속된 교수들을 위해 마련한 기도회가 열리고 있었다. 연행·구속된 교수를 위한 묵도에 이어 찬송, 경위 보고와 다시 찬송 등이 이어졌다. 겉으로 보기엔 참으로 조용하고 평온한 기도회였다. 그렇지만 학생들의 표정은 한껏 격앙되어 있었다. 관현은 용화를 불러낼 엄두도 내지 못한 채 꼼짝하지 않고 기도회만 지켜보았다.

사실 용화는 교수들이 교육지표를 발표하기 하루 전날부터 사건이 터질 것을 미리 알고 있었다. 계림동 서점거리에서 녹두서점을 운영하고 있던 김상윤이 용화를 불러 성명서를 미리 보여주었기 때문이다.

"절대 보안이다. 송 교수님을 비롯해서 우리 학교 교수님들이 내일 이 성명서를 발표하실 거야. 아마 발표하자마자 큰 난리가 나겠지. 연행되는 것은 물론이고 어떤 무서운 일이 벌어질지……."

상윤은 말을 하다 말고 고개를 내저었다. 지금 자기가 하고 있는 말을 더는 하고 싶지 않다는, 상상조차 하기 싫다는 표정이었다. 용화는 침을 꿀꺽 삼켰다. 어떤 탄압이 자행될지 불을 보듯 뻔했다. 위기감을 느낀 용화는 머리끝이 쭈뼛 곤두섰다.

"수단과 방법을 가리지 않고 교수님들을 도와야 돼. 우리가 할 수 있는 모든 일을 다 해야 한다고. 알겠니?"

이 땅의 민주주의를 위해 온몸을 내던지는 교수님들을 위해 우리가 할 수 있는 일이란 과연 무엇일까? 순간, 용화의 머릿속으로 수많은 생각이 교차했다. 어서 빨리 선배들을 만나야 해. 교수님들이 성명서를 발표한 뒤에 휘몰아칠 탄압을 우리의 투쟁으로 막아내야 한단 말이야. 상윤 선배가 준 성명서 복사본을 가슴에 넣고 뛰어가는 용화는 심장이 터질 것만 같았다.

6월 28일 저녁 7시, 관현은 광주 YWCA 강당에서 열리는 기도회에도 참석했다.

관현은 이 두 집회에 저 혼자 참석하면서 많은 생각을 했다. 왜 교수님들이 들고일어났는지, 기도회에 참석한 많은 사람들이 왜 눈물 흘리며 분노하는지, 참고 견디는 것이 왜 끝내는 굴종이 되고 마는지. 관현은 자신이 격동하는 역사 속에 서 있다는 사실을 처음으로 절실하게 느꼈다. 분노하지 않고 저항하지 않으면 그대로 예속된 삶을 살게 된다는 것도 뼈저리게 느꼈다. 그러나 관현은 아무 말도 하지 않았다. 그저 묵묵히 사람들 속에 파묻혀 있을 뿐이었다.

기도회가 끝나고 사람들이 모두 돌아간 시간, 불 꺼진 강당은 어둡기 그지없었다. 그렇게 어두운 강당 한구석에 관현이 우두커니 서 있었다. 관현은 제 몸을 벽으로 만들려는 것처럼 미동도 하지 않았다. 오로지 관현의 심장만 회오리치고 있었다. 교수님들은 왜 강의실을 뛰쳐나와야 했는가? 수많은 사람들은 왜 그들을 위해 기도하고 눈물을 흘리는가? 친구들과 후배들은 왜 법전 대신 돌멩이를 손에 들었는가? 관현의 가슴에서 맴돌고 있는 분노와 후회가 서서히 관현의 심장에 뿌리를 내리고 있었다. 관현의 볼을 타고 흘러내리는 눈물 한 줄기가 어둠 속에서도 뚜렷이 보였다.

또 하룻밤이 지났지만 교수들은 여전히 학교로 돌아오지 않았다.

이날 정오부터 학교에서 학생들이 시위를 벌였다. 교정 곳곳에

포진한 형사들의 눈초리도 아랑곳하지 않고 화공학과 2학년 노준현 등 몇몇이 「전남대 민주학생 선언문」을 낭독하고 배포했다. 학생들은 "민주교육선언 교수를 즉각 석방하라!" "학원 사찰 중지하고 교내 상주 기관원은 즉각 물러나라!" "어용교수 물러가라!"는 구호를 외치며 교정을 누볐다.

관현도 시위대에 합류했다. 너무도 당연한 일이었다. 교수들이 끌려가고 교정이 최루탄에 짓뭉개지고 친구들이 사복경찰에게 머리끄덩이 잡혀 질질 끌려가는 현실. 관현은 억압의 실체가 무엇인지, 폭력의 본질이 무엇인지 확실히 알게 되었다. 관현의 손에 들린 짱돌이 큰 포물선을 그리며 날아갔다.

그때 누가 관현의 어깨를 툭 쳤다.

"야, 박관현!"

용화였다.

27일부터 학내 투쟁을 계획하고 준비하느라 용화는 완전히 파김치가 되어 있었다.

"반갑다. 그러잖아도 도서관에 잠깐 들렀더니 네 자리가 비어 있더라."

아무 말 없이 씩 웃고 마는 관현을 보고 용화가 다시 말했다.

관현은 고마웠다. 무엇을 하며 사는 것보다 어떻게 사는 것이 중요한지를 가르쳐준 친구. 마음 같아선 당장 용화의 손이라도 덥석 잡고 싶었지만 완전무장한 전경들이 도서관 쪽으로 페퍼포그를 쏘아대며 난입하고 있었다. 학교는 쫓기고 쫓는 아수라장이었다. 관현은 반가움을 뒤로하고 다시 짱돌을 들었다. 용화와 관현의 짱돌이 동시에 하늘로 날아올랐다.

교수들의 석방을 요구하는 투쟁이 며칠 더 이어졌지만 결국 송기숙 교수는 긴급조치 9호 위반으로 구속 기소되었다. 나머지 교수 10명도 의원 면직 형식으로 강제로 해직당하고 말았다.

또한 시위를 주동했다는 이유로 15명의 학생들이 제적당했으며 9명이 무기정학 처분을 받았다. 강섭과 용화도 이 사건 때문에 어쩔 수 없이 학교를 그만두어야 했다.

관현은 6·29시위를 겪으면서 끊임없이 이어지던 고민의 한 자락을 정리할 수 있었다. 이 시대의 부조리에 저항하지 않고 침묵하는 것이 왜 죄악인지, 용화가 그토록 힘주어 했던 말들의 의미를 비로소 조금은 알게 된 것이다.

6·29시위 과정에서 관현은 차마 눈 뜨고는 보지 못할 모습을 수없이 목격했다.

"어용교수 물러가라!" "폭력 반대!" "민주교육선언 교수 즉각 석방!" 등을 외치며 맨몸으로 전진하는 학우들, 무장하지 않은 선량한 학우들을 향해 페퍼포그를 쏘아대고 곤봉 세례를 퍼부으며 마구잡이로 들이닥치는 경찰들.

그뿐이 아니었다. 한 경찰은 "당신은 형제도 없느냐?"고 항변하는 여학생의 머리채를 휘어잡고 곤봉을 휘두르기까지 했다. 그 여학생이 실신하자 이를 목격한 학생들은 여학생을 에워싼 채 울부짖었다. 그러나 경찰은 여학생의 생사 따위에는 관심조차 없는 듯, 다시 곤봉을 치켜들고 학생들을 내몰았다. 용납할 수도, 용납해서도 안 되는 만행이 관현의 눈앞에서 버젓이 벌어졌다.

이 모든 광경을 두 손 놓은 채 지켜보아야 했던 관현은 미칠 것 같았다. 관현이 아랫입술을 질끈 깨물었다. 잇새로 선홍색 핏물이 고여들었다. 관현의 온몸에서 폭발 직전의 활화산처럼 분노가 들끓었다.

관현은 대학이 배움과 진리 추구의 상아탑이 아니라는 사실을 비로소 알았고 자신이 법전만을 들고 이상사회 건설을 이야기해서는 안 된다는 것을 비로소 깨달았다. 그러나 함께 이야기할 사람이 없었다. 왜 이런 일들이 이 땅에서 벌어지고 있는지, 이 무자비한 폭력의 배후에는 누가 있는지, 나는 또 무엇을 어떻게 해야 하는지……. 하지만 이젠 아무도 관현의 손을 잡아주지 않았다. 용화도 강섭도 학교를 떠나버린 후였기 때문이다. 관현은 암담한 심정으로 몇 달을 보내야 했다.

다시 찾아온 봄이 교정 곳곳에서 연초록의 향연을 벌이고 있었다. 겉으로는 더할 나위 없이 고요하고 평화로워 보였다. 하지만 교정은 소리 없는 총이 매일같이 터져대는 전쟁터와 같았다.

중앙정보부 요원과 사복형사, 형사기동대는 이제 아예 내놓고 교정에 상주했다. 그들은 그물을 쳐놓고 기다리는 것처럼 대학의 모든 구성원을 감시하고 탄압했다. 밟기만 하면 터지고 움직이기만 하면 붙잡혀 들어가는 상황이었다. 6·27사건 이후 대학은 지뢰밭이나 마찬가지였다. 학생운동 지도부는 더욱 안으로 숨어들 수밖에 없었다.

관현은 여전히 손에서 법전을 놓지 않았지만 속이 터질 것 같았다. 이대로 그냥 있어서는 안 될 것 같다는 초조함과 불안감이 그를 에워싸고 있었다. 누구라도 좋으니 머리를 맞대고 이런저런 이야기를 나누고 싶었다. 이 시기, 관현은 이야기할 상대, 자신의 진로에 대해 의논할 상대가 아주 절실히 필요했다.

그러던 어느 날이었다.

"관현아!"

마지막 강의를 듣고 강의실을 나서는데, 복도 끝에서 귀에 익은 목소리가 들려왔다.

뒤를 돌아보니 석웅이었다. 뜻밖이었다. 고등학교를 졸업한 뒤로 한 번도 석웅을 만난 적이 없었기 때문이다.

석웅은 관현이 고등학교를 졸업하던 1973년 전남대학교 국사교육과에 입학한 친구였다. 관현이 전남대에 입학하기 전 입대한 석웅은 1978년 복학해 고등학교 친구들에게서 관현의 소식을 들었다. 관현이 전남대 법대에 다니고 있다는 소식이었다. 석웅은 가뭄에 단비를 만난 기분이었다.

"아니, 석웅이 아니냐? 정말 오랜만이다."

관현이 석웅의 손을 덥석 잡았다. 석웅은 흠칫 놀랐다. 관현이 기대 이상으로 자신을 반겼기 때문이었다. 석웅은 자신을 반기는 관현의 모습에서 왠지 통하는 느낌을 받았다. 준비해온 이야기를 편하게 해도 될 듯싶었다.

관현도 고등학교 시절부터 석웅에게 막연한 믿음을 품고 있었다. 말을 앞세우지 않는 석웅을 관현은 깊이 신뢰했다. 석웅이 앞에서라면 시국에 대한 갈증과 번민을 드러내도 될 것 같았다.

"나는 잊을 수가 없다. 그날 바로 내 눈앞에서 여학생이 끌려가는데도 나는 아무것도 하지 못했어. 내 손엔 돌멩이 대신 법전이 들려 있었단 말이다."

술이 거나하게 취하자 관현이 토해내듯 제 심정을 고백했다.

"부끄럽다, 부끄러워. 석웅아, 내가 어떻게 하면 좋을까?"

관현의 고백은 끝이 없었다.

술자리 내내 별 말 없이 관현의 말을 듣고만 있던 석웅이 관현의 어깨에 손을 얹었다. 관현을 바라보는 석웅이 얼굴이 벌겠다. 몇 잔 걸친 막걸리 때문만은 아니었다.

"관현아, 고맙다. 네가 이런 고민을 하고 있다는 게 얼마나 고마운지 모르겠어. 우선 나랑 같이 기독학생회에 나가자. 거기에 가면 고민을 함께 나눌 수 있는 친구들이 있다. 내일 당장……."

석웅의 눈이 빛났다.

석웅은 자기가 학생운동을 시작한 계기와 이유, 필연성을 이야기했다. 전남대학교 학생운동의 상황도 이야기해주었다.

관현의 귀가 번쩍 열렸다. 어디 귀뿐이랴? 석웅의 한 마디 한 마디가 관현의 심장까지 두드려댔다.

사실 6·29시위 내내 관현이 괴로웠던 이유는 자기 자신의 모습 때문이었다. 용화와 설전을 벌이면서도 끝끝내 접지 않았던 자신의 주장이 스스로의 경험과 체험에 바탕을 둔 주체적 가치관이 아니라 현실이 강요해온 가치관에 불과했다는 것, 그래서 자신이 그동안 현실의 부조리에 애써 눈감아왔다는 것을 관현은 인정할 수밖에 없었다. 어처구니없게도 억압자의 가치관에 무비판적으로 동조하고 있었다는 사실을 가슴 아프게 시인해야 했던 것이다.

관현은 이제 알 것 같았다.

머리채를 붙잡히고 실신한 여학생. 평생을 아무리 성실하게 일해도 밑바닥 삶을 벗어날 수 없는 부모님. 이들의 신음 소리가 내 여동생, 내 부모의 고통은 아닐지라도 사회라는 틀 속에서 보면 결국은 내 문제, 내 부모 형제의 고통일 수밖에 없다는 사실을. 질곡에 빠져 허덕이고 있는 사람이 설사 소수라 할지라도, 그 소수의 고통을 용인하고 모른 체하는 사회는 결국 부정의하고 부도덕한 사회라는 사실을.

관현은 부끄러운 나머지 눈물이 났다.

관현은 어떻게든 알아야 하고 어떻게든 행동해야 한다고 생각했다. 이럴 때 관현의 손을 잡아준 친구가 석웅이었다. 관현은 긴긴 가뭄 끝에 단비를 만난 느낌이었다. 어둠 속에서 한 줄기 영롱한 빛을 마주한 느낌과도 비슷했다. 관현은 석웅이 고맙고 고마웠다.

관현은 석웅과 함께 기독학생회 수련회나 토론회에 부지런히 참여했다. 사회문제와 학원 상황에 대한 진지한 토론을 거치면서 사회문제 전반에 대한 관현의 의식은 점점 깊어지고 넓어졌다.

이 과정에서 관현이 실천에 대한 의지를 확고히 다지게 된 계기가 있다. 1978년 11월 가톨릭농민회가 주최하는 쌀 생산자대회에 참여하면서부터 관현은 자각된 민중의 실천투쟁이 역사를 이끄는 원동력임을 깨닫게 되었다.

관현의 뇌리에는 늘 어머니의 모습이 박혀 있었다. 꼭두새벽부터 들에 나가 밤이 되어서야 돌아오는 어머니. 힘든 노동을 끝낸 뒤 막걸리 한 잔을 걸치고 부르는 어머니의 노랫가락에는 걸어낼 수 없는 노동의 고단함과 피곤이 담겨 있었다. 어머니의 노랫가락을 자장가 삼아 잠들곤 했던 관현은 그래서 늘 어머니를 위해, 그리고 아버지를 위해 반드시 훌륭한 변호사가 되어야 한다고 생각했다.

관현은 농민대회에 참석하면서 수많은 어머니와 아버지를 만났다. 관현의 어머니이기도 하고 아버지이기도 한 분들. 그러나 그분들의 모습은 어딘지 모르게 달랐다. 하루하루의 생활에 찌들어 있는 모습이 아니었다. 노동에 허덕이며 절망에 젖어 사는 모습이 결코 아니었던 것이다.

관현이 쌀 생산자대회에서 본 것은 이 땅의 주인으로 우뚝 선 어머니, 아버지의 모습이었다. 민주농정, 농민 권익 보장, 생산비에도 미치지 못하는 쌀값 인상, 농협 민주화를 소리 높여 요구하는 농민들의 외침은 견고하기만 한 세상의 벽을 통째로 쥐고 흔드는 함성이었다. 관현은 놀랐다. 단 한 번도 세상의 주인이 이 사람들이라고 생각해본 적이 없는데. 그저 주어진 일을 묵묵히 해내는 순하디순한, 양 같은 존재라고만 여겼는데. 관현은 치켜든 횃불 속에 일렁이는 농민들의 눈빛을 바라보며 두 주먹을 불끈 쥐었다.

관현의 머릿속으로 몇 개의 단어가 휙 스쳐지나갔다. 단결, 조직, 투쟁, 역사, 그리고 희망.

'그래, 이게 역사야. 살아 꿈틀거리는 역사. 이렇게 단결된 민중이 주체적·주도적으로 지금까지의 역사를 만들어온 거야.'

관현의 얼굴에 드리워진 웃음은 이제 무엇을 어떻게 해야 하는지에 대한 첫 대답이기도 했다.

그렇게 석웅과 꾸준히 만나고 있던 1학년 겨울방학 어느 날이었다. 석웅이 느닷없는 제안을 해왔다.

"관현아! 이번에 전대 학생운동 그룹에서 광천동 지역 노동자 실태를 조사할 예정인데, 우리 같이 해볼까?"

"광천동? 실태조사?"

관현이 되물었다.

소극적으로 따라가는 성격이 아닌 관현으로서는 석웅의 이야기를 조금 더 들어보고 싶었다.

"광천공단은 영세 작업장이 많아서 다른 지역보다 노동자들의 상황이 열악한 곳이야. 그런데 그런 현실을 피상적으로만 느낄 뿐, 실제로 광천공단 노동자들이 어떤 형편에 놓여 있는지를 보여주는 객관적인 자료는 하나도 없어. 실태조사는 이런 객관적인 자료를 토대로 노동자들의 현실을 알린다는 의미도 있고……."

석웅의 말이 계속 이어졌다.

"사실 우린 노동이 뭔지 몰라. 노동자, 농민의 자식이면서도 머리로만 그렇게 이해하고 있지. 이런 관념성은 반드시 실천으로 극복해야 돼. 짧은 기간이긴 하겠지만 노동자, 농민과 함께 생활하면서 우리의 한계를 극복해가는 거야."

관현은 고개를 끄덕였다. 석웅이 말이 틀리지 않았기 때문이다. 관현도 노동자의 아픔이 무엇인지, 농민의 아픔이 무엇인지 눈으로만 보고 귀로만 들었지, 직접 체험해본 것은 아니었다. 책상머리에 앉아 느끼는 고통일 뿐이었다.

그러나 관현은 대답이 없었다. 동의하지 못해서도, 쉽게 동의해서도 아니었다. 그 순간 관현은 어떤 생각에 갇혀 있었기 때문이다.

왜 노동자로 출발한 노동자는 평생 노동자일 수밖에 없는가? 왜 노동자는 늘 밑바닥 인생을 살아야 하는가? 관현도 궁금했다. 석웅이 제안하는 바람에 불쑥 튀어나오긴 했지만, 가슴속에 늘 담아두었던 의문이었다.

관현이 석웅의 눈을 똑바로 응시했다.

"내게 사흘만 시간을 다오."

이번에는 석웅이 침묵했다.

석웅이 아무 말 없자, 관현이 다시 고개를 끄덕였다. 공중에서 만난 둘의 눈빛이 뜨겁디뜨거웠다.

관현은 석웅에게 약속한 사흘 내내, 생각에 생각을 거듭했다. 석웅의 제안을 받아들일 것인가 말 것인가 하는 고민이기도 했지만, 삶의 목표에 대한 근본적인 고민이기도 했다.

'고시를 보려면 1학년 겨울방학을 더 유용하게 보내야 하는데.'

'고시? 나는 왜 이렇게 고시에 집착하는 거지? 너무 개인적인 고민에 빠진 건 아닐까?'

'하지만 고시는 나만의 목표가 아니잖아? 누구보다도 부모님이 많은 기대를 걸고 계신데.'

'아니야. 지금 내 고민은 너무 극단적이야. 이건 고시를 포기할 것인가 말 것인가의 문제가 아니잖아. 나에게 가장 중요한 일은 진실을 정확히 보고 알아가는 거야. 그러지 않으면 알맹이 없는 껍데기의 삶을 살 게 뻔하니까 말이야.'

'그렇더라도 이번 방학에는 시골에 내려가 농사일 좀 거들어드

려야 하는데…….'

관현은 밤을 새워가며 고민했다.

석웅과 약속한 사흘이 다 지나갔다.

늦은 밤, 관현이 외투를 걸쳐 입고 방문을 열었다. 차가운 바람
이 와락 관현을 덮쳤다. 옷깃을 단단히 여며도 바람은 칼날같이 파
고들었다.

관현이 발걸음을 옮긴 곳은 동네 어귀에 있는 공중전화 박스였
다. 관현이 전화기를 들었다. 곧 석웅의 목소리가 전화선을 타고
들려왔다. 석웅의 목소리를 들은 관현의 표정이 금세 밝아졌다.

노동자의 삶 속으로

전남대학교 학생운동사

관현의 인생 한가운데를 관통하는 들불야학을 잘 알기 위해서는 당시 광주전남운동사, 특히 전남대학교 학생운동사를 눈여겨볼 필요가 있다.

관현이 개인으로 존재하는 것이 아닌 만큼 들불야학도 지엽적이거나 부분적인 관점으로 바라보면 안 되기 때문이다.

1974년 민청학련 사건으로 구속됐던 청년 학생들이 1975년 2월 15일 석방되었다. 출소한 이들 가운데 이강·김운기·윤한봉·김상윤 등이 적극적으로 의지를 모아 1975년 봄 전남구속자협의회를 만들었다. 전남구속자협의회 구성은 운동 역량의 질적 전환이 요구되는 시기에 무엇을 해야 하는가, 운동 역량을 어디에 집중해야 하는가를 실천적으로 고민한 결과물이었다.

그들은 운동 주체들이 무엇보다 현실을 과학적으로 판단하는 능력을 갖추어야 한다고 느꼈다. 개별 사안에 소극적으로 대처해서는 사회 모순을 하나도 해결할 수 없다는 것을 투쟁의 우여곡절 속에서 깨달았기 때문이다. 이 사회의 근본 모순이 무엇인지, 그 모순의 뿌리가 어디에서 비롯되었는지, 정확히 보고 정확히 찾아야 했다. 그들은 사회와 역사를 정확하게 진단하고 판단해야만 올바른 방향성이 나올 수 있다고 확신하고 있었다.

그들이 강구한 첫 번째 실천 방침은 모든 분야를 망라해 조직을 건설하고 연결시키는 것이었다. 두 번째 방침은 학습모임을 꾸준히 만들어가는 것이었다.

먼저 이학영·이양현·최영석 등이 노동운동을 지원하는 활동을 하기로 했다. 이강·정상용·박형선 등은 농민현장운동을, 나상기·최철 등은 기독교를 기반으로 하는 청년학생운동을 지원하기로 했다. 광주전남 학생운동을 지원하는 책임을 맡은 사람은 김상윤·김운기·김남주였다. 김상윤은 전남대를, 김운기는 조선대를 책임지기로 했다. 이 모든 분야를 연계하고 그 밖의 다른 청년사회운동, 재야와 정당을 연계하는 지원 활동은 윤한봉이 맡기로 했다.

전남대학교 학생운동을 지원하기로 한 김상윤은 전남대학교 국문과 68학번이었다. 김상윤은 69학번인 황철홍을 통해 철홍의 친구인 윤상원을 만나게 된다.

윤상원과 김상윤의 만남은 몇 년 뒤 박관현과의 만남으로 이어진다. 관현이 80년 5월의 아들, 광주의 아들로 성장해가는 시발점이 바로 이 만남이었다고 해도 과언이 아닐 것이다.

김상윤은 상원에게 학습모임을 제안한다. 얼마 뒤 전남대학교 정치학과에 재학 중이던 이현우까지 가세해 윤상원·김상윤·이현우 셋이서 부족하나마 먼저 학습을 진행하자고 결의한다.

학습모임에서는 민중사관을 견지하는 진보적인 서적들을 주 교재로 정했다. 사찰 당국이 경계하는 서적들, 다시 말해 이른바 불온서적이 학습의 주 교재였던 것이다.

김상윤은 상원과 학습모임을 이끌면서 교재를 조달할 수 있는 대안을 모색했다. 당시에는 공안 당국이 엄격하게 금서 조치를 취하고 있어서 사회과학 서적을 좀처럼 구해 보기 힘들었다. 또한 기본적인 생존의 문제도 해결해야 했다.

얼마 후 김상윤과 김남주는 각기 녹두서점과 카프카서점을 개업했다. 이것은 교재를 구해야 하는 현실적인 문제와 함께 민중운동권을 연결하는 통로 또는 장소를 개척하는 문제를 동시에 해결하고자 한 나름의 시도였다.

김상윤의 역할이 서점 운영과 사회운동 세력의 연계로까지 넓어지자 학습모임은 상원이 주도하게 되었다. 앞으로 새로운 모임을 꾸려내는 일련의 활동이 모두 상원에게 집중된 것이다.

학습모임은 사찰 당국의 집요한 감시에도 꾸준히 이어졌다. 그리하여 셋에서 출발한 학습모임은 구성원이 열대여섯 명에 이를 만큼 규모가 커졌다. 그뿐이 아니었다. 다양한 학습모임, 독서를 위주로 하는 동아리가 몇 개 더 만들어졌다. 세포가 분열하듯 한 성원이 또 다른 학습모임을 계획하고 꾸리는 식으로 학습모임이 분화한 것이다.

김남주가 주도하여 꾸린 학습모임도 똑같은 과정을 거치며 분화하고 있었다. 노준현·안길정·박몽구·김선출·김윤기 등은 김남주와 함께 파리코뮌을 공부하다 1978년 2월 말경 중앙정보부 전남지부로 끌려가게 되었다. 이 사건이 '남조선민족해방전선'(남민전) 사건인데, 이 사건으로 김남주는 1979년 10월 투옥될 때까지 지하로 잠적해 활동했다.

이러한 움직임 외에도 눈여겨봐야 할 다른 움직임이 있다.

과학적 인식을 획득하고자 하는 움직임이 전남대학교 내에서도 자연발생적으로 일어나기 시작한 것이다.

기독학생회 계열의 여러 동아리도 사회과학 학습모임을 자체적으로 꾸렸다. 이양현·정상용 등은 교양독서회 계열에서 학습모임을 이끌었다. 학교에 공식 동아리로 등록한 '독서잔디'도 왕성한 사회과학 학습을 바탕으로 전남대학교 학생운동의 내부 역량을 키우고자 노력했다. 이 밖에 문우회(얼샘)·루사·머쿠리·탈춤반 같은 동아리도 사회과학 학습을 목적의식으로 진행하며 활발한 활동을 펼쳤다.

그 무렵 학습 동아리에서는 『전환시대의 논리』, 『일반경제사 요론』, 『농업경제학 서설』, 『페다고지』, 『한국 현대사론』, 『민족주의란 무엇인가』, 『한국노동운동사』, 『대지의 저주받은 자들』, 『학생과 사회정의』, 『후진국 경제론』, 『민중 경제론』 같은 사회과학 서적을 비롯하여 김정한·김지하·백낙청·황석영·이문구·고은·조태일·염

무웅 등의 평론과 문학 서적을 두루 읽었다.

1975년 전남구속자협의회를 결성함으로써 광주전남운동의 연계와 질적 성장을 꾀한 일련의 노력은 1976년부터 시작된 여러 학습모임으로 성과를 축적해나갔다.

이처럼 한 단위 한 단위 성과들이 모여서 광주전남의 운동 기반은 더욱 단단해지고 공고해졌다. 땅을 다지듯 모든 운동의 방향성이 운동 역량 강화와 유신 타파라는 절체절명의 과제로 집중되는 시점이었다.

전남대학교 내에서도 장석웅·이세천 등 많은 학습 동아리 성원들은 6·27 교육지표 사건 이후 황량해져 있던 학내 운동의 터전을 확고히 마련하느라 분주했다. 윤상원이 투신한 노동현장도 들불야학이라는 공간에서 비약적인 성장을 도모했다. 정치인을 포함한 재야인사와 일반 민중의 정치투쟁도 막바지로 치닫는 유신 독재에 대항해 더욱 가열차게 전개되었다.

헌신, 박관현

"우리는 나약합니다. 현실의 벽 앞에서 무너지기 일쑤입니다. 이런 모습이 다 지식인의 한계입니다. 우리 부모형제가 놓인 현실에 울분만 터뜨릴 뿐, 우리는 그들처럼, 그들만큼, 용감해지려 하지 않습니다."

"그렇습니다. 인간을 억압하는 현실에서 한 날 한 시도 자유로울

수 없는데 우리는 종종 현실을 회피하거나 외면합니다. 우리의 학생적인 사고, 지식인적인 한계를 극복해야 합니다."

1978년 어느 겨울날, 상대 뒤 막걸릿집 가장 깊숙한 방에 자리 잡은 몇몇 학생이 입을 모아 이야기했다. 무거운 분위기가 싸늘한 방을 더욱 싸늘하게 만들고 있었다.

"노동현장의 상황은 다른 현장보다 훨씬 열악하고 척박합니다. 우리의 누나, 여동생이 하루 평균 14~15시간을 일하고도 최저임금을 받지 못하는 것이 지금의 현실입니다. 이러한 현실을 사방 곳곳에 알려야 합니다. 전태일 열사가 내 죽음을 헛되이 하지 말라며 분신했건만 그때보다 나아진 것이 하나도 없습니다. 우리가 과연 전태일 열사의 죽음을 헛되이 하고 있는 것은 아닌지 반성해야 합니다."

이야기가 노동현장의 상황과 전태일로 이어지면서 분위기는 더 숙연해졌다.

"그렇습니다. 사회변혁의 주체인 기층민중, 그중에서도 노동자의 삶을 직접 경험해본다는 것은 엄청난 실천이기도 합니다. 우리는 이런 경험을 토대로 여러 학습모임이나 단위에 우리의 경험과 방법을 널리 알려야 합니다. 책에서만 민중을 배우고 느끼는 것이 아니라 이제는 몸으로 직접 부딪혀 민중을 배워야 할 때입니다. 민중과 함께 머리를 맞대고 현실의 고민을 함께 나눠야 합니다."

1978년 한 해를 평가하고 1979년 이듬해의 계획을 세우는 술자리는 밤이 깊도록 끝날 줄 몰랐다. 날이 샐 무렵, 그들은 중요한 결의 하나를 내왔다. 광주공단의 실태를 조사하기로 한 것이다. 조사

기간을 약 60여 일로 설정하고 공동 보고서 작성을 원칙으로 세운 그들은 마지막 막걸리 잔을 내려놓으며 두 손을 맞잡았다. 맞잡은 두 손이 뜨거웠다. 누추하기 그지없는 방의 창문으로 내다보이는 별처럼 그들의 눈빛은 영롱했다. 싸늘했던 방이 어느새 그들의 열기로 후끈 달아올라 있었다.

이 사업은 자연스레 윤상원과 연결되었다. 윤상원이 1976년부터 전대 학습모임을 이끌고 있었기 때문이기도 했지만, 1978년 10월부터 광주 지역 최초의 위장취업자로 노동현장에 투신해 있던 까닭이었다. 공장 취업을 결심할 즈음 윤상원은 박기순·최기혁에게서 들불야학에 참여해달라는 요청을 받고 들불야학 강학으로도 활동하고 있었다.

1978년 12월 21일 저녁.

광천시민아파트 바로 앞에 있는 삼화신협 안쪽의 작은 방으로 낯익은 얼굴들이 삼삼오오 모여들었다. 박관현·장석웅·이세천·박병섭·안진·김정희·신영일·박용안·최금표·위승량 등이 '광주공단 실태조사'를 위한 예비모임을 열기로 한 것이다. 이 방은 원래 삼화신협 실무 책임자인 김영철의 관리 아래 그와 함께 지역주민운동을 해온 박용준이 거처하던 방이었다.

"안녕하십니까? 윤상원입니다. 여러분과는 앞으로도 계속 만날 것이니 이런저런 이야기는 다음에 하기로 합시다. 오늘은 여러분에게 좋은 이야기를 해주려고 일부러 시간을 내신 김영철 씨를 소개하겠습니다. 김영철 씨는 이곳 시민아파트 A동 반장이자 이 지역 새마을 지도자이십니다. 오늘 여러분이 모인 이 광천삼화신협의 실무도 맡고 계시지요. 뿐만 아니라 YWCA 신협에도 근무하고 계십니다. 그야말로 팔방미인, 우리에게는 없어서는 안 될……."

상원의 이야기에 모두들 표정이 상기되었다. 긴장하고 있는 티가 역력했다. 상원은 학생들의 긴장을 풀어주려는 듯 일부러 나긋나긋한 목소리로 말했다.

그때 상원의 눈에 한 청년이 들어왔다. 다부진 몸에 부리부리한 눈을 크게 뜨고 앉아 있는 청년. 상원은 청년이 꿈쩍도 않고 제자리를 지키고 있는 산처럼 느껴졌다. 찬찬히 살펴볼 친구라는 생각이 얼핏 상원의 뇌리를 스쳤다. 청년은 상원의 말에 집중하느라 상원만 바라보고 있었다. 관현과 상원의 첫 만남이었다.

실태조사반은 첫 모임 이후 본격적으로 움직였다. 실태조사의 의의와 조사 단계, 기간을 정하고 여러 가지 세부 사항을 논의하는 것만으로도 많은 시간이 필요했다. 모임이 거듭될수록 관현도 더욱 적극적으로 참여했다.

"잠깐! 왜 이렇게 많은 단어와 미사여구가 필요한 거지? 나는 실태조사의 외연을 너무 확장시켜서는 안 된다고 생각해. 실태조사 과정에서 우리가 어떻게 할 것인지가 지금 이 자리에서 해야 할 이야기라고 생각한다."

실태조사의 여러 지침을 논의하던 자리였다. 관현이 일어서더니 대뜸 말했다. 목청을 돋우느라 관현의 목에는 실핏줄이 툭 불거져 나왔다.

"우리는 실태조사의 의의를 더욱 분명하게 하고 이 사업에 임해야 해. 그래야만 운동의 목표를 향해 흐트러짐 없이 나아갈 수 있다고 봐."

관현을 실태조사에 참여시킨 석웅이 말했다.

"네 말이 틀리지는 않지만, 목표가 없어서 목표를 이루지 못하는 게 아니야. 목표를 세우는 것보다 더 중요한 것은 어떠한 난관도 무릅쓰고 그것을 수행해낼 수 있는 의지와 품성이라고 생각해. 그 점을 간과하고 이런 논의에 너무 많은 시간을 할애한다는 건……."

다시 관현이 말했다.

석웅과 관현은 둘 다 일어서 있었다. 둘의 표정이 하도 경직되어 멀리서 보면 꼭 싸우는 것처럼 보였다.

관현이 우려한 것은 실태조사에 대한 도식화였다.

한국 사회 변혁이니, 한국 사회 성격이니, 노동운동의 선도적인 역할이니……. 관현이 생각하기엔 너무나 많은 필연성과 필요성이 실태조사와 연결되어 벌써 몇 시간째 이야기되고 있었다.

"나는 실태조사 과정에서 그동안 우리가 보지 못했던 것을 보고 우리가 느끼지 못했던 것을 느끼면서 자연스럽게 양심을 회복해 가는 것이 더 큰 의미가 있다고 생각해. 그렇다면 당면한 실태조사 사업을 어떻게 잘할 것인지를 고민해야 하지 않을까?"

관현이 모여 있는 사람들을 둘러보며 물었다.

관현은 답답했다. 석웅도 답답하긴 마찬가지였다.

여기서 우리는 관현이 지닌 실천적 가치관의 일면을 볼 수 있다. 관현은 지식인의 현학적인 태도, 이론의 도식화에 빠져 헤어나지 못하는 무책임함을 거의 본능적으로 방어하고 경계했다.

관현은 말보다는 실천이 앞서야 하며, 실천하는 과정에서는 몸과 마음을 다해 노력해야 한다고 늘 생각했다. 이러한 생각은 운동의 목적이 결국은 민중에 대한 사랑, 나아가 모든 인간에 대한 사랑이며, 그것은 몹시 구체적이고 실천적인 문제라는 그의 가치관에서 나온다. 관념이나 추상적인 용어로 이론은 만들 수 있을지라도 그것에 대한 자각과 헌신적인 실천 없이는 결코 아무것도 이룰 수 없다는 그의 생각은 그의 짧은 생애 동안, 특히 들불야학을 거쳐 80년 광주의 아들로 살아가는 내내 관철되었다. 또한 많은 사람들은 그의 이러한 실천을 보고 감동하고 관현과 함께 나아가기를 주저하지 않았다.

그날 실태조사반원들은 전체 조사 기간을 1978년 12월 17일부터 1979년 2월 20일까지 약 60일로 상정했다. 그렇지만 보고서가 완성될 때까지는 더 많은 시간이 걸렸다. 보고서는 겨울방학을 전부 다 쏟아붓고 나서야 가까스로 완성되었다.

한번 마음먹으면 불도저처럼 밀고 나가는 관현은 누구보다 실태조사 사업에 열심히 참여했다. 수십 권의 책을 읽고 자료를 분석하는 일로 밤을 지새우기 일쑤였다. 사무실에서 다 읽지 못한 책들은 자취방으로 가져가 꼼꼼히 다 읽었다. 특히 전태일에 관한 기록들은 읽고 또 읽었다.

이 시기 관현은 읽고 있던 책이나 자료를 덮고 깊이 생각하는 모습을 종종 보여주었다. 눈앞에서 벌어지는 듯 생생히 다가오는 노동현장에 관한 여러 정보와 장면이 그를 먹먹하게 만드는 듯했다.

대학 도서관, 시청, 노동청, 노총 광주협의회, 상공회의소, 공단 관리사무소들을 찾아다니며 발품을 판 실태조사반은 1979년 1월

2일 2단계 조사연구 설계에 들어갔다.

그런데 이때부터 많은 문제가 발생했다.

"관현이 형, 왜 혼자 있어요? 다들 어디 간 거예요?"

2단계 조사 작업이 막 시작된 어느 날, 들불야학 강학이었던 전용호가 실태조사반원들이 쓰고 있던 야학의 아파트 교실을 찾았다. 칼바람이 파고들어와 아파트 안은 그야말로 냉골이었다.

용호는 깜짝 놀랐다. 조사반 전원이 다 달라붙어 일해도 끝낼 수 없을 정도로 그날 일감이 많다는 걸 알고 있었기 때문이다. 그런데 관현 혼자 자료를 정리하고 있다니. 용호는 냉기를 견디지 못하고 몸을 움츠렸다. 달랑 얇은 셔츠 하나만 걸친 관현은 용호가 들어오는 것도, 자기에게 말을 거는 것도 모른 채 자료 정리에 정신이 빠져 있었다. 용호가 관현 곁으로 한 걸음 다가가 관현의 등을 툭 쳤다.

"용호 왔구나."

관현이 그제야 빙긋 웃으며 알은척을 했다.

"이 녀석들, 다 놀러 나갔죠? 어제도 빠져나가 개인행동들을 하더니만……."

아파트 안을 둘러보는 용호 시선이 곱지 않았다. 목소리도 높았다. 요 며칠 사이 계속 비슷한 일이 일어난다는 소식을 듣긴 했지만 이 지경이리라고는 생각하지 않았는데. 성을 내는 용호 얼굴이 벌겠다.

"관현이 형, 이럴 순 없지요. 다 같이 열심히 하자고 결의했으면서 한 녀석은 김치 가지러 간다고 집에 가선 안 오고, 한 녀석은 추워서 못 견디겠다고 안 오고, 심지어는 번번이 개인 약속 때문에 허다하게 외박하고 외출하는 녀석도 있잖아요. 도대체 이따위로 할 거면 결의는 왜 하고 다짐은 왜 했는지…….”

화를 참을 수 없는지 용호가 목소리를 돋우었다.

관현은 그저 빙그레 웃기만 했다.

물론 관현도 문제가 있다는 것을 모르지 않았다. 그러나 관현은 이것이 개인을 탓하고 원망할 문제는 아니라고 판단했다. 어떻게 보면 이 문제는 누군가가 모범을 보이고 솔선수범함으로써 감동을 나눌 때에만 해결될 문제였다. 환경도 낯선 데다가 그 환경이 매우 열악하고 어려운 상황이라면 누구라도 이런 모습을 보일 수 있다는 것이 관현의 생각이었다.

“조용히 해라. 다들 돌아오겠지. 사정이 있으니까 그러는 거지 일부러 그러겠냐? 나하고 이 자료나 정리하자.”

관현이 말했다.

용호는 당장 할 말을 잊었다. 관현이 마땅히 저 이상으로 분개할 것이라 생각했기 때문이다.

용호는 부끄러움을 느꼈다. 불성실한 조사반원들까지 불평 한마디 없이 끌어안는 관현이 정말 큰사람이라 느껴졌다.

그날부터 관현은 더욱더 부지런히 일했다. 누구보다 먼저 일어나 청소를 했다. 반원들이 먹을 아침밥 준비도 관현이 도맡아 하는 일 가운데 하나였다. 맨 먼저 식사를 끝내고 설거지통에 손을 담그는 것도 관현이었다. 아무리 추워도 관현은 절대 몸을 웅크리지 않았다. 담요 한 장으로 견뎌야 하는 추운 밤에도 관현은 제 담요를 나눌 줄 알았다. 옹송그리고 잠든 옆자리 동료에게 관현은 늘 자기

담요를 덮어주었다.

관현의 이런 모습은 주변을 감동시키기에 충분했다. 이제 누구든 관현의 말이라면 따르지 않을 수 없었다. 관현이 만든 이 조용한 감동은 밖으로 뛰쳐나가고 있는 조사반원들을 한 명 한 명 다시 안으로 불러들였다. 조사 작업에 다시 불이 붙기 시작했다.

조사반원들은 이제 더는 개인적인 어려움을 토로하지 않았다. 부모님에게 끌려갔던 반원조차 며칠 뒤에 다시 돌아와 일할 정도로 실태조사반원들의 일체감은 처음 시작할 때의 수위로 높아졌다.

그런데도 종종 지켜지지 않는 일이 있었다.

그 시절은 그야말로 전국이 꽁꽁 얼어붙어 있는 상황이었다. 민주화 세력이라면 누구를 막론하고 저인망식으로 체포·구속당했기 때문에 모든 행동을 극도로 조심하고 주의해야만 했다. 적어도 공단 실태조사를 마칠 때까지는 어떤 불미스러운 일도 있어선 안 되었다. 이런 걱정에서 이따금 관현은 잔소리꾼이 되기도 했다. 관현은 조사반원들이 외출할 때마다 앞에 앉혀놓고 행동지침을 이르고 또 일렀다.

"에이, 형! 걱정도 팔자네. 방학인데 설마 상담지도관실 요원들이 돌아다니겠어요? 자기들도 쉬겠지요."

외출을 준비하던 신영일이 핀잔하듯 관현에게 말했다. 사실 영일은 관현의 잔소리가 귀찮았다. 며칠 전에도 돌아오는 시각을 어겨 관현의 속을 태운 적이 있다는 사실을 영일은 까맣게 잊고 있었다.

그때 관현이 영일의 곁으로 다가가 와 우뚝 섰다. 영일은 당황했다. 관현이 갑작스레 영일이 손목을 움켜잡았기 때문이다. 영일이

나가던 발길을 멈추고 관현을 바라보았다. 여느 날과 달리 관현의 눈빛이 매섭기 그지없었다.

"이놈아, 설마가 사람 잡는다고 했다. 내 말이 듣기 싫은 건 알겠지만 적어도 약속한 일은 끝맺어야 하지 않겠니? 너의 사소한 부주의 때문에 실태조사가 당장 끝장날 수도 있단 말이야."

관현의 목소리가 평소와 달리 조금 격양되어 있었다.

영일은 평소와 다른 관현의 태도에 머리카락이 쭈뼛 섰다. 자기가 어떤 실언을 했는지 비로소 깨달은 것 같았다.

관현은 이렇듯 책임감이 매우 강한 사람이었다. 학습모임에 참여하거나 운동조직에 가담했던 것도 아니고 체계적인 독서나 토론 과정을 거치지도 않았지만, 실태조사에 참여한 어느 누구보다 성실하고 책임감과 사명감이 대단했다.

진중한 성격 탓에 동의할 수 없는 점은 꼭 짚고 넘어가야 하고 논쟁이 붙으면 끝장을 보는 성격이었지만, 한번 동의하고 결의한 사항만은 무슨 일이 있어도 책임지고 성실하게 밀고 나갔다.

나를 위해서보다는 조직과 전체를 위해 모든 시간과 노력, 열정을 바치는 투철한 조직인의 자세. 관현의 이러한 모습은 조직에 임하는 관현의 태도이기도 했다. 바로 이런 모습이 관현을 신뢰받게 했다. 관현은 그래서 관여하는 모든 조직의 지도자로 자연스레 추대받거나 떠올랐다. 조직은 생리적으로 말 잘하는 사람, 말이 앞서는 사람보다 진실과 실천으로 사람과 조직을 이끄는 지도자를 원하기 때문이다.

그렇지만 관현이 20년 넘도록 간직해온 고시에 대한 개인의 꿈을 접고 거대한 민중운동, 민주운동에 제 몸을 실은 것은 그의 이런 성격이나 태도만으로는 결코 설명될 수 없다. 관현이 역사의 파도에 과감히 제 한 몸을 던진 것은 어떤 특별한 계기에 의해서였는데, 관현을 제대로 알려면 그 특별한 계기를 더듬어 살펴볼 필요가 있다.

변화, 박관현

흐트러진 대열을 다시 정비하고 실태조사반은 모두 39개 문항의 설문지를 완성했다. 노동자의 생활 환경, 노동 조건, 의식 구조, 노동조합 활동을 주요 내용으로 하는 설문지는 조사작업에 들어간 지 한 달이 지난 1979년 1월 20일 완성되었다.

그들은 광천공단을 세분하고 두세 명씩 짝을 지어 인터뷰 작업을 하기로 했다.

그러나 만만치 않았다. 실태조사반이 만난 기업주들은 열이면 열 모두 조사반원들에게 냉소를 퍼부었다. 당연한 일이었다. 설문지 작성이 기업주들에게 이로울 리 없었기 때문이다. 조사반원들의 행위는 군말 없이 일하는 노동자들을 부추기는 것이요, 억압의 현실을 바로 보게 하는 것이었다. 조사반원들은 자기들의 생각이 얼마나 안이하고 허공에 떠 있는 것인지 첫 발걸음을 뗀 그 순간부터 뼈저리게 느꼈다. 업주들에게 필요한 것은 그저 시키는 대로 묵묵히 일하는 노동자들이었다.

조사반원들은 당장 방법을 바꾸어 노동자들을 직접 만나기로 했다. 삼삼오오 다시 팀을 꾸린 조사반원들은 광천공단 담벼락에 기대어 노동자들을 기다렸다. 삼교대를 마친 노동자들을 만나야 했기 때문이다.

　매서운 겨울바람은 조사반원들의 마음까지 오그라들게 했다. 하지만 겨울바람보다 더 무서운 것은 두려움이었다. 노동자들이 우리를 어떻게 대할까? 혹시 업주들처럼 우리를 냉대하지는 않겠지? 경험해보지 않아서인지 걱정과 우려는 어린 조사반원들의 손발을 더욱 꽁꽁 얼어붙게 만들었다.

　작업이 끝나는 벨이 울리고 지친 표정을 한 노동자들이 공장에서 쏟아져나오자 조사반원들은 더 바짝 긴장했다. 화를 내지는 않을까? 피곤한 저들에게 어떻게 말을 건넬까? 매서운 찬바람 때문인지 두려움 때문인지, 설문지를 들고 있는 조사반원들의 손이 바들바들 떨렸다. 온몸을 부들부들 떠는 친구까지 있었다.

　하지만 그것은 기우에 불과했다.

　조사반원들이 만난 노동자들은 조사반원들이 설문의 의미를 더듬더듬 설명하자 반색을 하며 설문지를 작성해주었다.

　"어이, 김군! 이리 와봐. 이거 하나 써주고 가. 최씨! 최씨도 쓰고. 순자야, 너도 이거 한 장 써라. 눈 크게 뜨고."

　발걸음을 재게 놀리며 집으로 가는 동료들을 불러 세워 설문지 작성을 도와주는 노동자도 있었다.

　조사반원들은 의욕이 불타올랐다. 노동자들이 있는 곳이면 이제 장소를 가리지 않고 열심히 뛰고 또 뛰었다. 광천공단 근처의 포장 마차며 선술집, 튀김집 등 노동자들이 머무는 곳곳을 누비면서 설문지를 작성했다.

관현도 눈부신 활약을 했다.

관현을 만난 노동자들은 관현의 서글서글한 말본새와 태도에 금세 동화되었다. 아버지를 대하듯, 어린 누이를 대하듯, 친구를 대하듯 모든 이를 격의 없이 대하는 태도를 보면 누구든 관현을 허물없이 대하고 미덥게 여겼다.

"형! 오늘은 한잔하고 싶소."

노동자들의 퇴근 시간에 맞추느라 그날도 밤 10시가 넘어서야 조사 작업이 마무리되었다. 관현과 어깨를 나란히 하고 공단 도로를 걷던 영일이 읊조리듯 말했다.

관현은 아무 말 없이 영일을 바라보았다. 영일의 어깨가 축 처져 있었다.

"내 모든 게 다 허구였던 것 같소. 노동자들을 위해 살겠다고 큰소리치던 내 모습이 오늘은 왜 이렇게 비겁해 보이는지……. 다 거짓이고 사치였소. 난 잘 모르겠소. 나도 껍데기였던 것 같고 내가 하는 이 작업도 다 껍데기인 것 같소. 도대체 뭐가 이들의 현실을 바꿔줄 수 있단 말이요? 모르겠소. 하나도 모르겠소."

영일이 못을 박는 것처럼 말했다. 영일의 답답한 심정이 그대로 관현의 가슴에 전해졌다.

"영일아!"

영일의 말만 계속 듣고 있던 관현이 입을 열었다.

관현이 멈춰 서서 영일의 어깨를 붙잡았다. 긴 팔로 끌어안듯 영일의 등을 휘어감은 관현은 다시 한동안 아무 말도 하지 않았다. 한겨울 바람보다 더 차갑고 무거운 침묵이 흘렀다. 한참 뒤 관현은 영일을 제 품에서 떼어냈다. 영일을 바라보는 관현의 시선이 깊고 깊었다.

"영일아! 이것이 내 동생, 내 형님, 내 아버지, 내 어머니의 삶이다. 나도 그동안 잘 몰랐구나. 그래서 나도 지금 너만큼 마음 아프다. 내가 지금 이리도 마음 아픈 건 그들과 내가 한 몸이라는 사실을 잘 알면서도 그동안 애써 외면해왔기 때문이야. …… 그래, 이제야 나 자신을 직시했기 때문이야. 내 동생이 힘들고 아픈데도, 내 아버지가 힘들고 아픈데도, 내 누이가 힘들고 아픈데도 나는 아무것도……."

관현은 끝내 말을 맺지 못했다.

영일의 어깨가 관현의 품안에서 들썩이기 시작했다. 관현이 영일을 더 세게 끌어안았다.

관현은 실태조사 작업을 진행하면서 점점 변했다. 말투는 더욱 진중해지고 눈빛은 더욱 깊어졌다. 조사반원들을 애틋하게 챙기는 마음, 부지런하고 성실한 태도가 달라진 것은 아니지만, 그는 변하기 시작했다. 아니, 분명히 변했다.

관현은 이제 더욱 철저히 자신의 머리로 사고했다.

무엇이 진실인가? 무엇이 거짓인가? 모든 시간, 모든 공간에서 이와 같은 질문들이 관현을 에워싸고 있었다.

착실하고 얌전하게 살면 누구든 잘살 수 있다고 했는데. 당장은 암담해 보일지라도 성실하게 일하고 배우면 누구든 다 성공한다고 했는데. 관현은 이제 어떤 말이 진실이고 어떤 말이 거짓인지, 누가 진실을 말하고 누가 거짓을 말하는지 알 것 같았다. 모든 것이 서서히 명확해지고 정확해지는 것 같았다. 이제 누가, 무엇을, 어떻게 해야 하는지도 알 것 같았다.

설문지를 분석하는 틈틈이 관현은 손길을 멈추고 깊은 생각에 빠져들 때가 많았다. 말수가 더 없어진 것이 그 무렵 관현의 특징이라면 특징이었다.

실태조사가 마무리되고 드디어 보고서가 완성되었다.

보고서는 1979년 5월, 전남대학 신문에 전남대 사회조사연구회 이름으로 4차례에 걸쳐 연재하기로 예정되어 있었다. 그런데 2차례만 연재하고 그쳐야 했다. 도내 각 일간신문들이 2회의 연재 내용을 발췌해 신문에 싣자 사회적으로 파문이 일었다. 이러한 움직임이 확산될 조짐이 보이자 당국은 재빨리 학원 관리자들을 종용해 연재를 중단시켰다. 그뿐 아니라 실태조사반원 몇 명을 연행해 가기까지 했다.

이처럼 아무도 하지 못한 엄청난 일을 해낸 조사팀은 72.2만 평 부지에 자리 잡은 63개 업체의 노동 실태를 모두 조사하고서 2월 말쯤 해체되었다. 광천동을 떠나 다시 전남대로 들어온 이들은 그해 겨울의 체험을 토대로 전남대 내에 '사회조사연구회'라는 동아리를 만들어 활동을 이어갔다.

당시 관현의 모습을 신영일과 윤상원 두 사람의 증언을 통해 갈무리해보겠다. 한 사람은 관현과 함께 공단을 누빈 사람이고, 또 한 사람은 실태조사 기간 내내 관현을 남몰래 지켜본 사람이었다.

두 사람의 증언은 관현의 생애를 조망하는 데 매우 큰 의미가 있다. 부디 두 사람의 증언이 그 시기의 관현을 기억하는 데 도움이 되기를 바란다.

"쓸 만한 놈이에요. 박관현, 그놈은 괴력이 있지요. 그런 친구는 당연히 운동 전선의 맨 앞에 서야 해요."

관현에게 남다른 호감을 품고 있던 윤상원의 증언이다.

"관현 형은 실태조사 작업을 하면서 민중이 역사의 주체라는 것을 마음에 새긴 것 같아요. 노동자 문제, 민중 문제야말로 우리가 해결해야 할 근본 문제, 사회문제라는 것을 인식하게 된 거지요. 실태조사 작업은 아마도 관현이 형의 인생에 큰 전기가 되기에 충분한 사건이었을 거예요."

관현에 대한 신영일의 회고다.

5장

들불이 되어

강학이 되다

관현은 전남대 사회조사연구회 창립 부회장을 맡아 열심히 활동했다. 그리고 그동안 밀쳐두었던 학과 공부도 시작했다. 법대 1층 도서관 가장 구석진 자리가 다시 관현의 자리가 되었다. 그곳에 가면 밤늦도록 공부에 열중하는 관현을 어김없이 볼 수 있었다.

"관현이 형이 변한 것 같아."

"다시 고시 공부를 시작한 것 같던데."

"그럴 줄 알았어. 그 자식 원래 출세 지향적이었잖아."

묵묵히 공부에 파고드는 관현을 보고 의견이 분분했다. 불안과 질시, 냉소가 뒤섞인 반응이 대부분이었다.

"그렇지 않아. 관현이는 반드시 우리랑 함께할 거야. 관현이는 지금 자기 자신과 치열하게 싸우고 있을 테니 우리는 기다려야 해. 관현이가 자기 확신의 긴 터널을 자기 방식으로 무사히 지나올 수 있도록 기다려줘야 하는 거야. 관현이가 지금 당장 우리와 함께하지 않는다고 해도 삼고초려, 아니, 십고초려라도 하면서 우리는 끝까지 기다려줘야 해."

1979년 4월 초, 들불야학 강학이었던 임낙평에게서 관현의 소식을 전해 들은 윤상원이 이렇게 말했다.

관현은 임낙평을 통해 들불야학의 강학이 되어달라는 제안을 받았다.

광천동 실태조사 과정에서 관현을 눈여겨본 상원은 그의 실천능력과 품성을 높이 샀다. 더군다나 들불야학이 안팎으로 여러 위기에 놓여 있던 때라 더더욱 관현 같은 사람이 필요하다고 느꼈다. 그래서 상원은 들불야학 강학이었던 임낙평을 통해 관현에게 야학의 강학이 되어달라고 부탁해두었던 것이다.

제안을 받은 그날 관현은 아무 대답도 하지 않았다. 어떻게든 관현을 들불 현장에 붙들어두고 싶은 낙평은 불안하기 그지없었지만 상원은 절대 초조해하지 않았다. 오히려 관현이 도서관에 처박혀 있는 모습을 고민과 번민을 거쳐 자기 확신을 만들어가고, 그래서 더 단단해지는 과정이라고 긍정적으로 평가했다.

사실이 그랬다. 윤상원의 말처럼 관현은 자기 방식대로 자신을 다져가고 있었다. 주변에서 이러쿵저러쿵 자신을 평가해도 관현은 아무 변명도 하지 않았다. 무슨 구차한 변명이 필요하단 말인가? 남들이 나에 대해 근거 없이 함부로 내뱉는 말들이 지금 어떻게 살

것인가를 고민하는 내게 과연 무슨 소용이란 말인가?

미동도 않고 도서관 자리를 지키는 관현의 모습은 다시 거대한 산이었다. 관현이, 거대한 산이 천천히 책장을 넘기고 있었다.

"낙평아, 오늘은 네 이야기 좀 듣자. 지금 들불야학이 어떤 상황이니? 탄압이 심하다는데 어느 정도고, 강학들은 어떻게 대처하고 있어?"

강학이 되어달라는 부탁을 받고 며칠 후, 관현이 갑자기 낙평을 찾아왔다. 낙평은 놀랐다. 여느 강학들과 달랐기 때문이었다. 상원은 관현을 긍정적으로 평가했지만 낙평은 대답을 미루고 있는 관현을 내심 우유부단하다고 여겨온 터였다. 낙평은 상원의 말을 다시금 떠올렸다. 아무래도 자기가 경솔하게 관현을 판단했다는 생각이 들었다.

"그러지 말고 이번 주에 들불야학 수업을 참관해보는 게 어때요? 형이 직접 눈으로 보고 결심하면 더 좋을 것 같은데."

낙평이 들불야학의 위기 상황을 이야기하고 다시 제안하자, 관현이 고개를 끄덕였다.

며칠 뒤 관현은 광천동 천주교회 교리실에서 진행된 수업과 광천시민아파트 교실에서 진행된 수업을 차례로 참관했다.

그 무렵 들불야학은 여러모로 곤란한 지경에 놓여 있었다. 1979년 1월 2기 입학식을 치른 뒤로 노동자 학생 수는 2배로 늘어난 반면 강학 수는 점점 줄어들고 있었기 때문이다.

그것은 1979년 3월부터 시작된 사찰기관의 압력 때문이었다. 사찰기관은 강학에게 직접 압력을 넣거나 강학의 부모·친척들을 통해 강학이 들불야학에서 손을 떼도록 종용했다. 압력에 견디지 못한 강학이 점점 많아졌다. 이들은 대부분 들불을 떠났다. 남아 있는 강학들도 불안해하긴 마찬가지였다.

4월 중순으로 들어서면서 탄압은 더욱 노골적이 되었다. 들불야학 강학들은 수시로 학생과로 호출당했다. 그뿐 아니라 '귀 자녀가 불순 서클에 가담하고 있느니 자녀들을 집에 붙들어두라'는 식의 얼토당토않은 편지를 부모나 친인척들에게 보내 강학들을 옴짝달싹 못하게 했다. 수렁에 빠진 듯 모두들 절망에서 헤어나오지 못해 정상적인 강학 회의도 열지 못하는 악순환이 반복되고 있었다.

관현은 여전히 법대 도서관에 박혀 있었지만 낙평을 비롯한 들불 강학들과 노동자 학생들을 틈틈이 만났다. 말을 아끼며 움직이는 관현의 이러한 행보는 그가 결단으로 가는 과정임을 느끼게 했다. 이제 결단의 시기만이 남아 있을 뿐이었다. 관현은 상원의 믿음대로 자기 검열을 통해 자기 확신의 길로, 자기 결단의 길로 뚜벅뚜벅 걸어가고 있었다.

1979년 4월 말, 관현은 드디어 들불야학 정식 강학이 되었다.

"이번에는 우리 들불 강학으로 참여하게 된 박관현 형의 말씀을 듣겠습니다. 들불 강학으로서의 결의나 각오, 참여 동기 등을 말씀해주셨으면 합니다."

들불야학 강학 총회 날이었다. 이날 회의는 야학과 강학에 대한 탄압에 맞서 대책을 세우고자 마련된 자리였다. 또한 관현의 들불야학 입성을 축하하는 자리이기도 했다.

관현이 자리에서 일어섰다. 모든 시선이 관현에게로 쏠렸다. 백

열등에 비친 관현의 낯빛이 유달리 상기되어 있었다.

"참여 동기는…… 간단하게 필링(feeling)이라고만 말씀드리겠습니다."

관현이 짧게 대답했다.

관현은 더는 아무 말도 하지 않고 자리에 앉았다. 아주 짧은 순간, 침묵이 흘렀다. 그러나 자리를 함께한 모든 이들의 표정은 밝았다. 현란한 백 마디 말보다도 관현의 짧은 대답이, 관현의 표정이, 무슨 말을 하는지 잘 알려주었기 때문이다. 잠시 뒤 총회를 마친다는 사회자의 목소리와 함께 아주 힘찬 박수가 터져나왔다. 관현이 들불야학 강학이 된 첫날의 모습이었다.

들불야학에 대한 탄압

들불에 대한 탄압은 더욱 거세졌다. 1979년 5월을 기점으로 탄압은 극에 다다랐다. 지도교수, 학생과, 상담지도관실, 학원 출입 형사, 부모 등을 통해 강학들을 3중, 4중으로 몰아붙였다. 강학들은 더욱 위축됐다. 강학 회의는 물론이고 수업이 이루어지지 못할 정도로 많은 강학들이 들불 출입을 삼가기 시작했다.

"이런 상황에서 야유회를 강행해야 하는 거야?"

5월 5일로 예정된 옥천사 야유회를 두고 걱정들이 오갔다.

"벌써 학생들에게 공고했잖아. 우리 사정 때문에 정해진 일을 취소할 수는 없어."

정말 어쩔 수 없었다. 노동자 학생들이 진작에 휴일까지 반납하고 들불 야유회에 참석하기로 했기 때문이다. 관현도 강학 자격으로 노동자들을 만나는 첫 자리였다.

걱정한 대로 야유회 분위기는 한숨이 나올 상황이었다. 다수의 강학이 불참했다. 절로 흥이 나야 할 자리건만 출발부터 맥 빠진 야유회 분위기는 시종일관 어두웠다. 어느 누구도 농담 한마디 하지 않았고, 웃지 않았다.

"이것이 뭐다요? 나를 축하해주는 자리라고 해서 왔더니만 누가 노래 한 자리도 안 불러주네. 에잇! 그럼 제 손으로 제 눈 찌른다고, 못 부르는 노래지만 내가 한 소리 하겠소. 듣기 싫다고 다들 돌아앉으면 절대 안 돼요. 알겠소?"

관현이었다.

둥그렇게 모여 앉았지만 아무도 나서지 않는 분위기가 답답했는지 관현이 벌떡 일어나 목청을 돋우었다. 얼마나 목소리가 큰지 관현의 노랫가락이 멀리멀리 퍼져 옥천사를 휘감았다.

제 흥을 주체하지 못해 빙 둘러앉은 사람들 가운데로 들어간 관현이 검정 고무신을 벗어 들고 덩실덩실 춤을 추었다. 그제야 여기저기서 웃음이 터져나왔다. 부스스 자리에서 일어나 관현의 춤사위를 따라 하는 학생도 있었다. 누구인지 관현의 노래에 맞춰 박수를 쳤다. 박수 소리와 관현의 노랫소리가 한데 모아졌다. 웃음소리는 더 커졌다. 언제 그랬냐는 듯, 모두들 얼굴이 봄 햇살처럼 밝아졌다.

"고맙다. 네 덕분에 기분 좋은 야유회가 됐어."

야유회를 마치고 광천동으로 돌아가면서 상원이 관현의 어깨에 팔을 두르며 말했다. 관현은 머쓱한 표정을 지어 보였다.

관현이 이처럼 스스럼없이 나설 수 있었던 것은 특유의 친화력 덕분이었다. 관현의 친화력은 상대를 이해하고 배려해주는 것에서 나왔다. 그는 상대가 기쁘면 함께 기뻐할 줄 알았고, 상대가 슬프면 함께 슬퍼할 줄 알았다. 상대의 단점보다 장점을 먼저 볼 줄 아는 사람이었다.

상대를 인정하고 긍정하는 마음에서 나오는 관현의 친화력은 또한 '사람이 기본이다. 사람이 중요하다'는 관현의 사람 중심의 철학에서 나오는 것이기도 했다. 관현의 가슴속 깊은 곳에서는 늘 사람을 향한 지독한 사랑이 강물처럼 흐르고 있었다. 관현은 푸성귀를 내다 파는 대인동시장의 늙은 아낙들을 그냥 지나치지 못했다. 눈물을 머금은 채 한참을 뒤돌아보고 서 있다가 끝내는 주머닛돈을 탈탈 털어 그 푸성귀를 사곤 했다. 이렇듯 인간에 대한 사랑, 민중에 대한 사랑이 관현의 행동 하나하나를 이끌고 있었다.

관현의 친화력은 들불야학의 위기를 극복하는 데 큰 힘이 되었다. 구수한 말투와 예의 바른 태도가 누구에게나 호감을 주었다. 특히 광천공단 청년들과는 금세 돈독한 사이가 되어, 일 끝나기가 무섭게 관현과 만나 한잔하려는 청년들이 늘어났다.

"고맙네, 고마워. 다 자네 덕분이야. 날이면 날마다 술독에 빠져서 집에 들어오지 않는 날이 허다했는데, 우리 아들놈이 관현이 자네 덕분에 변했어. 아이고, 이제야 사람 사는 것 같네그려."

관현은 청년들을 변화시켜가고 있었다.

그뿐이 아니었다. 술만 마시면 행패 부리고 난폭하기 그지없던 아들놈들이 관현과 이런저런 얘기를 나누다 조용히 집에 들어오는 모습을 보고 광천공단 주민들은 이제 관현과 들불야학, 나아가 들불야학의 강학들을 더할 나위 없이 신뢰하게 되었다.

지역 주민과 들불 강학들은 이제 지역 사업을 같이 의논하고 고민하게 되었다. 이를테면 광천동청년회가 들불야학을, 들불야학이 청년회의 지역 개발 사업을 서로 도와주는 관계로 발전한 것이다. 들불야학의 강학은 삼화신협의 조합원이 되기도 하고 삼화신협의 임원은 들불야학의 강학이 되기도 했다. 마치 들불야학과 지역이 한 덩어리가 되어 굴러가는 것처럼 보였다. 이것은 연대의 강고한 모습이자 한 덩어리로 용해되어 움직이는 공동체의 이상적인 모습이기도 했다.

"친구의 권유로 들불야학에 들어갔지만 관심이 없었어요. 집에는 야학에 간다고 말해놓고 친구들과 시내에 나가 신 나게 놀았지요. 강학들이 몇 번 나를 찾아와 설득했지만 귀신 씻나락 까먹는 소리처럼 들렸어요. 친구들과 노는 게 더 좋았으니까요. 그러던 어느 날이었어요."

들불야학 학생이었던 조정관은 그때 관현의 모습을 지금도 생생히 기억했다.

노는 재미에 푹 빠진 조정관은 어느 날 부모님 돈에 손을 댔다. 용돈이 궁했던지라 저도 모르게 돈을 훔친 것이다.

"훔친 돈으로 진탕 술을 마셨지요. 얼큰하게 취해서 놀 때는 좋았는데, 막상 집에 들어가려니 걱정이 되더라고요. 집에는 못 들어가겠고, 에라, 야학에나 가 있자 싶었죠. 거기에 처박혔다가 부모님이 주무실 때쯤 몰래 들어갈 생각이었어요."

조정관은 수업이 끝날 시간에 맞춰 들불야학에 갔는데, 거기에서 예기치 못한 일이 벌어졌다. 조정관의 형이 들불야학에서 지키고 있었던 것이다. 얼마나 화가 났던지 조정관의 형은 조정관을 보자마자 다짜고짜 주먹부터 올려붙였다. 조정관은 형의 주먹 한 방에 나가떨어지고 말았다.

이 광경을 보고 관현이 득달같이 달려들지 않았더라면 조정관은 아마도 그날 형의 손에 맞아 죽었을 거라고 회상했다.

"참으십시오, 형님. 화를 풀고 말씀으로……."

조정관 앞에서 몸으로 막아선 관현도 말을 끝내기 전에 저만큼 나가떨어졌다. 잔뜩 화가 난 조정관의 형이 관현에게까지 주먹을 퍼부어댔다. 관현은 거푸 몇 대를 더 얻어맞았다.

그렇지만 여기서 포기할 관현이 아니었다. 관현은 조정관을 앞세우고 정관의 집까지 찾아가 조정관의 부모님에게 고개를 조아렸다. 심난한 남의 일에 이처럼 정성을 쏟는 관현을 보고 조정관의 형도 그제야 화를 풀었다. 관현은 밤 12시가 넘도록 정관의 집에서 정관의 생활 태도와 정관이 앞으로 어떻게 살아야 할지를 놓고 정관의 부모님, 형과 함께 이야기를 나누었다.

"감동했죠. 나라면 그렇게 못할 텐데 싶었어요. 진심으로 나를 생각해주는구나, 저 사람이 정말 나를 도와줄 수 있겠구나 싶은 생각에 콧날이 시큰거렸어요."

그날부터 조정관은 들불야학에서 가장 모범적인 학생이 되었다.

조정관은 그날 관현에게서 진정성을 보았다. 자신을 한 치의 거짓도 없이 걱정해주고 염려해주는 관현의 애틋한 마음이 조정관을 변화시킨 것이다.

이러한 사례는 관현의 생활 곳곳에서 발견되는데, 광천시민아파트에 살았던 한 노동자의 회고를 통해서도 우리는 관현의 헌신성을 볼 수 있다.

"어둑어둑해져서야 우리는 산길을 벗어났습니다. 야유회가 길어지는 바람에 갈 길이 멀었어요. 버스 타는 곳까지 가려면 4킬로미터를 더 걸어야 해서 마음이 급했지요. 100미터 달리기라도 하는 것처럼 모두 바삐 걸었어요. 그런데 막상 버스 정류장까지 와서 보니 관현과 아파트 청년 한 명이 보이지 않는 거예요. 우리는 깜짝 놀랐어요. 혹시나 산길에서 헤매고 있는 건 아닌지, 길을 잘못 든 건 아닌지……. 날은 점점 더 어두워지고 날씨마저 험해지고 있으니 불안하고 불길해서 견딜 수가 없었어요."

관현과 일행이 다시 만난 것은 몇 시간 뒤였다. 모두들 관현을 향해 달려갔는데, 관현의 모습이 이상했다. 뭔가를 낑낑거리며 끌고 오는 모양새였다.

"글쎄, 리어카를 끌고 오고 있었어요. 처음에는 술 취한 청년을 업고 왔는데 청년이 워낙 거구여서 도저히 감당할 수 없더래요. 어찌어찌 인근 마을을 찾아 들어가 리어카를 얻었다네요. 그렇게 무거운 사람을 앞서가는 사람들이 전혀 눈치채지 못하게 자기 혼자 업고 왔다니, 다들 그저 혀만 내둘렀죠. 우린 그저 우리 갈 길만 걱정하느라 다른 사람은 전혀 둘러볼 생각조차 못했는데. 어쨌든 관현이 저 사람이 보통 사람이 아니라는 생각을 그때 처음 했어요."

헌신은 다른 사람을 위하여 몸과 마음을 다해 애쓰는 모습이다. 헌신 없는 성장이 어디 있으며, 헌신을 기반으로 하지 않는 발전이 어디에 있겠는가. 저마다 나만을 위해, 저마다 내 가족만을 위해 살아가고 있는 요즈음, 관현의 헌신성은 우리 스스로를 다시 한 번 뒤돌아보게 한다.

들불야학이 탄압으로 와해될 위기에 놓이자 관현은 강학들의 집을 일일이 방문해 강학의 부모들에게 정권이 야학을 탄압하는 이유를 당당하게 설명했다. 그러고는 강학들이 들불로 다시 돌아와야 한다고 주장했다. 이러한 관현을 보고 상원은 관현이 중요한 때에 반드시 중요한 일을 해낼 인물이라는 믿음을 품게 되었다. 그러한 믿음이 상원의 가슴에 단단하게 굳어지던 시기가 바로 들불야학이 가장 힘들었던 시기, 관현이 막 들불야학의 강학으로 출발한 그즈음이었다.

앞에서 밝힌 것처럼 들불야학에 대한 탄압은 3월에 시작해 5월에 정점에 이르렀다.

5월 중순경 학교 당국은 들불 강학들에게 최후통첩문을 보냈다. 들불야학에서 탈퇴하지 않으면 총장 직권으로 강학들은 강제 휴학시키겠다는 내용이었다. 마른하늘에 날벼락 같은 최후통첩은 강학들의 부모에게도 어김없이 전달되었다.

상원이 대책을 세우려고 강학 회의를 소집했지만 발이 묶인 강학들은 대부분 참여하지 못했다. 더 큰 문제는 어려운 때일수록 더욱 결의를 다지고 다부진 돌파력을 발휘해야 할 강학들 자신이 흔들리고 있다는 사실이었다.

달랑 상원과 관현·낙평만 참여한 첫 번째 대책회의에서 셋은 다음 날 오전 9시 전남대 내에서 전체 강학 모임을 열기로 하고 회의를 마쳤다.

이튿날, 소수의 강학들이 다시 전남대에 모여서 결의문을 채택하고 학교 당국에 전달하기로 했다. 지금의 수세적인 상황을 어떻게든 공세적인 상황으로 전환해야 한다는 것이 그들의 생각이었다. 결의문의 내용은 다음과 같았다.

들불야학에 대한 관계기관의 이유 없는 사찰과 학교 당국의 무조건 중지 요구를 우리는 이해할 수가 없다. 오늘도 저녁 시간이 되면 중학교마저 졸업하지 못해 야학을 찾아드는 빈민 학생들이 한 줄의 배움이라도 성취케 하기 위해 노력하는 우리 학생들의 의지를 돕기는커녕 오히려 말살하고자 하는 학교 당국의 처사는 교육기관으로서의 도리가 아니다.

이에 우리는 총장 직권으로 휴학시키겠다는 학교 당국의 결정에 대해 결코 야학을 중지할 수 없다는 우리들 뜻을 전하면서 다음과 같이 결의한다.

1)4월 이후, 강학들에 대한 야학 탈퇴 압력 및 강학 상호 간, 강학과 부모 간, 강학과 교수 간의 불신과 이간을 조장해온 학교 당국의 비교육적 처사에 대해 해명해달라.

2)문제 집단, 불온 동아리, 외부의 조종을 받는 조직 등 들불야학에 쏟아진 터무니없는 비난을 중지하도록 요구하며 그에 대

해 해명해달라.

3) 학생활동에 대해 학교 당국은 학생들을 보호할 의무가 있다. 들불야학에 대한 관계기관의 사찰이 중지되도록 우리를 대변해달라.

4) 4월 이후 강학들은 고통과 번민 속에 학과 공부마저 할 수 없는 처지에 있다. 문제 학생이라는 오명을 벗어버리고 열심히 학문을 탐구할 수 있는 분위기를 조성해달라.

5) 마지막으로 우리는 계속해서 야학 강학으로서의 임무를 다할 것이다. 총장 직권 휴학 결정을 취소해달라.

결의문 채택과 때를 같이하여 전남대 내에 야학 탄압을 규탄하는 유인물이 돌았다. 들불야학에서 강학으로 활동하던 신영일 등이 작성한 것으로 추정되는 이 유인물은 야학 탄압 등과 같은 민주화 탄압에 맞서 모든 학생들이 반독재운동을 가열차게 벌여야 한다는 선동적인 내용을 담고 있었다.

강학들이 결연하게 나오자 학교 당국은 당황했다. 손발을 묶어버리면 아무것도 못하리라고, 겁을 주면 우리 안으로 냉큼 들어오리라고 생각하고 있었던 까닭이다.

학교 당국은 총장 직권을 행사하지 못했을 뿐만 아니라, 6월이 되자 그렇게 지긋지긋하게 반복하던 회유와 종용도 거두었다. 공세적인 입장을 견지한 들불야학이 일군 작은 승리였다.

소용돌이치는 정국

전남대학교 총학생회장, 1980년 5월의 아들로 이어지는 박관현의 삶을 잘 이해하려면 그를 투쟁의 전면으로 이끈 객관적인 상황, 구체적으로 1979년 유신독재 말기의 상황과 '80년 봄'이라 일컬어지는 시기의 전국적인 상황을 살펴볼 필요가 있다.

1979년 6월 말, 당시 미국 대통령 지미 카터의 한국 방문을 앞두고 온 나라가 술렁거렸다. 집권 초기에는 인권외교정책을 표방하던 카터 정부가 한국의 인권 상황에 대해 계속 미묘한 태도를 보임으로써 인권 탄압의 세계적인 거두 박정희 정권을 지지하는 것처럼 보였기 때문이다.

1979년 6월 23일, '민주주의 없이 안보 없다'는 펼침막을 내걸고 윤보선·예춘호·박태순 등 재야인사 20여 명이 카터 방한 반대 시위를 벌였다. 정의구현전국사제단도 「민중복음선언」을 발표하면서 계속 투쟁의 원칙을 밝혔다. 고려대에서는 천여 명의 학생들이 모여 대규모 유신 반대 시위를 벌였다.

카터의 한국 방문을 앞두고 점점 뜨거워지는 투쟁의 열기를 방관만 하고 있을 박정희 정권이 아니었다.

당국은 전국의 운동권 학생들에게 카터 방한이 끝나는 시점까지 등교 정지 처분이라는 해괴한 지침을 내렸다. 다행히 관현은 이 올가미에 걸리지 않았다. 블랙리스트에 그의 이름이 없었기 때문이다. 관현이 드러나지 않은 이유는 그가 전남대 학습모임 등의 조직활동을 하지 않았기 때문이다. 들불야학은 관현을 노출시키지 않기 위해 비수업 강학으로 그의 존재를 가려줬는데, 이러한 조치 덕분에 관현의 왕성한 활동이 확보될 수 있었다.

카터 방한 반대 시위로 후끈 달아오른 정국은 천인공노할 박 정권의 만행이 자행되면서 다시 회오리치기 시작했다. YH무역 여공 살상 진압 사건과 가톨릭농민회 오원춘 납치 사건이 바로 그것인데, 사실 이 두 사건은 6월 29일 조인된 카터-박정희 회담에서 이미 예고된 것이나 다름없었다.

카터는 '한국은 매우 특수한 상황이라 경제발전에 알맞은 인권의 실현이 요망된다'는 요지의 어처구니없는 인권 개념을 제시하면서 합의 사항을 통해 박 정권의 인권 탄압을 공식적으로 용인해 주었으며, 앞으로의 인권 탄압에도 무제한의 면죄부를 주겠다고 약속했던 것이다.

1979년 8월 10일, 기업주의 위장 폐업과 의무 사항 불이행으로 생존의 막바지까지 몰린 YH무역의 어린 여공들은 죽음을 각오하고 장기 농성에 들어갔다.

당시는 김영삼·김대중이 연대를 선언해 5·30 신민당 전당대회에 모든 국민의 관심이 쏠려 있던 때였다. 신민당사에서 벌인 농성은 가진 것이라곤 텅 빈 공장과 허기진 배, 삼켜도 삼켜도 계속 차오르는 분노밖에 없는 어린 노동자들이 선택할 수 있는 유일한 생존 방법이었다.

그러나 노동자들의 농성은 이틀 만에 강제로 진압당했다. 농성 이틀째인 8월 11일 새벽, 농성장에 난입한 경찰들은 어린 여공들을 무차별적으로 폭행, 연행했다. 그 결과 난입한 지 겨우 10분 만에 농성을 진압했다.

이 사건은 유신정권이 살인정권, 야만정권이라는 사실을 만천하에 드러내주었는데, 정권의 야수적인 폭력 진압 과정에서 김경숙이라는 열아홉 살 소녀가 꽃다운 나이에 죽임을 당했다.

전국이 활화산처럼 타올랐다. 특히 9월 2학기 개학과 동시에 전국의 대학은 제어하기 힘든 분노로 타올랐다.

당시 전국 대학 투쟁 상황을 살펴보겠다.

9월 3일에는 강원대생 800여 명이 시위를 벌였다. 9월 4일에는 「이 어두운 역사의 조타수가 되지 못한다면」이라는 선언문 낭독과 함께 대구 계명대생들이 시위를 벌였는데, 이 시위에는 계명대 학생 1,500여 명이 참여해 정문을 뚫고 2킬로미터나 진출했다. 9월 11일에는 서울대에서 1,500여 명의 학생들이 선언문을 발표하고 시위를 벌였으며, 이화여대·연세대 등 경향 각지의 대학에서 박정희 정권 퇴진을 요구하며 유신 철폐 투쟁을 벌였다.

그러나 전남대에서는 아직 주목할 만한 움직임이 없었다. 1979년 3월부터 노골적으로 진행된 사찰 당국의 감시와 통제·탄압이 전남대 학생운동의 핵심적인 위치에 있던 신영일·이세천·장석웅 등의 손발을 꽁꽁 묶어두고 있었기 때문이다. 시위 조직을 결성하고자 백방으로 노력하고 조직을 움직여보려 했지만, 촉각을 곤두세운 채 일거수일투족을 감시하는 사찰 당국 때문에 이들의 계획은 번번이 실패로 돌아갔다.

전국적인 항쟁에 직면한 박 정권은 막바지에 몰린 야수처럼 더욱 날뛰었다. 10월 4일, 신민당의 김영삼 총재를 날치기로 변칙 제

명 처분함으로써 의회민주주의 사회에서는 유례를 찾아볼 수 없는 무지막지한 폭거를 자행했는데, 이 과정에서 박 정권은 회심의 카드처럼 충격적인 사건 하나를 터뜨렸다. '남조선민족해방전선'이라는 조직 사건을 조작해 78명을 강제 연행, 검거한 것이다. 박 정권이 악의적으로 조작한 '남민전' 사건은 민족민주 세력을 좌경용공 세력으로 몰아붙이기 위한 수단이었다. 특히 박석률·김남주·이강·김정길·이학영 등 광주 지역 민청세대 활동가들을 다수 연행, 검거함으로써 광주전남 민주화운동 세력의 씨를 말리려고 했다.

그러나 이미 번지기 시작한 들불의 위력은 어느 누구도 막을 수 없었다.

10월 13일, YH 사건과 김영삼 총재 변칙 제명에 울분을 느낀 신민당 의원과 통일당 국회의원 3명 등 현직 야당 국회의원 69명이 의원직 사퇴서를 제출했다. 이들의 의원직 사퇴서 제출은 이제 원내에서가 아니라 원외에서 국민들과 함께 투쟁할 것임을 선포하는 것이었다.

10월 16일에는 5천 명의 부산대생들이 유신 철폐, 독재정권 퇴진, 학원 탄압 중지 등을 요구하며 거리로 뛰쳐나왔다.

10월 17일에는 부산 동아대생들과 시민들이 합세해 파출소 등 공공기물을 파괴하는 격렬한 시위를 벌였다. 이날 하루 시위만으로 400여 명이 체포되고 600명의 부상자가 발생했다.

이제 시위는 노동자·학생들만의 선도 투쟁이 아니었다. 일반 시민들이 대거 참여한 부산 시위를 기점으로 일반 시민들까지 거리로 뛰쳐나와 전국을 투쟁의 현장으로 만들어가고 있었다.

박 정권은 간담이 서늘해졌다. 더는 물러설 곳이 없다고 느꼈다. 막바지에 몰린 독재정권은 위기위식을 느끼고 마침내 10월 18일 부산에 계엄령을 선포했다.

그러나 계엄령 선포는 불바다에 기름을 붓는 격이나 마찬가지였다.

이제 시민과 학생들이 더욱 큰 덩어리로 하나가 되어 계엄령 철폐를 요구하며 싸웠다. 낮밤이 따로 없는 나날이었다. 투쟁의 활화산을 막아낼 것은 아무것도 없어 보였다. 그러자 박 정권은 부산에 공수부대를 투입해 잔혹한 진압을 지시하기에 이르렀다. 진압 과정에서 수많은 사상자가 나왔다.

부산 지역에 대한 물리적인 진압은 들끓기 시작한 분노를 터뜨리는 계기가 되었다. 시위는 더욱 거세어져, 1960년 3·15 부정선거 반대 시위의 진원지인 마산·창원 지역으로까지 번졌다.

10월 18일, 마산 지역의 경남대 학생들을 비롯해 시민·노동자들이 대규모 가두시위를 벌였다. 파출소가 불타고 방송국이 불타올랐다. 이 시위에서는 공화당사까지 타격을 받았다. 박 정권은 20일을 기해 마산·창원 지역에도 위수령을 선포, 군대를 파견했다.

이처럼 박 정권은 1979년 10월 16일부터 20일까지 부산과 마산 지역에서 전개된 부마항쟁을 계기로 자멸의 길을 걸었다. 거대한 반독재 투쟁, 유신 철폐 투쟁의 위력에 밀려 낭떠러지로 밀려난 꼴이었다.

그렇다고 가만있을 박정희가 아니었다. 박 정권은 탄압의 칼날을 전국, 특히 광주·전남 지역으로 돌렸다. 피비린내 나는 칼날을 어디에라도 휘두르지 않고는 이제 도저히 배겨낼 수 없는 상황이었기 때문이다.

10월 하순 전남대에 대규모 검거 열풍이 불었다.

박 정권은 '인성다방 사건'을 조작, 그해 10월 말 인성다방에 모인 전원을 불법 집회를 열었다는 명목으로 연행했다.

참고로, '인성다방 사건'은 전남대 학생운동 세력이 학내 운동을 자체적으로 조직하고 지도해보려는 최초의 시도였다. 뿔뿔이 흩어져 있던 학내 운동 세력을 결집해 단일한 대오를 이루어야만 앞으로의 투쟁을 승리로 이끌 수 있다는 판단이 학생들을 자발적으로 움직이게 한 것이다.

사찰 당국의 감시가 워낙 철저했던지라 이들은 단체 미팅을 표방하고 모였다. 30여 명이 넘는 대학생들이 당일 인성다방으로 속속 모여들었는데, 전남대학교 학습모임과 동아리 대표들이 거의 다 모인 이 자리는 다양한 학습모임과 동아리 사이에 강고한 연대를 형성하는 데 그 목적이 있었다.

인성다방 사건이 있고 나서 얼마 뒤에는 상담지도관실 방화 사건이 일어났다.

상담지도관실은 학생운동을 감시하고 탄압하기 위해 당국이 학내에 설치한 일종의 사찰 정보기관으로, 학원의 자유를 침해하는 기관의 상징이었다. 이 사건은 박유순·고희순·신영일·김경희 등이 주도했다.

여기서 잠시 6·27 교육지표선언, 인성다방 사건, 상담지도관실 방화 사건으로 이어지는 일련의 사건을 살펴보겠다.

이 사건들이 광주전남운동, 더 나아가 한국 현대사에서 중요한 이정표 역할을 하기 때문이다. 왜 유독 전남대에서만 1980년 5월 18일의 시위 약속이 지켜졌는지, 전국적인 차원에서 볼 때 운동 역량이 썩 월등하지 않았던 전남대가 어떻게 1980년 5·18의 불을 당겼는지 하는 의문도 이 사건들을 통해 웬만큼 해결할 수 있다.

특히 우리는 학원을 무대로 삼은 정보기관원의 상주 및 이에 따른 교수·학생의 학문적 양심의 타락에 대하여 꾸준히 고민해왔다. (······) 그동안 침묵만 하고 있는 줄 알았던 우리의 스승들이 민주교육선언에 일어선 쾌거는 암흑을 깨치고자 일어선 자각이요 양심의 회복이었다. (······) 우리들 젊음의 터전 전남대학교는 정보기관의 발바닥 밑에 깔려 있으며, 전 국민적 신망을 잃은 정권의 시녀가 되어버렸다. 그리고 그것에 맞서서 일어설 사람은 없다. 우리들의 흘린 피가 아니고는 없다.

「6·27 양심교수 연행에 대한 전남대 민주학생선언문」의 내용에서도 알 수 있듯, '교육지표' 사건은 그 시기 학생운동의 방향에 큰 영향을 끼쳤다. 양심 있는 교수들이 연행·투옥당하는 현실에 학생들은 분노했다. 학생들은 학원자율화, 학원민주화 투쟁으로 분노를 승화시켰다.

학원민주화 투쟁은 1980년 박관현이 총학생회장으로 당선된 후에도 계속 이어지는데, 이러한 현상은 그 무렵 어느 대학에서도 쉽

게 찾아볼 수 없었다. 유독 전남대에서만 「어용교수백서」를 발표,
어용교수 퇴진 투쟁과 총학생회 부활 투쟁을 가열차게 벌였던 것
이다.

　사실 그때 학생운동의 중심은 서울 지역 대학들이었다. 1980년
5월을 전후한 전국 대학의 시위 상황과 구속자 수가 그 점을 증명
한다. 그런데도 5·18 시위는 오로지 광주, 그것도 전남대학교 정문
앞에서만 촉발되었다. 이러한 실천력은 과연 어디에서 나온 것일
까?

　운동 역량과 활동력이 그다지 크지 않았던 전남대학교 운동 세
력이 5월 18일, 전국 대학들 사이의 사전 약속을 유일하게 지켜내
고 그 뒤로도 시위를 확산, 증폭시켜나갈 수 있었던 힘은 그동안
일궈놓은 토대 덕분이었다. 즉 김남주·김상윤·윤한봉 등을 비롯
한 민청학련 선배들이 주도해 이루어놓은 학습 동아리 활동, 자생
적 학내 동아리 활동, 광천공단 실태조사 활동, 들불야학 강학 활
동 과정에서 운동 역량이 집적되었기 때문일 것이다.

　이러한 내적인 힘이 '6·27 교육지표선언 사건'으로 분출되었고
6월 30일까지의 투쟁을 가능케 했으며 인성다방 사건, 상담지도관
실 방화 사건으로까지 이어졌다고 보아야 한다. 일련의 과감한 실
천력이 1980년 5월 18일, '전남대 정문 앞으로'의 약속을 사수하게
했던 것이다.

　어쨌든 사찰 당국은 인성다방 사건과 상담지도관실 방화 사건을
빌미로 전남대학교 학생운동권을 무자비하게 탄압했다. 신영일·이
세천·전용호·나상진·고희숙·신민정·김경희 등 50여 명에 가까운

학생들이 서광주경찰서로 잡혀 들어갔다.

탄압은 더 손을 뻗쳐, 그 무렵 광주전남 지역 민주화운동의 일선에 있던 '현대문화연구소'의 윤한봉까지 잡아들였다. 모진 고문과 협박이 난무했다. 전남대학교 운동 세력, 나아가 광주전남운동 세력을 초토화하기 위해 박 정권은 온갖 만행을 서슴지 않았다.

그러나 아이러니하게도 이 두 사건은 전남대학교 운동 세력, 나아가 윤한봉을 포함한 광주전남운동 세력을 다시 한 번 공고하게 결집시키는 공론의 장 구실을 했다.

서광주경찰서 유치장에 모인 윤한봉과 전남대학교 학생 50여 명은 정국을 분석하고, 이 혁명적인 상황을 우리 것으로 만들어야 한다고 입을 모았다. 그러기 위해 자주적인 총학생회를 부활시켜야 한다는 결론을 내렸다. 대학의 민주화, 대학의 자주화 없이는 어떤 투쟁도 돌파력을 가질 수 없다는 판단이 그들을 더욱 강고하게 결집시켰다. 그들은 11월 중 경찰서에서 누가 풀려나고 누가 남게 되든 무등산 산장에서 다시 모이자고 약속했다.

50여 명이 똘똘 뭉쳐 유치장에서 뜨거운 밤을 지새우고 난 10월 27일 새벽, 그들은 뜻밖의 소식을 들었다. 10월 26일, 박정희가 측근의 총에 맞아 죽었다는 뉴스가 유치장 철창 너머 형사계 사무실 라디오에서 흘러나온 것이다.

관현도 10월 27일 아침 광천동에서 박정희가 죽었다는 소식을 접하게 된다.

"시내에 나가 기뻐하는 시민들을 봤지만 나는 여전히 슬프다. 독재자 한 명이 죽었다고 해서 이 땅의 모순이 다 해결된 것이 아니기 때문이다. 우리 앞에는 아직도 넘어야 할 산이, 건너야 할 강이 무수히 놓여 있다. 이것이 우리의 현실이다. 이번 사건의 배후에는 분명 미국이 있을 것이다. 우리는 이 사실을 시민들에게 알려야 한다. 그래서 우리 손으로 우리 대통령을 직접 뽑을 수 있도록, 하루 빨리 그런 날이 올 수 있도록 해야 한다."

10월 27일 저녁, 들불 강학 회의에서 관현은 이렇게 말했다.

박정희의 죽음으로 다소 흥분해 있던 여느 강학들과 달리 관현은 그날 묵묵히 제 할 일만 했다. 하루 종일 그런 관현을 의아하게 생각하던 동료 강학들은 그제야 고개를 끄덕였다. 상원도 의미심장한 눈빛으로 관현을 바라보았다.

외세의 개입

박정희의 죽음을 기점으로 격변의 시간이 흘렀다. 10·26사건으로 유신체제가 붕괴되는 듯 보였지만 그것은 일시적일 뿐이었다. 박정희 정권의 후계를 자임한 세력이 독재체제를 구축하려고 준동했기 때문이다. 이 격변의 시간은 반민중적 세력의 재집권 움직임과, 이에 맞서 이 땅의 민주화·자주화를 실현하고자 일어선 민주 세력의 투쟁으로 채워지기 시작했다.

10월 27일, 정부는 대통령 권한 대행으로 당시 국무총리였던 최규하를 임명했다. 최규하 정부는 곧바로 제주도를 제외한 모든 지역에 비상계엄령을 선포하고 포고문 1호를 발표했다.

포고문 1호는 집회·시위·언론·출판·보도에 관한 제재조치를 내용으로 하고 있었다. 또한 밤 10시부터 이튿날 새벽 4시까지로 통행금지를 연장한다고 밝혔다. 그들은 어떻게 해서든 모든 국민의 활동권을 최대한 억압하려 했다.

10월 28일, 10·26사건을 조사하기 위한 합동수사본부 본부장으로 권력의 핵심에 안착한 전두환 보안사령관이 박정희 시해사건에 관한 1차 수사 결과를 발표했다.

전두환은 박정희 시해사건이 김재규 중앙정보부장과 그의 부하 5명이 포함된 중앙정보부의 계획적인 범행이라고 발표했다. 김재규의 범행 동기에 관해서는, 박정희에게서 사사건건 질책을 받아오던 김재규가 해임될 것을 두려워해 의도적으로 범행을 모의, 감행한 것이라고 사건의 진실을 은폐한 채 발표했다.

그러나 "내 뒤에는 미국이 있다."고 한 김재규의 절규가 아니더라도 우리는 패권국가의 선두주자인 미국의 입김이 이 모든 과정에 작용했다는 사실을 잘 알고 있다. 미국은 사건 전후의 사정을 아주 잘 알고 있었을 뿐만 아니라 한국 정세의 방향성까지 손에 쥐고 통제하고 있었다.

미국은 자국의 경제·안보·군사적인 이익을 침해하는 세력을 원하지 않았다. 그저 자국의 이익을 유지하는 데 도움이 되는 세력이라면 어떤 권력 집단과도 밀착하는 것이 미국이 그동안 보여준 생리적 모습이었다. 이러한 미국의 입장, 나아가 패권국가들의 입장은 이미 여러 문서와 보도에서 드러났다.

미국 백악관은 박정희 시해사건이 일어난 직후인 10월 27일 새벽 4시 긴급안보대책회의를 열고 비상시국에 대해 한반도 안보조약 등을 준수할 것을 재천명했다. 또한 브라운 미 국방장관은 NBC 텔레비전과 인터뷰에서 한국에 대한 외부의 개입을 막기 위해 항공모함 기동부대와 공중관제 경보기 2대를 급파할 것이라고 발표했다.

그뿐이 아니었다. 10월 31일 밴스 미 국무장관은 국무성 기자회견에서 "한국의 정치 성장이 경제사회적 성장과 균형을 맞출 수 있기를 희망하며, 박 대통령의 후계자 선출은 한국의 내정문제이지만 상담이 있으면 미국의 의견을 전할 것이다."라고 공식 성명을 발표했다. 이것은 앞으로도 미국이 한국 정치에 간섭하겠다는 뜻을 노골적으로 밝힌 것이나 다름없다.

10·26을 계기로 권력 장악을 도모하는 신군부에 대항하는 학생과 야당·재야의 민주화투쟁도 이 격변의 시기에 꾸준히 진행되었다. 1979년 11월 6일, '민주주위와 민족통일을 위한 국민연합'은 성명서를 발표했다. 민주적인 헌법질서의 확립, 계엄령 철회, 정치 활동 보장, 모든 정치범의 무조건 석방, 가택연금 철회 등의 요구조건을 내건 국민연합은 1인 독재를 결연히 거부한다는 뜻을 국민의 이름으로 분명히 밝혔다. 재야 정치인 윤보선도 유신헌법을 개정하고 대통령 선출을 위한 선거 일정을 조속히 잡아야 한다고 촉구했다.

그러나 최규하 대통령 권한 대행은 11월 10일 현행 유신헌법에 기초해 대통령선거를 실시할 것이라는 담화문을 발표함으로써 자신이 신군부의 꼭두각시에 불과하다는 사실을 만천하에 드러냈다. 11월 말에는 대통령을 의장으로, 대통령 선출권과 국회의원 정수의 3분의 1 선출권, 헌법개정안 확정 등 절대적 권한을 쥐고 있는 초(超)헌법기관 통일주체국민회의를 통해 대통령선거를 치를 것이라고 거듭 밝혔다.

또다시 분노의 파도가 일기 시작했다. 꼭두각시 정부와 그 정부를 진두지휘하는 신군부에 맞서 싸워야 한다는 움직임이 전국으로 퍼졌다.

11월 24일, 서울 명동의 YWCA회관에서 '민주주의와 민족통일을 위한 국민연합' '해직교수 협의회' '민주청년협의회' 등이 연합해 대규모 반정부 국민대회를 열었다. 이날 집회로 11월 26일 함석헌·박종태·양순식 등 96명이 포고령 위반죄로 검거되었다.

저항은 점점 거세어질 수밖에 없었다. 투쟁 목표도 더욱 구체화되어 '통일주체국민회의 대의원에 의한 대통령선거 반대'가 전면 구호로 등장했다. 광주에서도 '태어나지 말아야 할 정권'에 대한 저항이 만만치 않게 펼쳐졌다.

11월 28일, 광주 YWCA에서 기독교장로회 전남노회가 주최하는 '수요연합기도회'가 열릴 예정이었다. 명목은 단순한 기도회였지만, 통일주체국민회의의 대통령 선출을 저지하고자 하는 대회였다. 그러나 이 대회는 미리 정보를 입수한 경찰에게 원천봉쇄당했다.

분노한 윤상원·전용호 등 들불야학 강학들과 전남대학교 학생들이 통일주체국민회의가 대통령을 뽑는 11월 30일, 시위를 벌였다. 이날 기습시위에 몰려든 학생들만 수천 명에 이르렀다. 이 시위는 인성다방 회합, 전남대 상담지도관실 방화 등에 관련되어 옥고를 치른 학생들이 석방된 후 처음으로 주도한 전남대 시위였다.

80년 민주화의 봄, 그리고 결심

제안

박정희가 죽은 뒤 하나회를 주축으로 하는 신군부는 주도권 쟁탈전에 들어갔다. 하나회는 박정희 군사 권위주의 통치체제에서 조직적으로 역량을 키워오던 신진군부 세력이다.

주도권 쟁탈전은 유신체제 개혁의 불가피성을 인식하면서도 유신체제에서 누리던 기득권적 지위를 계속 유지하려는 신현확 중심의 관료집단과 박정희의 철권통치를 비판적으로 인식해오던 정승화 중심의 군수뇌부를 한 축으로, 끊임없이 군사 권위주의 통치를 꿈꾸는 전두환·노태우 등 육사 11기 출신의 일부 정치군인들을 다른 한 축으로 벌어졌다.

1979년 12월 12일, 신군부는 훗날 1996년 10월에 열린 5·18항소심 재판에서 군사반란으로 규정된 12·12쿠데타를 일으켜 군부의 실권을 장악한다. 집권을 향한 야망에 불타 치밀하게 쿠데타를 준비한 신군부가 박정희의 계보를 잇는 실권자로 역사의 전면에 등장한 것이다.

이와 때를 같이하여 온 나라가 들끓었다. 18년 동안 철권 독재를 유지해온 박정희의 죽음을 계기로 전국이 민주화의 열망을 드러내기 시작한 것이다. 제주도를 제외한 전국에 비상계엄이 선포됐지만, 민주화를 향한 열망과 기대는 현실의 억압과 앞날에 대한 걱정을 잠재워버렸다. 어느 때보다도 자유스러움이 넘쳐나던 시기였다.

그 시기에 민주화의 열망이 봇물처럼 터져나온 현장들을 살펴보겠다.

4월 9일, 청계피복노조 노동자들이 생존권 투쟁의 깃발을 높이 올렸다. 이 투쟁은 4월 12일, 동일방직 해고 노동자들의 복직 요구 투쟁으로 이어졌다. 4월 17일에는 전국금융노조 간부들이 임금인상과 금융기관의 자율성을 요구하며 농성에 들어갔다. 4월 21일부터 4월 24일까지 계속된 강원도 정선군 사북읍 동원탄좌광업소의 투쟁에는 광산노동자 3,500여 명이 들고일어났다. 4월 25일의 일신제강 노동자 투쟁, 4월 26일의 일신산업 동양활석광업소 노동자 투쟁과 동양나일론 울산공장 노동자 투쟁은 4월 29일 동국제강 노동자 투쟁의 파고를 드높이는 데 큰 영향을 주었다.

5월로 들어서면서 시위는 더욱 격렬해졌다.

5월 3일, 원풍농기구·한일공업·세진전자 등 남서울지부 9개 분회 노동자들이 어용지부장 퇴진을 요구하며 농성에 들어갔다. 5월

11일에는 5월 7일부터 생존권 보장을 요구하며 농성을 계속해온 동명목재 노동자 3천여 명이 가두로 진출하기도 했다.

학원에서도 민주화 열망은 뜨겁게 분출되고 있었다.

긴급조치 9호로 손발이 묶여 있던 학생들이 속속 교정으로 돌아왔다. 그들은 학내의 반민주적인 요소 척결, 어용교수 퇴진, 병영집체훈련 거부 투쟁 등을 선도적으로 벌였다. 학원의 반민주적인 여러 요소를 척결하려면 무엇보다도 학도호국단부터 해체해야 한다고 목소리를 높였다.

1980년 1월부터는 각 대학에 공개 대중조직인 '학원자율화 추진위원회'가 자발적으로 결성되고 있었다. 전남대에서도 한상석·송선태·문석환 등이 중심이 되어 전남대학교 학원자율화 추진위원회(이하 학자추)가 만들어졌다. 또한 정동년을 위원장으로 하는 전남대 복적생협의회도 1980년 1월경 결성되었다. 전남대 학자추는 4월 총학생회 출범을 목표로, 복적생협의회는 학내 어용교수 척결을 목표로 서로 협력하며 활동하기로 했다.

이때 관현은 어디에서 어떤 고민을 하고 있었을까?

우리는 1980년 4월 9일 전남대학교 총학생회장으로 뽑힌 관현의 4월 이전 행적을 살펴볼 필요가 있다. 개인의 결단이라는 측면에서뿐만 아니라 여러 측면에서 관현의 행적과 결단이 지니는 의미가 매우 중요한 시점이기 때문이다.

"총학생회 부활은 시대적 과제이고 대세야."

"맞아. 총학생회 부활에 모든 역량을 결집시켜야 해. 학도호국단이 폐지되지 않으면 대학 내에서 어떤 활동을 해도 자유롭지 못할 거야."

1979년 11월, 무등산 자락에 자리 잡은 산장, 누추하기 그지없는 구석진 식당의 불이 환하게 밤을 밝히고 있었다. 주위는 칠흑같이 어둡고 산에서 불어오는 바람은 매섭기만 했다. 거센 바람에 식당 창문이 흔들거렸지만 아무도 아랑곳하지 않았다. 토론에 빠진 청년들은 달아오른 얼굴들을 하고서 상대의 이야기에만 귀를 기울였다.

"사람이 중요해. 어떤 사람이 총학생회를 이끄느냐에 따라 조직의 성패가 달라질 수도 있거든."

"그래, 무슨 일이든 사람이 제일 중요하지. 새로운 조직을 올바르게 이끌 진취적인 사람, 전남대학교 전체 학우들을 이끌 대중적인 사람이 필요해."

날이 밝는 줄도 모르고 전남대학의 새로운 모습을 고민하는 이들은 1979년 인성다방 사건과 상담지도관실 방화 사건으로 서광주경찰서 유치장에 함께 있던 이들이었다. 석방되면 11월 산장에서 다시 모이자고 한 약속이 실현된 밤이었다.

"혹시 박관현이라고 알아?"

누가 관현의 이름을 꺼냈다.

"관현이? 들불야학 활동을 하고 있는 법대생 아닌가?"

"맞다. 관현이라면……."

몇몇 학생이 고개를 끄덕였다. 그래, 그라면! 맞아, 관현이라면! 고개를 끄덕이는 청년들이 늘어났다. 다들 한결같이 표정이 밝았다.

"관현이가 도대체 누구야?"

그때 누가 관현에 대해 물었다. 동시에 드르륵 소리를 내며 방문이 열렸다. 밤바람이 밀려들어왔다. 밤바람과 함께 산 그림자 같은 검은 형체도 들어왔다.

"왜 이렇게 늦었어?"

다시 누가 이 검은 형체에게 알은척을 했다. 모든 사람의 시선이 그쪽으로 쏠렸다.

관현은 당황한 듯했다. 관현의 얼굴이 불에 달궈진 쇳덩어리처럼 붉었다. 누가 제안해서 이 자리에 오긴 했지만, 왠지 무거운 분위기에 관현은 자기가 방해꾼이라도 된 듯한 기분이었다. 관현이 목례를 하고 자리에 앉을 때까지 다들 관현만 뚫어지게 바라보았다. 관현은 가시방석에 앉은 것처럼 불편하기만 했다.

다시 이런저런 이야기가 이어졌다. 관현은 구석진 자리에 앉아 내내 듣기만 했다. 그때 불쑥 누군가가 관현에게 총학생회장에 출마해보는 것이 어떻겠냐는 제안을 했다. 관현은 몹시 당황했다. 당황했을 뿐만 아니라 시간이 흐를수록 마음이 불편해져서, 괜히 왔다는 생각까지 들었다.

자리를 털고 일어설 즈음, 관현이 자신의 거취에 대해 입장을 밝혔다. 거절이었다. 나는 들불의 강학이다. 들불을 노동자들 속에 우뚝 세우고 그들과 함께……. 관현의 마음에는 들불야학이 들어차 있었다. 그런데 총학생회장이라니……? 가당치 않은 제안에 관현은 몹시 당황했다.

11월 산장 모임은 최용주가 총학에 대한 밑그림을 그리고 준비

실무를 모두 책임지기로 결정을 내린 뒤 끝을 맺었다.

아직 한 치 앞도 내다보이지 않는 이른 새벽, 청년들은 서로서로 의지한 채 산길을 더듬어 내려갔다. 산길을 벗어날 즈음, 그제야 동쪽 하늘 한구석이 서서히 밝아오기 시작했다.

관현의 자전거는 오늘도 바람을 가르고 광천동 길을 달렸다.

일찍 출발했지만 계림동에서 광천동까지는 자전거로 한 시간도 더 걸렸다. 관현이 페달을 밟는 종아리에 힘을 더 실었다. 오늘은 책걸상을 만들기로 한 날이었기 때문이다. 나무도 사와야 하고 못이며 작업에 필요한 여러 재료와 도구도 한꺼번에 준비해야 하는데……. 하루를 고스란히 써도 일을 절반이나 마칠 수 있을까 싶어 관현은 애가 탔다. 자전거는 관현의 속을 더 까맣게 태우기만 했다. 관현이 아무리 밟아대도 자전거는 제대로 속도를 내지 못했다.

관현은 광천동에 도착하자마자 리어카부터 챙겼다. 관현이 새 터인 옛 삼화신협 건물로 리어카를 끌고 오자, 강학인 정재호가 눈을 동그랗게 뜨고 통명스럽게 물었다.

"눈보라라도 몰아칠 날씨예요. 이런 날 대인동까지 리어카를 끌고 가게요?"

당치않은 생각이라고 관현을 나무라는 말투였다.

재호의 호들갑에 관현이 하늘을 올려다보며 말했다.

"책걸상 없이 어떻게 수업을 한단 말이냐? 이번 주부터는 당장 여기에서 수업을 해야 하는데."

관현은 재호의 말에 신경 쓰지 않고 다짜고짜 리어카를 끌었다.

마치 경주를 앞두고 있는 마차꾼 같아 보였다.

"어휴, 참."

하는 수 없었다. 관현의 고집을 잘 아는 재호는 더 이상 토를 달지 않았다. 어차피 가야 할 거라면 날씨가 더 나빠지기 전에 서둘러야 했다. 가는 도중 행여 눈보라라도 만난다면 낭패도 그런 낭패가 없을 테니까. 관현이 쭈뼛쭈뼛 따라오는 재호를 보고 빙그레 웃었다.

나무와 각종 도구를 다 사서 리어카에 싣고 오는 길에 우려하던 일이 일어났다. 관현이 눈보라를 헤치며 상반신을 화살처럼 눕히고 걷는데, 맞바람이 관현을 무너뜨릴 기세로 휘몰아쳤다. 바로 코앞도 보이지 않을 만큼 지독한 눈보라 때문에 관현의 몸이 자꾸 휘청거렸다.

"형, 괜찮아요? 이제 제가 끌게요. 계속 형만 끌었잖아요. 이러다 큰일 나겠어요."

뒤에서 리어카를 밀던 재호가 달려와 리어카 손잡이를 잡았다.

"괜찮아. 그래도 내가 낫지, 네가 낫겠냐? 어서 가자. 금세 그칠 것 같지 않다."

관현은 더 굳세게 리어카 손잡이를 잡았다.

재호는 물러설 수밖에 없었다. 관현은 늘 이랬다. 궂은일을 앞장서서 했고, 그래서 사람들은 이제 궂은일이라면 으레 관현이 적임자라고 내맡기기까지 했다. 눈보라 탓인가, 재호의 콧날이 시큰거렸다. 앞서 걷는 관형의 등짝이 오늘따라 더 듬직해 보였다.

산장 모임에 다녀온 뒤로 관현은 다른 생각은 하지 않았다. 그저 들불야학 강학으로서만 최선을 다했다. 누가 봐도 관현은 그 무렵 들불야학의 실질적인 주역이었다. 그만큼 관현이 들불야학에 대해 느끼는 책임감도 한없이 컸다.

들불야학 강학 서대석은 그 무렵의 관현을 이렇게 기억했다.

"나는 공장에 취직해 있었다. 하루하루가 너무 피곤하고 힘들었다. 그래서 야학에는 당연히 소홀할 수밖에 없었다. 2월 말로 기억된다. 송정리 송산교 근처로 야학 수련회를 갔다. 전날 밤, 우리는 밤 12시까지 강학 회의를 하다 잠들었기 때문에 모두 늦게 일어났다. 나는 출근 시각에 맞춰 간신히 눈을 떴지만, 금세 다시 이부자리에 고꾸라지고 말았다. 출근이고 뭐고 너무 피곤했기 때문이다. 그런데 몇 분 뒤, 관현 형이 잠든 나를 흔들어 깨웠다. 오늘 하루쯤은 쉬겠다는 내게, 밥이고 뭐고 다 귀찮다는 내게 관현 형이 조용히 밥숟가락을 쥐여주었다. 형이 준비한 밥상이 나를 기다리고 있었다. 형은 내게 힘들어도 참아야 한다고 말했다. 하루쯤이야, 이까짓 것쯤이야, 우리는 너무 쉽게 말하고 행동하지만 노동자들은 절대 그러지 못한다고 했다. 살아야 하기 때문에 그렇게 할 수 없다고 이야기했다. 나는 몹시 부끄러웠다. 노동자인 척하면서 사는 내 모습이 부끄러웠고, 아무도 일어나지 않은 새벽, 모든 사람을 위해 아침밥을 지은 관현 형 때문에 부끄러웠다. 그날 나는 관현 형이 지어준 밥을 먹고 출근했다. 그날 아침 공기는 참으로 상쾌했다. 관현 형 덕분이었다."

들불야학에 대한 남다른 애정을 훔쳐볼 수 있는 또 다른 일화도 있다. 들불 야학생이었던 정성희의 증언은 관현이 들불 노동자에게 다가가기 위해 얼마나 노력했는지 짐작케 한다. 정성희의 증언을 들어보자.

"너무 늦게 접해서인가, 처음 접하는 영어 단어가 머리에 들어오지를 않았다. 단어와 발음이 머릿속에서 따로따로 놀기 일쑤였다. 이런 애로사항은 창피해서 누구에게도 말하기 어려웠다. 관현 형은 우리의 이런 말 못할 애로사항을 눈치챈 것 같았다. 하루는 'she'라는 단어를 칠판에 크게 쓰더니 동생 오줌 누일 때 다들 뭐라고 하냐고 물었다. 누가 '쉬'라고 대답했다. 연이어 '쉬' '쉬' 소리가 계속 흘러나왔다. 관현 형이 고개를 끄덕였다. 그래, 바로 그거다, 동생 오줌 누일 때 하는 것처럼 그렇게 소리 내면 되는 거다, 관현 형이 대견하다는 듯 우리를 칭찬하자 갑자기 웃음이 터져나왔다. 교실은 곧 웃음바다가 되었고, 우리는 영어에 대한 두려움을 이겨낼 수 있었다. 영어 따위, 별거 아니다 싶은 생각이 들었던 게다."

들불야학에 대한 관현의 사랑은 이처럼 노동자를 내 누이처럼 소중히 여기는 마음, 어린 강학을 내 동생처럼 애잔하게 여기는 마음에서 비롯됐다. 사람에 대한 애정과 관심이 관현을 헌신하게 만든 요인이고 까닭이었다. 관현이 들불야학에 헌신한 것은 이렇듯 들불야학을 통해 내 누이가 잘사는 세상, 내 동생이 잘사는 세상을 만들어보고자 했던 간절한 바람이 있었기에 가능한 일이었다.

하지만 관현은 11월 산장 모임에서 제안받은 바를 완전히 내치지 못하고 있었다. 이미 여러 곳에서 관현의 거취가 끊임없이 논의되고 있었기 때문이다. 재차, 삼차에 걸친 주변의 권유도 권유였지만, 자신이 원하든 원하지 않든 관현은 계속 고민해야 할 상황이었다. 무슨 일이든 주저하지 않고 해야 할 엄중한 시국. 그런 시국에서 개인의 선택과 판단만을 고집해서는 안 되기 때문이었다.

"관현이가 가장 적합합니다. 아니, 관현이가 아니면 안 됩니다. 관현이는 들불야학 활동을 통해서도 충분히 검증받았습니다. 관현이는 들불야학이 무너질 위기에 놓였을 때 안팎으로 뛰어다니며 그 누구보다도 열심히 들불야학을 재건하는 데 힘을 쏟았습니다. 그의 친화력은 더 말할 필요도 없습니다. 관현이를 손가락질하는 사람은 아무도 없습니다. 오히려 관현이 말이라면 다들 철석같이 믿고 따릅니다. 형님들! 저는 관현이가 반드시 총학생회 부활의 선봉에 서야 한다고 생각합니다."

총학생회 수립에 관한 논의가 분분하던 즈음, 윤한봉이 소장으로 있던 현대문화연구소로 상윤과 상원이 찾아왔다.

상원의 발언에 김상윤과 윤한봉이 귀를 기울이고 있었다.

"나도 관현이를 몇 번 봤어. 잘은 모르지만 아주 인상 깊었지."

상원의 말을 주의 깊게 듣고 있던 상윤이 느릿느릿 입을 열었다.

현대문화연구소 간사로 일하던 정용화가 이들의 이야기를 듣고 있었다. 학교를 정리하고 나온 뒤로는 만날 기회가 줄어들었지만, 관현이라면 누구보다 용화가 잘 알고 있었다. 용화는 가슴이 울렁거렸다. 관현이와 함께했던 많은 시간들이 파노라마처럼 스치고 지나갔다.

"서점에 일이 아주 많을 때였어. 책을 옮기는 일도 만만치 않았고, 그것을 정리해 간추려내는 일도 나 혼자 하기에는 벅찼지. 게다가 그날은 왜 그리 손님까지 많았는지, 아주 정신이 하나도 없었어. 그런데 그날 관현이가 왔어. 후배와 함께 온 것 같았는데, 난 경황이 없어서 이 친구들을 챙겨주지도 못했지. 느닷없이 들이닥친 손님들 때문에 막걸리를 사다가 대접하느라 서점 안으로 들어갈 엄두조차 못 내고 있었거든. 몇 시간 지나서 손님들이 좀 가고 나니 그제야 숨 돌릴 틈이 생기더라고."

상윤이 말을 멈췄다. 그날 일이 불현듯 다시 떠올라, 상윤 얼굴에 미소가 깃들었다.

"그래서 서점 의자에 앉아 겨우 한숨 돌리고 있는데, 산처럼 쌓아뒀던 책들이 하나도 안 보이는 거야. 깜짝 놀랐지. 창고로 옮겨야 할 책들, 서가에 꽂아야 할 책들이 다 어디로 간 걸까? 웬일인가 싶어 그냥 멍하니 앉아 있는데 관현이가 들어왔어. 등짐 지듯 책을 한가득 짊어지고 들어오는 관현이를 보자 비로소 이해되더군. 관현이랑 관현이 후배가 책을 전부 정리해놓았던 거야. 창고에 가야 할 책들은 창고로, 서가에 꽂혀야 할 책들은 서가로…… 민망하더군. 분명 내 눈에도 관현이가 움직이는 모습이 한 번쯤은 들어왔을 텐데, 그러려니 하고 내 할 일만 하고 있었으니."

상원이 고개를 끄덕였다. 관현의 성격을 잘 알고 있는지라 상윤의 말이 충분히 이해된다는 표정이었다. 멀찍이 떨어져 앉아 있던 용화도 고개를 끄덕거렸다. 마음 같아선 이야기에 끼어들어 추임새라도 넣고 싶었다.

"형님들! 조직에 대한 헌신성과 대중에 대한 충실한 믿음을 지닌 사람이 필요합니다. 지도력을 발휘해 대중의 힘으로 정세를 뒤바꿀 수 있는 사람이 절실한 때란 말입니다. 관현이가 바로 그런 친굽니다. 아무리 모진 시련이 닥쳐도 관현이는 분명 잘해나갈 것입니다."

상원이 이렇게 확신에 차서 말하는 모습을 별로 보지 못한 상윤과 한봉은 동시에 서로를 바라보았다. 상원도 뛰어난 실천력으로 노동현장과 학원을 연계해가며 헌신적으로 일하는 믿을 만한 친구였다. 상원의 확신이 나머지 세 사람에게 고스란히 전달되는 듯했다. 그 자리에 있던 네 사람 모두 똑같은 생각을 하고 있는 듯, 모두의 얼굴에 기대감이 번져 있었다.

그 무렵 관현은 1980년 1월 전남대학교 선배 박몽구가 조직한 학습모임에 참여하고 있었다. 신영일·최용주·안진희·박영식·박순희·이해명 등이 이 학습모임에 참여했으며, 1980년 1월과 2월에는 학습 이외의 안건으로도 자주 만났다. 학원자율화 분위기를 어떻게 만들어갈 것인가, 총학생회 부활을 위해 어떤 준비를 할 것인가 등이 주요 안건이었다.

관현이 전남대 학자추와 본격적으로 결합한 시점은 '학원자율화 제2차 공청회'부터였다.

전남대 학자추는 총학생회 결성을 목표로 1차 공청회를 마련한 바 있었다. 학생 1천여 명이 대강당을 꽉 채운 1차 공청회에서는 자율화가 왜 제기되는지를 비롯해 학칙 개정, 총학생회 부활, 학내 학생활동, 학원자율화에 따른 학생의 자세 등을 놓고 공술인 5명이 차례로 나와 열띤 공술을 벌였다.

학자추가 주관한 1차 공청회와 복적생·복직교수들의 여러 모임을 거치면서 학도호군단과 상담지도관실 등에 대한 공분은 점점 커졌다. 이 과정에서 그 두 조직은 사실상 기능이 마비되어갔다. 유명무실한 기관으로 전락한 것이다.

관현은 3월 19일 진행될 2차 공청회 공술인으로 참여해달라는 요청을 받았다. 드러나지 않게 관현을 거론해온 분위기가 어느 정도 영향을 끼쳤을 테지만, 학자추도 관현이 노동자들 곁에서 오랫동안 강학으로 활동했다는 점, 학생들에게는 잘 알려지지 않았지만 나이 많은 학생으로서 일반 학우들에게 신뢰감을 줄 것이라는 판단에 따라 관현을 공술인으로 최종 선택한 것이다.

관현은 학자추의 요청에 흔쾌히 응하고서 매우 꼼꼼히 공청회 준비를 했다. 원고를 욀 정도로 읽고 또 읽었으며, 부족한 자료는 꾸준히 보충하고 또 보충했다.

"형, 잘할 수 있지요?"

18일 밤, 함께 잠자리에 든 후배 강학이 원고를 검토하고 있는 관현에게 물었다. 관현은 펜을 내려놓고 후배에게 말했다.

"말은 잘할 자신이 없다만……. 그냥 내 마음을 당당하게 이야기할 생각이야. 내가 하고 싶은 이야기, 지금 네 가슴속에도 있는 그

이야기를 당당히 할 거야. 우리에게 주어진 역사적 책무가 얼마나 큰지, 그것만 분명하게 이야기하고 내려올 거다."

사실 후배는 대중연설을 한 번도 해본 적 없는 관현이 내심 걱정스러웠다. 1차 공청회의 열기가 뜨거웠던 점에 비추어볼 때 과연 관현이 그 열기를 감당해낼 수 있을지, 실수를 하지는 않을지 걱정한 것이다.

관현은 그날 거의 밤을 새워 혼자 공청회 준비를 했다. 후배의 코 고는 소리가 자장가처럼 들려왔지만 잠이 오지 않았다. 중요한 시기에 자신에게 맡겨진 이 임무가 실로 막중하다고 생각했기 때문이다.

드디어 3월 19일이 되었다. 공청회가 열리는 대강당을 향해 걷는 관현의 발걸음이 신중했다. 다 외운 원고를 관현은 외고 또 외우며 걸었다.

그런데 이상했다. 1차 공청회 때 같으면 지금쯤 대강당 주변이 와자지껄해야 할 텐데, 학자추에서 내건 현수막만 펄럭이고 있을 뿐 대강당 주변은 을씨년스럽기 그지없었다.

"형, 어떡해요?"

관현이 강당으로 들어서자마자 학자추 후배가 관현의 팔을 잡아 끌며 속삭였다.

관현이 강당을 둘러보았다. 공청회가 열릴 때까지 아직 시간이 남긴 했지만 객석은 텅 비어 있다시피 했다.

"홍보물을 돌렸는데도 이런 식이라면, 총학생회 결성도 물 건너간 일 아닐까요……?"

잔뜩 풀 죽은 목소리로 후배가 말했다.

관현은 아무 대답도 하지 않았다.

두 시부터 시작한다고 미리 홍보해두었기 때문에 더는 시간을 지체할 수 없었다. 겨우 이삼백 명 정도가 참석한 가운데 공청회가 시작되었다.

드디어 관현의 차례가 되었다. 평소처럼 관현은 검정 고무신에 헐렁한 바지 차림이었다. 관현이 연단에 서서 강당을 둘러보았다.

"여러분! 나는 학원자율화를 위한 2차 공청회에서 공술을 맡은 박관현이올시다."

얼마 뒤 관현의 쩌렁쩌렁한 목소리가 강당을 흔들었다.

"나는 도저히 이해할 수 없습니다. 먼저 묻겠습니다. 추진위원 회에서는 그동안 무엇을 했습니까? 학내 민주학우들은 그동안 도 대체 무엇을 했단 말입니까? 보십시오. 이것이 우리의 모습입니다. 이것이 현재 우리의 역량이고 자율화의 실상입니다."

관현은 원고를 꺼내지도 않았다. 밤새 준비한 원고였지만, 원고 생각은 그의 분노에 덮여버린 듯했다. 강당에 모인 사람들이 술렁 거렸다. 학자추 관계자들 표정에는 당황한 기색이 역력했다.

"여기 모인 학생들은 모두 학원자율화의 필요성을 누구보다 절 실하게 생각하고 있는 사람들입니다. 굳이 여기에 올 필요가 없는 사람들인 것입니다. 자, 그러면 한번 생각해봅시다. 학원자율화! 과 연 여기 모인 인원만으로 우리가 해낼 수 있다고 생각하십니까? 저는 그렇게 생각하지 않습니다. 학원자율화는 학원의 주인인 모 든 학생의 권리이자 의무입니다. 모두들 주인의식, 주체의식을 가지고 함께 투쟁해나갈 때에야 비로소 이루어지는 일입니다. 그렇다면 여러분! 여기에 오지 않은 많은 학생들은 왜 이 중요한 시간에 교정을 배회하거나 강의를 듣고 있는 것일까요? 그렇다면 여러분! 이곳에 없는 많은 학생들은 왜 우리 이야기에 귀 기울이지 않는 것일까요?"

다시 관현이 강당 안을 둘러보며 말을 이었다. 관현의 시선과 관현의 한 마디 한 마디는 강당에 모인 학생들 가슴에 깊숙이 파고들었다.

"앞으로도 우리는 험준한 준령을 넘고 또 넘어야 합니다. 나는 우리가 학문의 자유, 진리 탐구의 자유가 보장되는 학원을 건설하려면 모든 학우들의 힘과 지혜가 절실하다는 것을 여러분께 말씀드리고 싶습니다. 소수의 힘만으로는 절대 이 험준한 준령을 넘을 수 없다고 감히 말씀드리고 싶습니다."

관현이 연단 앞으로 나왔다. 관현의 검정 고무신과 헐렁한 바지가 있는 그대로 다 드러났다.

"나는 이 자리에서 공술을 하지 못하겠습니다. 아무리 좋은 의견을 제시하고 목소리를 높여도 공허한 메아리에 불과하기 때문입니다. 여러분! 제 진심을 다해 한 번만 더 말씀드립니다. 학원자율화는 여기에 참석하지 않은 대다수 학생들의 참여 없이는 절대 불가능합니다. 오늘 우리가 고민해야 할 문제는 바로 이것이라고 생각합니다."

관현은 우뚝 선 채 오래오래 고개 숙여 인사했다. 쥐 죽은 듯 고요하던 강당은 관현이 연단을 내려오자 다시 술렁거렸다.

그때, 자리에 앉아 있던 한 학생이 벌떡 일어섰다. 관현에게 쏠려 있던 시선이 그 학생에게로 옮겨졌다.

"맞습니다. 이런 식으로 우리만의 잔치를 해선 안 됩니다. 당장 밖으로 나갑시다. 그리고 다시 이 장소로 학우들을 모아옵시다. 우리가 여기서 손 놓고 있으면 저 형 말처럼 아무것도 이룰 수 없을 것입니다."

다들 그 학생의 말에 공감하는 듯했다. 벌써 일어나서 나가는 학생도 있었다. 대강당 앞에 걸려 있던 펼침막을 뜯어내 교내에서 선전하고 다니자며 제안하는 학생도 있었다.

곧 대강당 앞으로 대열이 형성되었다. 강당 안에 있던 거의 모든 학생들이 학자추 관계자들을 앞세우고 교정을 돌기 시작했다. 대열은 점점 커졌고, 그들이 외치는 구호가 교정을 돌고 돌았다. 도서관에서 공부하던 학생들도 창밖으로 고개를 내밀고 관심을 보였다. 대강당 앞을 출발한 대열은 공대와 자연대를 돌고 예대를 거쳐 인문대, 법대, 사회대, 농대까지 돌았다. 다시 대강당 앞으로 왔을 때는 대열의 끝이 보이지 않을 정도였다.

학자추는 계속 몰려드는 학생들을 감당할 수 없어 옥외에 연단을 설치했다. 공청회가 재개되었다. 관현은 수많은 학우들 앞에 다시 섰다.

"학도호국단이 어떤 조직입니까? 우리 학우들의 의사를 충분히 반영하고 대변하는 조직입니까? 아닙니다. 학도호국단은 구시대의 산물에 불과합니다. 권위주의 체제를 유지하고 대변하기 위한 역기능적 산물이라는 말입니다. 1975년 박정희 정권은 학도호국단

설치령을 발표하고 그해 6월 25일부터 전국을 멸공·반공 분위기로 몰아갔습니다. 급기야 7월 16일에는 총학생회 해체식을 강제함으로써……."

관현은 반민주성·반민족성을 들어 학도호군단의 전면적 폐지를 역설했다.

"이번에 문교부에서 제시한 개정 학도호군단은 기존의 학도호국단과 거의 다르지 않습니다. (……) 우리는 학원자율화를 조속히 이뤄내기 위해 학도호군단을 폐지하고 우리 손으로 자주적인 총학생회를 건설해야 합니다. 총학생회 부활만이 학생들의 자주적 활동을 보장할 수 있습니다. 총학생회 부활만이 학원의 민주화를 이뤄낼 수 있습니다."

학생들이 관현의 연설에 열광했고, 공청회는 성공적으로 끝났다.

"누구야?"

"법대생이래."

"박관현이라고 하던데."

"나도 종종 봤어. 검정 고무신으로 유명한 사람이잖아."

삼삼오오 돌아가는 학생들 사이에서는 관현에 대해 이런저런 말이 오갔다.

관현은 이날 공청회에 참석한 많은 학생들에게 두고두고 남을 강한 인상을 심어주었다.

3월 26일 학자추는 총학생회칙을 확정 발표했다. 이 회칙은 학자추의 총학생회칙 시안을 토대로 단과대학별·학과별 대표자회의가 심사해 마련한 것이다. 이와 함께 선거관리위원회 구성도 결의되었다.

3월 27일에는 전남대 복적생들이 「어용교수 백서」를 발표했다.

3월 31일에는 총학생회장 선거 시행세칙과 중앙선거관리위원을 최종 확정 발표했다. 학자추는 총학생회장 선거에서 중립을 지키겠다고 천명하고, 총학생회 출범과 함께 해체한다는 입장을 분명히 했다.

학내 일정은 이렇게 진행되었지만, 관현은 총학생회장 출마와 관련해 아직 결심을 굳히지 못하고 있었다.

어느 날 밤늦게 상원이 관현을 찾아왔다.

"결심해야 해. 이 지역이 어느 지역보다 청년학생운동의 위상이 큰 만큼, 전남대학교 총학생회가 어떤 역할을 해나가느냐가 앞으로 정세 변화에 큰 영향을 끼칠 수 있기 때문이야. 요즘 같은 안개정국에서는 더더욱 일사불란한 체계를 갖추고 정국을 주도해야 해. 그 체계의 중심에 누가 서느냐, 그것은 개인의 결단이기 이전에 시대적 의무고 역사적 책무라고 봐야 한다."

상원은 단호했다.

그러나 관현은 쉽게 대답할 수 없었다.

관현에게는 들불야학에서 해야 할 일이 아직 많이 남아 있었다. 들불 노동자들과 한 약속도 지켜야 했다. 오랫동안 머물렀던 광천공단과 광천시민아파트 주변의 주민들은 관현에게 이제 더는 남이 아니었다. 피붙이고 관현의 분신이었다. 그런 사람들을 두고 떠나야 한다니.

상원은 이날도 관현의 답을 듣지 못한 채 돌아갔다. 관현의 심정을 잘 아는 상원도 가슴이 아프긴 마찬가지였다.

"야학엔 나도 있고 다른 강학들도 많이 있다. 너만큼 잘할 수 있도록 내가 더 노력해야겠지. 관현아, 우리 이 문제를 성숙한 자세로 함께 고민해보자. 대의를 위해 지금 우리가 해야 할 일이 무엇인지……."

이튿날 다시 찾아온 상원은 진지했다. 상원은 자기가 운동을 하게 된 사연, 그 과정에서 겪은 여러 가지 갈등, 그리고 들불을 키워내면서 느낀 보람 등등 많은 이야기를 꺼내놓았다. 마지막으로 상원은 들불이 와해될 위기에 놓였을 때, 후배 강학들과 '죽기 위해 살자'고 혈서를 쓰며 결의를 다진 어느 날 밤의 이야기를 들려주었다.

"그날 나는 죽을 결심을 하고 이 일에 매달려야 한다고 생각했어. 죽을 결심을 하지 않으면 이 땅의 현실이, 내 부모의 현실이 결코 좋아지지 않으리라 느꼈으니까. 나는 그날 죽을 결심을 하면 못할 일이 없을 거라는 생각도 했다. 피하지도 말고 외면하지도 말고 죽을 결심을 하고 당당하게 살자. 그것이 진짜 사는 길일 거라고 생각했다."

상원의 목소리가 비장했다.

관현은 내내 듣기만 했다.

버겁다고 생각했고 떠날 수 없다고 미련을 품었던 모든 것이 관현 안에서 한꺼번에 와르르 무너지는 소리가 들렸다. '죽기 위해 살자.' 오직 상원의 이 한 마디만 관현의 머릿속에서 뱅뱅 맴돌았다. 상원이 가만히 관현의 손을 잡았다. 차디찬 방 안의 냉기도 물리칠 만큼 상원과 맞잡은 관현의 손이 뜨거웠다.

3월 30일, 들불 강학 회의록에는 관현이 이제 수업 이외의 모든 업무를 볼 수 없다고 기록되었다. 이유는 전남대학교 총학생회장 출마 때문이라고 쓰여 있었다.

학원민주화 투쟁의 선봉에 서다

총학생회 부활을 위한 준비가 착착 진행되어갔다.

3월 31일, 총학생회장 선거 시행세칙이 확정되는 것과 동시에 관현은 총학생회장에 입후보했다. 관현 외에도 4명이 총학생회장 후보 등록을 마쳤다.

관현은 바로 선거팀을 꾸렸다. 양강섭과 신영일·김태종·박순· 임주형·나상진 등이 기획 또는 조직 참모를 맡았다.

이러한 움직임 말고도 눈여겨봐야 할 또 다른 움직임들이 전남 대학교 내에서 역동적으로 이루어지고 있었다. 복학생협의회를 중 심으로 한 74·75·76학번들의 활동이었다. 복학생협의회는 어용 교수 퇴진과 상담지도관실 폐쇄를 요구하는 성명서를 발표했으며, 어용교수 선정 원칙을 정하고 관련 자료를 수집·정리하는 활동을 활발히 벌였다. 이들은 3월 27일 이미 복학생협의회의 이름으로 「어용교수 백서」를 발표한 바 있었다. 3월 31일에는 학교 본부 앞 에 어용교수비를 세우겠다고 선언하기도 했다.

4월 4일, 드디어 총학생회장 선출을 위한 첫 합동유세 날.

마지막 점검을 위해 선거팀이 모여서 관현과 함께 원고를 검토하고 있었다.

"그런데 이렇게 나갈 겁니까?"

관현이 유세 원고를 반쯤 읽어 내려갈 때 누가 불쑥 끼어들었다. 무슨 뜻이냐는 듯, 관현이 고개를 들고 갸웃거렸다.

"예의가 아닌 것 같아서요."

불쑥 끼어든 후배가 멋쩍은 듯 머리를 긁적이며 말했다.

"맞아. 그래도 총학생회장 후보인데."

다른 선거참모가 곧 후배의 말을 거들었다.

이들은 관현의 차림새를 두고 말하는 것이었다.

관현은 언제나 검정 고무신만 신었다. 윗옷도 해지고 색이 바래 몇 년 묵은 티가 또렷했다. 펑퍼짐한 바지는 꼭 아버지 옷을 빌려 입은 것처럼 보였다. 이런 차림새는 관현의 상징이기도 했지만, 사실 선거팀은 며칠 전부터 적어도 유세 때만큼은 관현에게 양복을 입혀야 한다고 말을 맞춰놓은 상태였다.

하지만 아무도 선뜻 말을 꺼내지 못하고 있었다. 형식이나 겉모습보다 내용을 중시하는 관현의 소신을 잘 아는지라 설득하기가 쉽지 않으리라고 다들 지레짐작하고 있었기 때문이다.

관현이 주위를 둘러보았다. 한 사람 한 사람의 표정을 찬찬히 읽는 눈치였다.

"내 차림새가 이상한가?"

관현이 이마를 찡그리며 물었다.

기다리고 있었다는 듯, 선거참모들이 대부분 고개를 끄덕였다.

"내가 옷을 바꿔 입지 않으면 총학생회장으로 당선되는 데 지장이 있을까?"

다시 묻는 관현의 표정은 진지하기 그지없었다.

그때 누가 피식 웃음을 터뜨렸다. 관현의 진지한 표정이 조금 우스꽝스러웠기 때문이다. 또다시 몇 사람이 고개를 끄덕였다.

"그래? 그럼 당장 바꿔 입어야지. 내 차림새가 총학생회장 되는 데 문제가 된다면 그건 말도 안 되지. 그런데 누구 옷을 빌려 입는다?"

관현이 큰 결심이라도 한 것처럼 눈을 동그랗게 뜨고 말하자 좌중에 다시 웃음이 번졌다.

일 년 365일 하루도 변치 않고 그 차림을 고수하는 관현을 설득하기가 만만치 않으리라 예상했는데, 관현이 너무나 쉽게 고집을 꺾은 것이었다. 참모들은 그런 관현을 의아하게 느끼는 한편으로, 관현이 아무리 사소한 일일지라도 목표한 바를 위해서라면 때로는 포기할 줄 아는 사람이라는 것을 새삼 느꼈다. 손톱만 한 일에서 몸통만 한 신뢰가 모든 사람의 마음에 자리 잡아가고 있었다.

당장 누가 광천동으로 달려가 상원의 양복을 빌려왔다. 관현이 상원의 양복을 입고 구두를 신겠다고 말했기 때문이다. 이제 상원에게서 빌린 양복과 구두가 관현의 전투복이 되었다. 상원의 온기를 그대로 느낄 수 있어 관현은 다행이라고 생각했다. 총학생회장 입후보를 결심하기 전 상원과 나눈 이야기들이 상원의 양복 곳곳에 공기주머니처럼 채워져 있는 기분이었다.

민주학원의 새벽 기관차

기호 2번 박관현(회장)·이승룡(부회장) 소견서

지금 이 시대의 상황은 3·1운동, 광주학생독립운동 등 일제하 항일민족해방운동과 해방 후 4·19학생혁명으로 이어지는 반독재민주투쟁의 연장선상에서 노출될 것이라고 볼 때, 오늘의 대학은 학도호국단으로 대표되는 반민주적 기구 및 그 세력의 청산과 2000년대를 지향하는 새로운 학원질서의 확립이라는 두가지 당위적 과제를 짊어지고 있다. (……) 노동·농촌문제의 학술적 접근 시도 및 통일문제의 방향모색을 위한 토론장 마련도 보장해야 한다. (……) 80년대의 학생회는 민족사의 거대한 소명을 짊어지고 끊임없이 학생 속에서 살아 움직이는 것이라고 믿는바, 이의 실현을 위해 온몸과 마음으로 부딪쳐나갈 것을…….

관현은 유세가 열릴 예정인 도서관 앞 광장으로 가다가 제1학생회관 앞에서 우뚝 걸음을 멈추었다. 관현을 뒤따르던 선거참모들도 관현과 움직임을 맞추느라 걸음을 멈추었다.

관현이 갑자기 멈춘 이유는 게시판에 붙어 있는 자신과 부학생회장 후보 이승룡의 소견서 때문이었다. 관현은 마치 소견서를 처음 대하는 것처럼 묵묵히 읽어 내려갔다. 자신과 선거팀이 직접 작성해서 내용을 모르지 않을 텐데도, 소견서를 읽는 관현의 시선이 진중하기 그지없었다. 무슨 생각을 그리 하는지 관현은 한참 동안 그 앞에 그대로 서 있었다.

관현은 도서관 앞 광장 쪽으로 다시 발걸음을 옮겼다. 관현 일행이 지나가자 몇몇 학생이 박수를 보냈다. '학원자율화를 위한 2차 공청회'에 참석해 관현을 알고 있던 학생들이었다. 박수 소리는 관현이 광장에 도착할 때까지 이어졌다.

관현은 자기 순서를 기다리며 후보 자리에 앉았다.

첫 번째 후보의 연설이 끝났다. 우레와 같은 함성과 박수 속에 첫 번째 후보가 제자리로 돌아가자, 관중석 앞자리를 차지하고 있던 무리가 자리를 뜨기 시작했다. 꽉 차 있던 관중석이 머리털을 쥐어뜯겨 횅해진 자리처럼 흉물스러웠다.

관현의 차례가 되었다. 그런데 관현은 연단 앞에 서서 갑자기 팔을 쭉 뻗더니 손가락으로 관중석 한가운데를 가리켰다. 무리가 빠져나가 텅 비어 있는 자리였다. 유세를 보러 온 학생들이 웅성거렸다.

"민주용봉 학우 여러분! 이것이 무슨 일입니까? 방금 전까지 이 앞자리를 차지하고 있던 사람들은 대체 어느 대학 학우들입니까? 민주용봉 학우 여러분! 지금 우리가 서 있는 이 자리는 총학생회 부활을 위해 모인 역사의 현장입니다. 그런데 이런 떼거리 문화라니요? 못된 정치인의 모습으로 어떻게 총학생회를 부활시킬 수 있다는 것인지, 어떻게 학원민주화를 실현시킬 수 있다는 것인지, 저는 참으로 당황스럽습니다."

관현의 입에서 분노가 터져나왔다. 한참 동안 관현은 바람잡이를 동원한 첫 번째 후보를 매섭게 질타했다.

"저는 이 땅의 사회민주화 실현이라는 우리의 웅대한 지상 목표를 향해 일로매진하고 있는 모든 민주세력과 더불어 학원민주화 실현이라는 중차대한 시대적 소명에 따라 불같이 뜨거운 가슴 하나를 품고 총학생회장에 입후보한 민주학원의 새벽 기관차 기호 2번 박관현이올시다……."

관현이 본격적으로 유세를 시작했다.

관현의 일성은 관중을 압도했다. 숨소리 하나 없이 고요해진 관중이 관현의 연설에 온 감각을 곤두세웠다. 관현의 한 마디 한 마디가 촉수를 들이민 것처럼 가슴으로 파고들었다.

관현은 지금의 위기와 모순은 청산해야 할 것을 제대로 청산하지 못한 과오에서 비롯되었다고 밝혔다. 이승만 독재정권의 매판성을 청산하지 못한 결과가 박정희 군사독재로, 전두환을 위시한 신군부의 재집권으로 드러나고 있다고 말했다. 관현은 이제 청년 학생들이 떨쳐 일어서야 할 때라고 목소리를 높였다. 학내 민주주의를 발전시키는 것이 신군부의 음모를 부수고 정권의 매판성을 청산하는 첫걸음이라며 학원민주화의 중차대함을 목청 높여 주장했다.

연설 내내 박수 소리가 끊이지 않았다. 관현의 이름을 외치는 함성도 점점 커져갔다.

관현의 첫 유세는 두 번째 유세에 엄청난 수의 학생들을 불러들였다. 전남대학사상 초유의 인원인 약 1만 명의 학생들이 4월 8일 2차 유세에 참가한 것이다.

"여러분, 내 꿈은 이제 판사도 아니고 변호사도 아닙니다. 내 꿈은 이제 순임이입니다."

관현은 2차 유세에서 이 땅의 현실을 제대로 직시해야 한다고 주장했다.

"순임이는 내 어머니입니다. 아니, 여기 모인 우리 모두의 어머니입니다. 순임이는 또한 내 누이입니다. 아니, 여기 모인 우리 모두의 누이입니다. 여러분. 우리의 역사는 노동자·농민의 역사입니다. 노동자와 농민이 역사의 주체이고 역사를 이끌어가는 희망인 것입니다. 나는 그래서 내 어머니인 순임이, 내 누이동생인 순임이를 내 양심으로 삼아 살아갈 것입니다. 순임이의 아픔과 희망을 내 가슴에 끌어안고 여러분과 함께 이 땅의 민주주의를 뿌리내리는 대장정의 길로 나아갈 것입니다."

관현은 들불야학에서 경험한 바를 토대로 현란한 네온사인 아래 감추어진 노동의 현실을 고발했으며, 양심을 회복하자는 외침으로 1만여 학생들을 숙연하게 만들었다.

4월 9일 관현은 드디어 전남대학교 총학생회장이 되었다. 투표율 72.6퍼센트에 64퍼센트라는 압도적인 지지로 당선된 것이다.

다음은 총학생회장으로 당선된 후 관현이 『전대신문』과 인터뷰한 내용이다. 관현은 이 인터뷰에서 앞으로의 활동방향을 밝혔다.

6년 만에 실시된 총학생회장 선거에서 당선된 소감은?

저는 이번 선거에서 대학인의 양심은 아직도 살아 있다는 확신을 얻을 수 있었기에, 저 자신을 비롯해 우리 모두 책임을 느끼고 혼연일체가 된다면 극단적인 방법을 택하지 않고서도 민주학원을 이룩하고 살아 있는 대학을 만들 수 있다고 믿습니다.

민주학원의 과감한 실현, 학교 운영 재정 공개 등의 선거공약을 내건 이유는?

대학은 사회의 모범이 되어야 하고 등불이 되어야 하기 때문에 학원의 민주화가 사회의 민주화에 우선되어야 하며, 교수와 학생, 행정 당국이 삼위일체가 되어 학사 전반을 협의하기 위해서는 교수·학생평의회의 구성이 필요하다고 생각합니다. 또한 모든 행사활동의 중추인 학교 재정이나 운영 문제는 마땅히 공개되어…….

총단의 앞으로의 활동방향과 시급히 해결해야 할 우선사업은?

……출범과 함께 선결해야 할 과제는 학도호국단의 전면 폐지라고 생각합니다.

요즘 학생들에게 관심의 초점이 되고 있는 어용교수 문제는?

백서 하나하나의 시비를 따지기 이전에 발전적인 차원에서 어떻게 민주적으로 해결해야 할 것인가가 가장 중요한 문제입니다. 따라서 어용교수 문제는 반드시 해결되어야 한다는 전제로 교수·학생 청문회, 복적생과 학생들의 대화, 공청회, 설문조사 등을 거쳐 중론을 모은 다음 어용교수에 대한 신임투표와 같은 합법적인 절차를 밟아 해결하겠습니다.

총학생회장으로 당선된 이튿날 아침, 관현은 일어나자마자 상대 앞으로 달려갔다. 상대 1학년 학생들이 병영집체훈련 거부 성명서를 발표한다고 알려왔기 때문이다.

봄비가 부슬부슬 내렸다. 관현이 나타나자 상대 앞에 모인 학생들이 환호성을 질렀다.

"총학생회 구성을 마치지 못한 까닭에 당장은 효과적인 지원을 약속할 수 없습니다. 그렇지만 여러분이 확고한 뜻을 품고 움직여준다면 저나 여기 있는 상대 학생회장은 여러분을 믿고 힘껏 뛰어다닐 것입니다. 저는 학우들과 만나면서 어떤 방식의 교련 교육도 단호히 거부한다고 밝힌 바 있습니다. 다시 한 번 말씀드리지만, 문제 해결은 저와 상대 학생회장에게 달려 있지 않습니다. 여러분의 행동, 여러분의 투쟁의지에 달려 있는 것입니다. 우리 다 함께 이 문제를 해결하기 위해 단결하고 연대하여……."

교련 교육을 담당하는 대령이 뒤늦게 나타나 호통을 쳤지만 그의 목소리는 관현의 연설에 묻히고 말았다. 학생들은 관현의 연설에 열광했고 병영집체훈련이 폐지될 때까지 무기한 농성에 들어가기로 결의했다.

4월 14일, 관현은 총학생회의 이름으로 병영집체훈련의 비민주성을 고발하는 성명서를 발표했다.

……정권 안보의 일환으로 악용되어온 병영집체훈련은 마땅히 폐지되어야 한다. 안보는 민족의 참된 양심의 발로로서 정권 안보의 악용 대상이 될 수 없기 때문이다. (……) 그동안 병영집체훈련은 대학인의 창조적 지성과 비판정신을 말살해왔다. 또

한 대학과 학생들의 자주적인 의사가 전적으로 무시되고 정상
적인 수업의 일시 중단까지 초래하고 있다. ……

상대 1학년 학생들의 농성은 4월 15일까지 이어졌다. 4월 17일,
이들은 전원 입영을 거부하기로 결의했다.

한편 1학년을 중심으로 한 병영집체훈련 거부 투쟁과 함께 복적
생협의회가 중심이 된 어용교수 퇴진 투쟁도 총학생회 출범과 때
를 같이해 본격적으로 진행되었다. 복적생협의회는 이미 3월 17일
어용교수 퇴진과 상담지도관실 폐쇄를 촉구하는 성명서를 발표한
바 있었다.

4월 23일 오후 2시, 전남대 인문사회대학 학생회에서는 학내 유
신잔재 청산이 학원자율화의 초석이라는 대명제 아래 어용교수가
퇴진할 때까지 무기한 수업을 거부하겠다고 결의했다. 인문사회대
학 학생회는 이날 어용교수실을 폐쇄할 것이라고 밝혔다. 총학생
회도 어용교수를 반민족·반민주 교수라고 지칭하자고 제안하면서
이들의 즉각적인 퇴진과 해당 교수실 폐쇄 등 3개항의 결의문을
채택했다.

4월 25일에는 중앙도서관 앞 광장에서 3천여 명의 학생들이 모
여 학생총회를 열었다. 관현은 이날 유신체제의 학내 잔재를 뿌리
뽑는 것이 학원민주화의 첫걸음이라는 점을 다시 한 번 밝히고, 복
적생협의회가 지명한 어용교수들의 즉각적인 퇴진을 거듭 촉구했
다. 이 자리에 모인 학생들은 이날부터 중앙도서관 2층에서 무기한
농성을 하기로 했다.

농성 이틀째인 4월 26일, 교수평의회와 학생대표의 연석회의가 열렸다. 이 연석회의에서는 해당 교수, 교수평의회, 학생대표가 만나 대화로써 문제 해결을 모색할 것, 대화를 통한 해결이 불가능할 때는 사직서 제출을 종용할 것, 사직서를 제출하지 않을 경우 교수평의회에서는 동료 교수로 인정하지 않을 것 등에 합의했다.

그러나 이러한 움직임에도 해결의 실마리는 보이지 않았다. 해당 교수들이 대화 자체를 거부하거나 안일한 태도로 나왔기 때문이다.

농성 사흘째인 4월 27일, 해당 교수와 회담이 결렬되자 법대생들은 어용교수 문제를 놓고 모의재판을 열었다. 미술과 학생들은 농성장 벽에 어용교수 초상화를 그려 붙었다.

해당 교수들이 계속 묵묵부답으로 대응하자, 총학생회는 농성 나흘째인 4월 28일 2차 학생총회를 소집했다. 중앙도서관 앞 광장에서 어용교수 화형식까지 치렀다. 나아가 교수 5인에 대해 정침식(문을 폐쇄하는 것)을 할 것이라고 밝혔다.

"유신을 도와 권력의 시녀가 된 교수들을 어떻게 스승이라고 할 수 있겠는가?"

"이들을 당장 교수직에서 끌어내려야 한다."

"맞다. 교수실에 못만 박을 게 아니라 이들을 만나 담판을 지어야 한다."

교수실을 폐쇄하기로 한 날이었다.

관현의 표정은 어두웠다. 묵묵히 해당 교수실을 향해 걷는 관현의 뒤로 수많은 학생들이 동행했다. 뒤따르는 학생은 점점 많아졌다. 무리가 커지는 만큼이나 해당 교수를 향한 원성도 하늘을 찌를 듯했다. 큰일이라도 벌어질 것 같은 분위기였다.

관현과 학생들이 교수실 앞에 도착했다. 가랑잎에 불붙은 것처럼 흥분한 학생들이 교수실 복도를 꽉 채웠다. 당장이라도 교수실을 때려부술 기세였다. 좁은 복도는 끝이 보이지 않을 만큼 학생들로 꽉 채워져 있었다.

관현이 학생들 앞에 섰다.

"여러분!"

관현의 목소리가 복도에 울려 퍼졌다.

"나는 내 가슴에 못을 박는 심정으로 이 순간을 보내겠습니다. 스승의 그림자도 밟지 말라 배웠거늘, 정침식을 할 수밖에 없는 오늘의 현실이 나는 참으로 암담하고 괴롭습니다. 여러분도 마찬가지일 거라 생각합니다. 나는 이제 이 자리에 무릎을 꿇겠습니다. 무릎을 꿇고 앉아 지금 내 안에 있는 분노를, 이 슬프디슬픈 현실을 생각하고 또 생각하겠습니다."

관현이 무릎을 꿇고 고개를 떨구었다.

웅성거리던 복도가 대번에 조용해졌다. 관현 뒤에 서 있던 학생들 몇 명이 관현을 따라 무릎을 꿇었다. 다시 또 몇몇 학생들이 무릎을 꿇었다. 우왕좌왕 서 있던 학생들이 하나둘 무릎을 꿇었다. 조용해진 복도에서 간간이 흐느낌이 흘러나왔다.

사실 어용교수 문제는 문제를 제기한 순간부터 찬반 의견이 숱하게 엇갈리고 있는 사안이었다. 특히 운영위원회(단과대학 학생회장단)와 대의원총회는 교수 퇴진 투쟁을 반대하는 분위기였다.

관현은 그런 의견이 나올 때마다 이 문제를 개인의 문제로 축소 해석해선 안 된다고 강조했다. 바른길에서 벗어난 학문으로 권력자에게 아첨해 자기 한 몸의 안위를 꾀하려는 행위는 분명 반역사적이며, 이러한 역사적인 관점으로 문제를 바라봐야만 근본적인 해결 방안을 찾을 수 있다고 관현은 늘 강조했다.

그 무렵 관현은 뛰어난 지도력을 발휘했다. 시비가 붙은 곳이면 그곳이 회의 자리든 사적인 자리든 가리지 않고 찾아가 설득하곤 했다. 다른 사람들의 말부터 진지하게 경청하고서야 자기 이야기를 시작하면서도 관현은 자기 주장이 옳다고 확신하는 한 결코 설득을 포기하지 않았다. 관현의 이런 태도는 개인을 끌어안고 전체를 통솔하는 큰 힘이 되었다.

아무튼 유신체제에서 행적이 문제 된 교수들은 전국에 널려 있었다. 그런데도 유독 전남대학교에서만 어용교수 퇴진 투쟁이 이루어진 것은 아마도 6·27 교육지표 선언의 영향이 클 것이다. 또한 전국에서 유일하게 전남대학교에서만 어용교수 퇴진 투쟁이 벌어져 성공적으로 진행될 수 있었던 데에는 관현의 이러한 지도력이 영향을 끼쳤을 것이다. 물은 물꼬를 트는 데로 흐르기 때문이다.

농성 닷새째인 4월 29일, 학생들이 대학본부 앞으로 몰려가 연좌농성을 시작했다. 해당 교수 5명은 곧 '친애하는 학생 여러분에게'라는 장문의 편지를 보냈다. 하지만 편지에는 자신들의 어용 행위에 대한 구구절절한 변명만 담겨 있었다. 어처구니없게도 그 교수들은 학생들에게 이성을 회복하라는 가당치 않은 충고까지 덧붙였다.

학생들은 격분했다.

4월 30일, 대의원총회가 소집되었다. 대의원총회는 5월 1일까지 해당 교수들이 자진 사퇴할 것을 요구했다. 또한 5월 1일 사퇴 시점을 어길 때는 학생회 주도로 단식투쟁에 들어가겠다고 밝혔다. 그런데도 해당 교수들은 끝내 사퇴서를 내지 않았다.

그리하여 총학생회는 5월 1일부터 당장 철야 단식농성을 주도했다. 5월 1일부터 시작된 닷새간의 철야농성, 사흘간의 철야 단식농성은 그야말로 모든 학생의 참여 속에 이루어졌는데, 중앙도서관 2층에서 진행된 철야 단식농성은 학생들의 단결의식을 더욱 고취시켰다.

과 단위, 단대 단위로 모여 앉은 학생들은 정세에 대한 이야기와 토론으로 밤을 새웠다. 그간 따로따로 활동했던 학내의 모든 조직도 이젠 총학생회를 중심으로 일사불란하게 뭉쳐 투쟁을 준비하기 시작했다. 당시 상황에 비추어볼 때 의식화 · 조직화가 그야말로 정점에 달할 수 있는 시기였다. 그 한가운데에 관현이 있었다.

"오늘은 잠 좀 자요."

관현이 벌써 며칠째 눈을 붙이지 못했다는 것을 아는 후배가 새벽녘 운영위원회 회의를 마치고 다시 농성장으로 가는 관현을 붙잡았다.

"이러다 쓰러진다니까요."

후배는 관현의 옷자락을 붙잡고 놓지 않았다. 오늘만큼은 꼭 재우고 말겠다는 오기가 후배의 두 눈에 가득했다. 관현은 후배를 바라보고 피식 웃었다.

"그럼 나랑 같이 농성장 둘러보고 오자. 그러고 나서 자마."

하는 수 없었다. 그러지 않으면 혼자라도 농성장에 가서 또 밤을 꼬박 새우고 말 사람이니까. 터벅터벅 관현 뒤를 따르는 후배 눈에는 잠이 잔뜩 달라붙어 있었다.

"잠깐."

그런데 학생회관 2층 계단을 내려가다 말고 관현이 갑자기 멈추었다.

영문을 몰라 어리둥절한 후배를 내버려두고 관현이 총학생회장실로 뛰어들어가더니 한참 뒤에 나왔다. 관현의 양팔에는 커튼이 한가득 들려 있었다. 학생회실 커튼을 죄 뜯어왔는지, 후배 눈에는 천 더미가 덜렁덜렁 걸어오는 것처럼 보였다. 후배는 얼른 달려가 커튼 더미를 나눠 들었다.

"뭐 하게요?"

"새벽엔 춥더라. 어젠 왜 이 생각을 못 했는지……."

혼잣말처럼 관현이 대답했다.

순간 후배는 가슴이 아렸다. 총학생회장이자 선배이기도 한 관현이 집에 있는 엄마처럼 느껴졌기 때문이다. 쉬운 것처럼 보이지만 아무도 이런 생각을 쉽게 하진 못했다. 쉬운 것처럼 보이지만 아무도 이런 행동을 쉽게 하진 못했다.

중심에 서 있지만 늘 곁에 머물러 있는 사람, 나를 아낌없이 믿어주고 이끌어주는 튼실한 둥지. 후배는 관현의 이날 모습을 가슴에 아로새겼다. 두고두고 잊히지 않을 전남대학 총학생회장 박관현의 인간적인 모습이었다.

5월 3일. 단식 사흘째를 맞은 학생들은 3차 비상학생총회를 열었다. 반민족 · 반민주 어용교수 화형식과 장례식 · 입비식이 도서관 앞 광장에서 치러졌다. 학생들은 엿새 동안의 철야농성과 사흘 동안의 철야 단식농성을 끝내면서 최규하 내각을 규탄하는 장문의 성명서를 발표했다.

……그동안 외세 매판자본의 범람과 함께 이루어진 경제성장 정책은 800만 노동자의 피땀과 눈물을 요구하였고, 생산비에 도 못 미치는 저곡가정책으로 농촌을 피폐일로에 놓이게 했다. (……) 우리들 학원 문제도 학원의 개별적인 문제가 아니라 현 과도정부 및 계엄통치와 밀접한 관련이 있다고 확신한다. 현 과 도정부의 정치일정이 불투명한 탓에 국민은 혼미에 빠졌다. 더 구나 이원집정부제와 중간선거구제라는 간교한 구상으로 유신 잔재는 기득권 유지를 획책하면서 국민의 여론을 왜곡시키고 있다. (……) 이에 우리는 유신 잔당에게 조금도 반민주적 구실 을 주지 않으려는 뜻에서 자기희생을 통한 민주시대의 초석이 되고자 병영집체훈련도 응하기로 결정했던 것이며…….

그즈음 학생지도부 내에서는 그동안 너무 학내 문제에만 빠져들어 있었던 것은 아닌가 하는 반성과 함께 사회의 민주화 없이는 학원의 민주화도 기대할 수 없다는 의견이 분분히 제기되고 있었다. 즉 병영집체훈련 거부 투쟁과 어용교수 퇴진 투쟁을 급속히 사회 민주화투쟁으로 전진시켜가야 한다는 주장이다. 12·12사태로 권력을 장악한 신군부도 5월로 접어들면서 정국을 주도하려는 움직임을 더욱 강화하고 있었다.

강경한 투쟁으로 신군부의 재집권 음모를 저지해야 한다는 시대적인 요구가 대두되던 시기였다.

5월항쟁 전사(前史)

1980년 5월, 전국의 대학은 다른 분야보다 눈에 띄게 민주화투쟁을 벌였다. 이원집정제 거부, 민주적 권리 쟁취, 계엄령 해제 등이 투쟁의 현장에서 울려 퍼진 구호였다.

관현은 학내 조직을 다시 점검해야 할 필요성을 느꼈다. 신군부의 재집권 야망이 서서히 만천하에 드러났기 때문이다. 그에 견주어 노동운동·학생운동·재야운동 등 시민사회 내의 다양한 민주화세력은 군부를 제압할 만한 제대로 된 조직도 힘도 없는 상황이었다.

관현은 더욱 대중적인 인물들로 총학생회를 개편했다. 학생 대중에게 신뢰와 신망을 받는 인물들로 조직을 새로 구성한 것이다. 이것은 대중투쟁을 효과적으로 벌이기 위한 전략적 선택이었다.

부회장 이승룡, 총무부장 양강섭, 섭외부장 이청조, 문예부장 박용성, 체육부장 권향년, 학술부장 최용주, 사회부장 오진수를 비롯해 차명석·김영휴·정경자 등으로 집행부를 보강했다. 서클연합회장을 맡고 있던 문석환은 집행부에는 들어오지 않았지만, 관현의 요청에 따라 주요 사안이 있을 때마다 회의에 참석했다.

또한 관현은 5월 6일 비상학생총회가 끝난 뒤 총학생회의 양강섭·박용성, 서클연합회의 문석환, 학자추위의 송선태·한상석, 복적생 노준현·박몽구·문승훈 등과 만나 총학생회의 그림자 조직인 기획실을 꾸리자는 데 동의했다. 공개 집행부만으로는 학내외의 모든 투쟁을 계획하고 전개하는 것이 무리였기 때문이다.

이때부터 기획실은 학내외의 통일된 정세 파악과 정책 수립, 지도자 간의 의견 일치, 각종 집회 등을 기획하고 주도했다.

이 밖에 단과대학마다 조직을 강화하는 방안을 강구하게 하는 한편 대의원총회나 서클연합회도 서로 연락체계를 확립하게 했다.

다른 여러 대학과도 적극 연대를 모색했는데, 특히 이청조를 영남 지역에, 한상석을 서울 지역에 파견함으로써 효과적인 공동투쟁의 토대를 구축하고자 시도하기도 했다. 신영일과 김태종도 총학생회·기획실 등과 밀접한 연관을 맺고 독자적인 활동 영역을 개척해나갔다.

5월 6일, 도서관 앞 광장에 2천여 명의 학생들이 모였다. 사회민주화투쟁을 위한 비상학생총회가 열리는 날이었기 때문이다.

> ……유신 잔재는 민족과 민중 앞에 겸허한 자세로 심판을 받을 것이며, 보수야당세력은 수권을 빙자해 선명한 민족정기를 해치는 언동을 조심할 것이며, 재야민주세력 등은 참다운 민족민주세력이 주체가 되는 데 저해되지 않는 모든 세력과 단결 투쟁할 것을 촉구한다.

관현이 총학생회 성명서를 낭독하면서 비상학생총회가 열렸다.

이날 총회에서는 5월 8일부터 5월 14일까지 민족민주화 성회를 열기로 결의했다. 교내 집회에서 반민주세력의 음모를 폭로하고 학생들의 열기를 조직화할 필요가 있었기 때문이다.

5월 8일에는 조선대 민주투쟁위원회와 공동으로 「제1시국선언문」을 내놓았다. 「제1시국선언문」은 "첫째, 5월 14일 이전까지 비상계엄을 해제할 것. 비상계엄을 해제하지 않을 경우 어떠한 행동도 불사할 것임. 둘째, 만약 휴교령이 내려질 경우 온몸으로 거부할 것임. 셋째, 양심 있는 교수들의 적극 참여를 촉구한다."는 내용의 결의문을 채택했다.

「제1시국선언문」과 함께 국민연합의 「민주화촉진국민선언」이 낭독되었으며 대의원총회에서도 「현시국에 대한 우리의 견해」라는 성명서를 채택했다.

전남대 민족민주화 성회 기간 동안 과별·대학별 학생총회가 조직되었다. 날마다 계속되는 토론, 집회, 각종 문화행사를 통해 이제 학생들 입에서는 이원집정제 반대, 계엄령 해제, 유신 잔재 청산, 미석방·미복권 인사의 석방과 복권, 민중의 진정한 민주적 제 권리 쟁취 등의 구호가 자연스레 흘러나왔다.

관현은 민족민주화 성회를 주도면밀하게 이끌었다. 하지만 학내 투쟁의 열기가 점점 뜨거워질수록 불길한 예감이 강해졌다. 5월 3일부터 시작된 신군부의 충정훈련 강도가 드높아지고 있었기 때문이다.

신군부는 5월 7일 13여단을 서울 거여동에 배치하고 11여단을 경기도 김포에 배치했다. 뿐만 아니라 국방부장관의 승인 아래 해병 1사단 1개 연대를 같은 지역에 추가로 투입했다. 5월 13일에는 경장갑차를 차출해 1군 26대대를 수경사에 배속했고, 3군 24대대도 수도군단에 배속했다. 5월 14일에는 소요사태 진압부대 투입을 준비하라는 지시를 내렸으며 특전부대 이동을 위한 차량 245대를 지원하기도 했다. 2군 500MD 헬기 5대 지원과 3특전여단 12대대 국립묘지 배치, 청와대 특정 경비지역 봉쇄, 7개 방송국 경계강화 조치를 내린 것도 바로 같은 날이었다.

관현은 기획실을 통해 이러한 불길한 징후를 낱낱이 보고받고 있었다.

관현은 발 빠른 정세 파악과 올바른 정책 수립이 필요한 때라고 느꼈다. 그래서 기획실·복적생협의회·총학생회를 오가며 정확한 투쟁 목표와 방향을 설정하는 데 골몰했다. 하루 스물네 시간이 부족한 나날이었다.

"준비해야 합니다. 80년 5월의 투쟁은 계속 이어질 것입니다. 우리는 5월 승리의 일정을 우리 스스로 만들어야 합니다."

관현은 학내 시위가 가두시위로 확산되리라는 것을 예감하고 있었다. 학내 투쟁의 열기와 5월 3일부터 본격적으로 드러난 신군부의 움직임으로 미루어 분명 그렇게 되리라고 본 것이다.

"민족민주화 성회가 끝나는 다음 날인 5월 15일, 우리는 이날을 전남대학교 가두시위의 첫날로 잡을 것입니다."

5월 13일 밤, 관현은 총학생회의 운영위원회 회의에서 가두시위

일정을 확정했다.

밤이 깊었지만 제1학생회관의 불은 꺼지지 않았다. 제1학생회관은 총학생회실과 당시 철통 보안으로 장소가 알려지지 않았던 기획실이 있는 건물이었다. 학생들의 움직임이 분주했다.

그날 밤 총학생회는 학생회 산하에 별동대를 조직했다. 모든 간부가 연행될 것을 각오해야 하는 상황이어서 총학생회는 제2차 지도부를 구성해두어야 했다. 기획실도 1진과 2진으로 나누어 다시 구성했다. 또한 총학생회와 기획실은 1차 지도부와 1진이 붕괴될 경우까지 대비해 투쟁을 준비했다.

이날 기획실 회의에서는 5월 16일까지의 예정 상황과 19일로 예정된 전국가톨릭농민대회 협조 상황도 협의했는데, 결국은 이것이 마지막 회의가 되고 말았다. 신군부의 대응이 어느 정도 단호하리라 예상하고는 있었지만 공수부대까지 앞세운 살인적인 진압으로 광주를 유린할 줄은 몰랐기 때문이다. 신군부가 대량 학살이라는 반인류적 범죄 계획을 그토록 세세히 짜두었다는 것까지는 미처 파악하지 못했던 것이다.

5월 14일, 드디어 민족민주화 성회의 마지막 날이 밝아왔다. 관현은 이날 집회에서 15일 가두시위 계획을 밝힐 예정이었다.

단과대학별 집회를 마친 뒤 학생들은 총학생회가 주도하는 공식 행사에 참여하기 위해 종합운동장으로 속속 모였다. 이날 교정은 학생들의 뜨거운 함성으로 완전히 뒤덮였다.

그중 일부 학생들이 종합운동장 집회를 뒤로하고 정문으로 나갔다. 대기 중이던 경찰은 당황했는지 곧바로 대응하지는 않았다. 하지만 시위 대열이 점점 커지자 페퍼포그와 최루탄을 발사하기 시작했다. 종합운동장에서 집회를 열고 있던 학생들이 곧 벌 떼처럼 일어섰다. 누가 먼저랄 것도 없이 학생들은 전부 정문 앞으로 몰려갔다. 시위 대열이 정문을 그대로 뚫고 나갈 기세였다.

"나가자, 나가!"

"돌을 들어! 짱돌을 들란 말이야."

"지금 같은 때에 앉아 있다는 게 말이나 돼? 당장 도청으로 가야돼. 시민들과 함께해야 한단 말이야."

흥분한 학생들이 벌써 교문 밖을 나서고 있었다.

관현은 바로 운영위원회와 기획실 회의를 소집했다.

"내일로 예정되어 있던 가두시위 계획은 모두 마무리되었습니까?"

관현이 물었다.

"오늘과 내일이 다를 게 없습니다. 우리는 준비하고 있었고, 조금 더 일찍 상황을 맞이한 것뿐입니다."

관현의 결단은 신속하고 단호했다. 각 단과대학 학생회장들로 하여금 자기 대학 학생들을 통솔하게 하고, 미리 짜둔 가두시위 경로를 숙지시켰다.

모여 있는 학생들 앞에 관현이 다시 섰다.

"학우 여러분의 뜻에 따라 내일로 계획된 시위를 앞당깁니다. 우리는 오늘 도청 앞 광장에서 시민 대중과 함께 민족민주화 성회식을 열도록 하겠습니다. (……) 우리의 목적지는 도청입니다. 도청 앞 광장에서 다시 만납시다."

관현의 연설이 끝나자마자 학생들은 스크럼을 짜고 정문을 돌파했다.

현 정권 물러가라! 비상계엄 해제하라! 유신 잔재 청산하자! 노동삼권 보장하라! 민주 일정 공개하라! 민주인사 석방하라!

학생들의 구호가 페퍼포그와 최루가스를 뚫었다. 투사의 노래, 통일의 노래, 농민가, 아리랑, 흘라송이 울려 퍼졌다. 노랫소리는 서로 맞댄 어깨와 어깨를 타고 넘어 굽이굽이 퍼져나갔다.

경찰은 시위 저지를 포기하고 비켜섰다. 학생들도 더는 돌을 던지지 않았다. 시민들이 쏟아져나오고 있었다.

"대견하네!"

"당연한 일 아니여? 다 내 자식들인데."

"책상에서 하는 공부만 공분가? 이것도 공부여, 공부."

시민들은 너 나 할 것 없이 모두 시위 행렬을 보고 손을 흔들었다. 운전사들은 시위 행렬이 다 지나갈 때까지 차를 멈추었다. 거리에는 시위대에게 보내는 박수 소리가 끊이지 않았다.

오후 3시쯤, 시위대는 도청 앞 광장에 도착했다.

기획실 김양래, 학원자율화추진위원장 한상석이 도청 앞 분수대에 올라갔다. 둘의 선창으로 시작된 구호는 운집한 시민과 학생들을 이내 하나로 만들었다. 시민들의 도움을 받아 분수대에 확성기를 설치하고 서클연합회장 문석환이 분수대 앞에 섰다. 분수대를 둘러싼 시민과 학생 수는 벌써 2만 명을 넘어서고 있었다.

"지금부터 애국적인 학생들과 교수님들, 그리고 시민 여러분들과 함께 도청 앞 민족민주화 성회를 시작하겠습니다."

문석환의 사회로 광주 시민과 함께하는 민족민주화 성회가 드디어 열렸다.

시민들은 연사로 나온 학생들의 말 한 마디 한 마디에 열광하고 환호했다. 모두 다 맞는 말이었고, 모두 다 진실이었다. 시민들은 자리에 붙박인 듯 꼼짝하지 않았다.

그때 군중 속에서 웅성거림이 터져나왔다.

"박관현이 나오라고 해라."

"그래, 전남대학교 총학생회장 나오라고 해라."

"박관현이 말 좀 들어보자."

관현을 찾는 목소리에 불이 붙었다. 시민들은 오래도록 숨겨두었던 것을 꺼내는 것처럼 한 목소리로 관현을 추어올렸다.

곧 관현이 도청 앞 광장에 도착했다. 사실 기획실의 결정에 따라 관현은 이날 도청 시위에 참석하지 않기로 했었다. 관현의 손에는 15일 발표하기로 한 「제2시국선언문」이 들려 있었다.

"제가 좀 늦게 도착했습니다. 헌법에 자유와 평등이 보장된 이 나라에서 제가 정의로운 주장 좀 편다고 이 튼튼한 두 다리를 갖고서도 마음대로 다닐 수 없어서야 되겠습니까?"

시민들이 우레와 같은 박수를 보냈다.

"이 같은 어려운 시대를 뛰어넘어 민주화의 새 시대를 이룩하기 위해 우리는 도청 앞에 모였습니다. (……) 우리 대학인의 민주역량을 총동원하여 반민족·반민주세력과의 성전을 엄숙히 선포합니다."

이어서 관현은 광주 지역 6개 대학과 목포 지역 2개 대학 학생대표들이 공동으로 서명한 「제2시국선언문」의 15개 강령을 낭독했다.

1)혁신적인 농지개혁 실시 2)노동자 · 농민의 구조적 수탈정책 철회 3)농협의 즉각 해체, 새로운 농민기구 창설, 자생적 농민 단체 보호 육성 4)농민의 정치참여 보장 5)노동삼권 보장, 최저임금제 실시 6)민주적 노동조합의 설치 보장 7)해고 노동자의 복권, 복직 8)대학인의 민주의사 탄압 중지 9)민족통일 논의 보장 10)민주학생 탄압 중지 11)비상계엄 즉각 해제, 유신 잔당 청산 12)전두환 중앙정보부장 공직 추방(군의 엄정중립) 13)과도정부의 개헌 주도 중지 14)민주 일정 제시 15)언론의 민주 역사(役事) 참여

국민연합과 전남대교수협의회, 전남대 대학원생들도 「시국선언문」을 채택, 낭독하였다.

성회가 끝나갈 무렵 비가 내리기 시작했다. 관현이 다시 분수대 위로 올라섰다. 굵은 빗줄기 때문에 눈도 제대로 뜰 수 없었지만, 시민들은 고개를 들어 분수대 위의 관현에게로 시선을 모았다. 악천후도 민주화를 바라는 시민들의 열기를 막지 못했다.

"우리는 평화적이고 질서 있는 시위를 했습니다. (……) 앞으로도 계속 평화로운 행동과 주장을 하게 될 것입니다. (……) 내일의 행동에 대해서는 귀교 후 여러분과 다시 약속하게 될 것입니다. 그러나 만약 오늘 저녁에 휴교령이나 휴업령이 내려지면 이미 총학생회에서 공고했듯이 교문이나 후문 앞에서 오늘과 같은 시위를

벌일 것입니다. 만약 이것이 불가능하다면 정오에 도청 앞에 모여
오늘과 같은 시위를 벌일 것을 여러분과 함께 약속합니다."

민족민주화 성회는 아무 충돌 없이 끝났다. 학생들은 각자 집으
로 돌아갔다. 휴교령에 대비해 200여 명의 학생과 별동대만 학교
에 남아 철야농성을 벌였다. 이들은 내일 열릴 제3차 민족민주화
성회를 준비하며 밤을 지새웠다.

5월 15일 오후 1시쯤, 제3차 민족민주화 성회에 참여하기 위해
전남대생 1만여 명이 교문을 나섰다. 경찰의 제지는 없었으며, 시
민들의 호응은 전날보다 훨씬 폭발적이었다.

광주에서 민족민주화 성회가 열리고 있던 비슷한 시각, 서울을
비롯한 전국 각지에서도 시위가 벌어졌다. 서울역에서는 35개 대
학 7만 명이 모여 시위를 벌였고 인하대생 3천 명, 충남대생 3천
명이 각 지역에서 시위를 벌였다. 전북대·수원공전·경희대·단국
대·서강대·홍대 등 곳곳의 대학에서도 산발적인 시위가 이어졌다.

그런데 14일을 기점으로 전개된 시위는 광주와 서울 지역이 판
이한 양상을 보여주었다.

여기서 잠시 15일 서울에서 벌어진 시위가 35개 대학, 약 10만
명에 이르는 학생들을 결집시킨 대규모 시위였다는 점에서 그 뒤
엄청난 결과를 초래한 이 '판이하고도 선명한 차이'를 살펴볼 필요
가 있다.

광주에서 14일부터 시작된 가두시위는 대대적인 대중집회 성격
을 띠며 16일까지 계속되었다. 학생들이 거리로 나오면 어김없이
때를 맞춰 나온 시민들이 합류했다. 시민들은 시위대에 온갖 협조

를 아끼지 않았다. 응원하는 데 그치지 않고 학생들 대열에 섞여 가두시위에 참여하기도 했다. 가두시위의 정점에는 반드시 대중집회가 있었다. 학생들도 나와서 연설을 했고 시민들도 나와서 연설을 했다. 대중집회는 시민들의 민주화 열기를 하나로 모으는 역할을 톡톡히 했다.

도청 앞 대중집회를 공안 당국이 적극 봉쇄하지 않았기 때문이라는 이유가 꽤 설득적이긴 하지만, 시민대중과 함께 민주주의를 체득하는 공간을 직접 만들어갔다는 점에서 광주 지역의 가두시위는 서울 지역의 가두시위와 아주 큰 차이가 난다. 광주의 가두시위는 자체 동력을 확보해가며 자가 발전하는 양상을 보이고 있었던 것이다.

서울은 이와 달랐다.

5월 2일 「서울대총학생회 결의문」이 발표된 뒤 서울대를 비롯한 서울 지역 대학들은 사회민주화 요구 투쟁을 맹렬히 벌여나갔다. 5월 7일부터는 서울 지역 대부분의 대학들이 교내 시위와 농성을 벌였으며, 교문 앞에서는 경찰과 거의 매일같이 대치했다. 각 대학의 시위 규모도 점점 커져가고 있었다. 그렇지만 서울 지역에서는 주로 학생들만 참여한 시위였다.

게다가 서울의 학생운동 지도부는 5월 15일 '서울역 앞 대회군'을 감행함으로써 정권 퇴진 투쟁에 찬물을 끼얹어버렸다.

이처럼 광주의 가두시위가 대중의 힘에 의거해, 대중에 의해 지속될 수 있었던 이유 가운데 하나는 분명 탁월한 선동가 박관현 덕분일 것이다. 관현은 탁월한 연설로 대중집회를 성공적으로 이끄는 데 빛나는 공을 세웠다.

"제가 전남대학교 총학생회장 박관현이올시다. (……) 이 우레와 같은 박수와 여러분의 함성이 전 국토와 민족에게 다 들릴 수 있도록 다시 한 번 큰 목소리로 외쳐봅시다. (……) 우리가 민족민주화 횃불대행진을 하는 것은 이 나라 민주주의의 꽃을 피우고, 이 횃불과 같은 열기를 우리 가슴속에 간직하면서 우리 민족의 함성을 수습하여 남북통일을 이룩하자는 뜻이며, 꺼지지 않는 횃불처럼 우리 민족의 열정을 온 누리에 밝히자는 뜻입니다. 이런 뜻에서 우리 광주시민, 아니, 전남도민, 아니, 우리 민족 모두가 이 횃불을 온 누리에 밝히기 위해 이 자리에 모인 것입니다……."

5월 16일 도청 앞 대중집회에서 박관현은 그의 생애 마지막 연설을 하게 된다. 시민들은 관현이 도청 앞 분수대에 서기만 하면 관현을 연호했고, 연설이 시작되면 관현의 말 한마디도 놓치지 않으려고 숨을 죽였다.

관현은 5월 14일부터 시작된 대중집회에서 이렇게 '광주의 아들'로 거듭나고 있었다. "내일 도청 앞에서 만납시다."라는 관현의 한마디는 시민들 사이에서 꼭 지켜야 될 약속이 되었다. 사람들은 관현의 말을 기억하고 집회 시간이 되면 어김없이 도청 주변으로 모여들었다.

시민들은 관현의 듬직한 모습에 신뢰를 보냈다. 이 애국 청년을 통해 조국의 희망을 바라봤던 것이다. 이처럼 관현은 당시 항쟁의 불씨를 만드는 사람이었고, 항쟁의 나날 속에 '광주의 지도자'로 급부상한 중심인물이었다.

5월 15일 집회는 이튿날 횃불대행진을 기약하는 것으로 끝을 맺었다. 휴교령이 내리든 경찰이 저지하든 군대가 주둔하든, 시민과 학생들은 이 땅에 참된 민주주의가 이룩될 때까지 내일도 모레도 도청 앞에서 만나자고 다짐했다.

학교로 돌아온 전남대 학생들은 주간 대집회, 야간 횃불대행진, 반민족 5·16쿠데타 화형식 등 내일 있을 시위 준비에 여념이 없었다.

그렇게 분주했던 시간을 뒤로하고 5월 15일의 밤이 전남대 교정에 커튼처럼 드리워질 때였다. 피곤한 학생들은 여기저기 누워 고단한 잠에 빠져들고 있었다.

"저게 뭐지?"

"글쎄?"

자정 무렵, 군 지프차 5대와 군 트럭 6대가 무장한 군인들을 태우고 통행이 제한된 교정을 통과하고 있었다. 그러나 아무도 여기에 그리 큰 관심을 두지 않았다. 거의 다 잠에 혼곤히 빠져들어 있었기 때문이다.

이튿날인 5월 16일 횃불대행진에는 수천 수만의 광주시민이 함께했다. 시가지가 시민들로, 시민들이 치켜든 횃불로, 횃불과 함께 타오르는 구호로 가득 찼다.

"전두환은 물러가라!"

"정치 일정 단축하라!"

"비상계엄 해제하라!"

"노동삼권 보장하라!"

시위대는 횃불을 들고 광주 곳곳을 행진했다. 횃불을 들고 행진하는 시위 대열에 수많은 시민들이 따라붙었다. 거리는 이제 횃불의 바다가 되었다. 시민들이 횃불을 치켜들 때마다 짐채 같은 파도가 일렁거리는 것처럼 보였다.

　밤 10시, 모든 시위대가 도청 앞으로 모였다. 끝이 보이지 않을만큼 인산인해를 이룬 도청 앞은 하늘 높이 치켜든 횃불로 불야성을 이루었다.

　5·16쿠데타 화형식이 시작되었다. 도청 앞 광장에 박정희 등 쿠데타 주역들을 상징하는 허수아비가 세워지고, 먼저 학생들이 허수아비들에 횃불을 던졌다. 허수아비는 금세 불타올랐다. 다시 또 횃불을 던졌다. 불붙은 허수아비들이 차츰 재로 변해 하늘로 사라졌다. 이제 시민들이 환호하며 횃불을 던졌다. 우레와 같은 함성이 터져나오는 도청 앞 광장은 한낮처럼 밝았다. 마치 커다란 별 하나가 광장 한가운데에 떨어진 것 같았다.

　"그동안 수업을 팽개치고 행했던 학내외 집회와 시위, 특히 연사흘 동안 시민 여러분과 함께 진행한 시위와 도청 앞 집회를 통해서 민주화를 열망하는 우리의 뜻이 위정자들에게 충분히 전달되었으리라 믿습니다. 이와 같은 우리의 뜻과 요구는 최규하 대통령이 귀국하는 즉시 받아들여져야 할 것입니다. 그러나 만약 우리의 성스러운 요구가 지금까지와 마찬가지로 묵살될 때는 다시 수업을 중지하고 이렇게 투쟁할 것입니다. 만약의 경우 휴교령이 내려지면 이미 약속한 바와 같이 오전 10시 각 대학 정문 앞에 모여서 투쟁하고, 12시 정오에는 이곳 도청 앞으로 다시 집결하여 오늘처럼 투쟁할 것을 재차 약속합니다."

밤 10시 30분경, 관현의 연설을 끝으로 5월 16일의 역사적인 횃불대행진이 막을 내렸다. 관현의 제안에 따라 시민들은 만세 삼창을 하고 해산했다. 내일의 투쟁, 이 땅의 민주주의를 위한 투쟁에 바치는 만세였다.

바로 그 시각 청와대에서는 시국 관련 대책회의가 열리고 있었다. 최규하·전두환·이희성·신현확을 비롯해 관계 장관들이 서둘러 모였다. 이 긴급회의에서는 계엄 확대, 강경조치 등을 내용으로 하는 비상대책이 거론되었다. 강압적인 제안이 나오고 확정될 때까지 모든 것이 일사천리로 진행되었다. 이 과정에서 최규하 정부는 그저 허수아비 노릇만 하고 있었다. 신군부가 정권을 장악하려는 의도를 노골적으로 드러내고 있는데도 최규하 정부는 꼭두각시에 불과하다는 것을 자인하고 있었던 셈이다.

더는 멈출 수도, 뒤로 물러설 수도 없는 거대한 흐름이 이처럼 한날 한시, 두 장소에서 진행되고 있었다.

이 땅의 민주주의를 사수하려는 폭발적인 함성과 이 함성을 저지하고 무력화시키려는 반역사적인 음모. 1980년 5월 16일 광주의 밤이 평행선을 달리는 두 흐름을 지켜보며 고요히 깊어가고 있었다. 유난히 평온해 보이는 봄밤이었다.

피신

광주를 빠져나오다

"전남대학교 총학생회죠?"

1980년 5월 17일 오후 5시쯤, 총학생회실 전화벨이 요란스레 울렸다. 피곤에 지친 학생회 간부들은 잠시 쉬고 있던 참이었다. 관현도 총학생회실 구석에서 기획실 문건을 검토하고 있었다. 이날 오후 관현은 이 지역 농민운동가들과 만나 연대투쟁 방안을 찾기로 했다. 19일로 예정된 대규모 농민대회, 22일의 국민연합 지부 결성과 관련해서도 전남대학교의 입장을 정리해두어야 했다. 관현에게도 전화 통화 소리가 들렸다.

"뭐라구요? 다시 한 번 말씀해주세요."

전화를 받고 있는 총학생회 간부의 목소리가 떨렸다.

"정말이에요?"

관현이 고개를 들어 통화 중인 간부를 바라보았다. 총학생회실에 있던 사람들의 눈길이 그 간부에게로 쏠렸다.

"학생회 간부들이 다 끌려갔대요. 경찰이 이화여대 총학생회실을 급습했대요. 전국 55개 대학 총학생회장단 회의를 하고 있는데 경고도 없이 와서 학생회장단을 다 연행했대요. 아무래도 이상하다면서 우리도 빨리……."

관현은 벌떡 일어나 김상윤에게 당장 전화를 걸었다. 녹두서점의 김상윤 선배라면 서울 쪽 상황을 소상히, 재빠르게 알려주리라 생각했기 때문이다.

그러나 상윤도 자세히 아는 바가 없었다. 하는 수 없이 관현은 전화를 끊었다. 상윤이 여기저기 연락해보고 나서 연락을 주기로 했기 때문이었다.

관현은 불길한 느낌이 들었다. 손 놓고 있어선 안 된다는 생각이 들었다. 총학생회실과 기획실이 털리면 앞으로 투쟁을 기약할 수 없을 텐데. 관현은 먼저 학생회 간부들과 함께 몸을 피하기로 했다. 당장이라도 경찰이나 군대가 밀고 들어오면 속수무책으로 당하고 말 상황이었기 때문이다.

무등산 산장으로 몸을 피한 관현에게 상윤이 밤 10시쯤 전화를 걸어왔다.

"우선 학생회 간부들부터 전원 잠복하도록 해. 상황이 안 좋아."

상윤과의 전화를 통해서도 자세한 상황은 들을 수 없었다. 관현은 분산 피신을 원칙으로 학생회 간부들을 모두 피신시키기로 했

다. 의과대학 학생회장 김영휴와 관현은 무등산 산장에 그대로 남
고 다른 간부들은 시내에 각기 흩어져 숨기로 했다. 관현은 산장
주인에게 부탁해 라디오를 구했다. 사태를 정확히 판단하고 대응
책을 마련하기 위해서였다. 그러나 라디오는 먹통이었다. 산으로
에워싸인 곳이라 전파가 잘 잡히지 않는지 지지직거리기만 했다.
관현은 속이 새까맣게 타들어갔다.

거의 같은 시각, 최규하 정부는 찬반토론 없이 불과 8분 만에 비
상계엄 확대 선포안을 통과시켰다.

5월 17일 밤 9시 50분경, 학교에 남아 연락과 뒤처리를 맡고 있
던 총학생회 부회장 이승룡 일행은 비상계엄 확대 선포안이 통과
된 것과 거의 비슷한 시간에 학교 인근에서 체포당했다. 계엄군이
벌써 학교 주변을 에워싸고 있다는 사실을 몰랐기 때문이다.

관현이 붙들고 있는 먹통 라디오에서 드디어 소리가 나왔다. 그
러나 관현은 절망하고 말았다. 최규하가 '특별 성명'을 발표하고
있었기 때문이다.

특별 성명은 1980년 5월 17일 자정을 기하여 지역계엄을 전국
비상계엄으로 전환 선포한다는 내용이었다. 곧이어 계엄사령관 이
희성이 '포고령 10호'를 발표했다. '포고령 10호'는 모든 정치활동
의 중지, 언론·출판·보도·방송의 사전 검열, 대학의 휴교, 직장 이
탈과 태업·파업 행위 금지, 유언비어 날조 금지 등의 내용을 담고
있었다.

뚫어질 듯 라디오만 바라보는 관현의 몸이 부들부들 떨렸다. 드
디어 올 것이 왔다는 생각과 함께 탄압의 칼날을 여지없이 드러내

는 신군부에 대한 분노로 관현은 몸이 부서지는 고통을 느꼈다.

이때 관현의 머릿속에서는 두 가지 생각이 스쳐 지나갔다.

관현은 먼저 모든 상황을 자기 눈으로 직접 봐야 한다고 생각했다. 믿기지 않는 상황을 믿어야 했기 때문이다. 또 어떻게든 상원과 만나야 한다고 생각했다. 앞으로 무엇을 어떻게 해야 할지 머리를 맞대고 의논할 사람이 절실히 필요했다.

관현의 분노와 함께 야만적인 살육이 시작될, 17일 24시가 점점 다가오고 있었다.

5월 17일 24시. 전국 31개 대학과 136개 보안목표에 계엄군이 배치되었다. 광주의 전남대와 조선대에도 2군사령부의 작전통제를 받는 제7공수여단 4개 대대가 배치되었다. 또한 전국적으로 대대적인 검거선풍이 불었다. 김대중·예춘호·문동환·김동길·고은·리영희 등 많은 민주인사들과 유신 잔류세력인 김종필·이후락·박종규까지 연행되었다.

광주 지역에서는 녹두서점의 김상윤, 전남대 복적생협의회 의장 정동년, 전남대 인문대 학생회장 박선정, 전남대 자연대 학생회장 윤목현 등이 계엄사로 연행되었다. 제7공수여단 소속의 제33·35대 병력은 18일 새벽 1시 전남대와 조선대에 도착해 총학생회실·도서관을 비롯해 학교 곳곳에 있던 학생들을 무차별로 구타하고 연행해갔다.

이날 전남대·조선대·광주교대에서만 120여 명에 이르는 학생이 체포당했다. 마치 그물을 쳐서 확 낚아채듯, 말 그대로 무차별적으로 체포해간 상황이었다.

18일 새벽, 관현은 동이 트자마자 영휴와 함께 길을 나섰다. 택시를 잡아타고 전남대로 향하는 관현의 얼굴빛이 점점 하얗게 변했다. 택시에서 내다본 거리 풍경 때문이었다. 거리는 완전무장한 공수부대가 장악하고 있었다. 거리마다 일촉즉발의 긴장감이 흘렀다.

관현과 영휴는 뒷담을 넘어 학교 안으로 들어갔다. 교정은 벌써 군홧발에 점령당해 있었다. 믿기지 않았지만, 모든 것이 사실이었다. 그래도 관현은 더 확인하고 싶었다. 유린당한 학원을 두 눈에 낱낱이 새겨야 한다고 생각했다.

"잠깐만요!"

관현과 영휴가 몸을 숨기며 학생회관 쪽으로 가고 있을 때, 누가 관현을 불러 세웠다.

"당신, 총학생회장 아니오?"

관현을 불러 세운 사람은 두려움에 가득 찬 얼굴이었다. 전남대 교직원이었다.

"어서 나가시오. 여기 있다 잡히면 큰일입니다. 학교는 계엄군이 완전히 장악했어요. 지금은 총장도 아무 권한이 없단 말이오."

남자는 어쩔 줄 몰라 하며 관현의 등을 떠밀었다. 절대 잡혀선 안 된다는 절박감이 느껴지는 손길이었다.

관현과 영휴는 다시 학교 뒷담을 넘어 양강섭 일행이 피신해 있는 집으로 갔다.

전남대 총학생회 지도부는 강섭이 피해 있는 장소에서 임시 대책회의를 열었다. 강섭은 검거되지 않은 지도부는 물론 제2선의 지도부와도 연락이 닿지 않는다고 보고했다.

"그렇더라도 학생들이 모이기로 한 시각이 되면 우리가 앞장서야 한다. 남아 있는 사람들이라도 학생들과 함께해야 한다."

임시 대책회의의 마지막 결정이었다.

관현은 휴교령이 내려지면 그다음 날 오전 10시 교문 앞에 모이자는 약속을 지킬 것을 다시 한 번 확인하고 다시 길을 나섰다.

오전 8시, 교문 앞 집결을 두 시간 앞두고 관현과 김영휴·차명석은 들불야학의 공동방을 찾아갔다. 관현은 상원을 만나야 했다. 학생 지도부가 뿔뿔이 흩어진 지금 관현이 유일하게 만날 수 있는 사람이기도 했고, 상원이라면 책임감 있는 이야기를 나눌 수 있으리라 여겨졌다. 관현의 두 눈이 벌겠다. 방문을 두드리는 관현의 손은 돌덩어리처럼 무거웠다.

"형님, 접니다."

문을 두드리자마자 상원이 안에서 급히 튀어나왔다. 상원은 다짜고짜 관현의 손을 끌고 밖으로 나왔다. 관현과 이야기 나누기에는 이곳도 적합하지 않았던 것이다. 한시도 마음 놓을 수 없는 상황이라 상원은 사람들 눈을 피해 동네 공터로 관현을 데리고 갔다. 골목 어귀에서는 차명석과 김영휴가 초조한 얼굴로 주위를 살피고 있었다.

"형님, 어떻게 해야 합니까? 모든 연락이 끊겼습니다. 간부들은 전부 잡혀들어갔고 조직도 모두 와해된 것 같습니다. 이 순간 내가 무엇을 해야 하는지 말해주십시오, 형님!"

관현이 울부짖듯 물었다.

상원은 당장 입을 열지 않았다. 그저 관현을 바라보고만 있었다.

관현은 총학생회장이 된 4월 9일부터 한시도 쉴 수 없었다. 하루하루가 투쟁의 연속이었고 하루하루가 결단의 연속이었다. 관현의 그런 사정을 누구보다 잘 아는 상원은 관현의 초췌한 모습에 가슴이 아팠다. 관현에게 이 무거운 짐을 지워준 사람이 누구였던가?

"섣불리 행동하다가 체포되면 절대 안 된다. 상황을 지켜봐야 할 것 같아. 너는 놈들의 가장 큰 표적이기 때문에 절대 드러나면 안 돼. 일단 은신하면서 사태의 추이를 지켜보자. 그리고 학생들이 부르면, 시민들이 부르면, 그때 나서야 해. 놈들과의 싸움은 시작됐어. 하지만 상황은 결코 우리에게 불리하지 않아. 지난 15일 서울역 앞 시위나 광주의 도청 앞 시위를 생각해봐라."

먹먹한 표정으로 관현을 바라보고 있던 상원이 한참 만에 입을 열었다.

관현이 피가 맺히도록 입술을 꼭 깨물었다.

"형님, 가겠습니다. 몸조심하십시오."

"그래, 너도 몸조심하고, 잘 가라."

으스러질 듯 관현의 손을 움켜쥐고 있던 상원이 관현의 어깨를 밀었다. 이별도 오래 끌고 있을 처지가 아니었다. 상원은 관현과 영휴·명석의 뒷모습이 사라질 때까지 그 자리를 떠나지 못했다. 영원한 이별의 현장이었다.

5월 18일 오전 10시, 관현은 전남대학교 근처에 있는 전남대 교수 정정희의 집에 도착해 있었다. 정정희는 차명석의 매형이다.

관현은 상원의 말을 기억했다. 참아야 했다. 당장 정문 앞으로 달려나가고 싶어도 참아야 했다.

관현은 상황을 속속 보고받았다. 정문 앞에 500여 명의 학생들이 모였으나, 공수부대원들이 M16 개머리판과 곤봉으로 무차별 난타하는 바람에 많은 학생들이 부상당하고 연행됐다고 했다.

광주 시내 소식도 들어왔다. 교통은 완전히 마비됐으며, 시민들과 학생들이 곳곳에서 산발적인 시위를 벌여 시가지가 최루가스에 휩싸였다고 했다. 시민들은 경찰차와 파출소를 태우며 저항하고, 헬기까지 동원한 공수부대가 출동해 무자비하게 진압하고 있다고 했다.

오후 4시, 동명동 학생시위대의 투쟁을 마지막으로 조직적인 학생시위대가 완전히 해산된 것 같다는 소식이 들어왔다. 시위대보다 더 많은 수의 기동경찰과 공수부대가 광주 시내를 완전히 점령했다고 했다.

"광주는 더 이상 안전하지 않아. 우선 여기로 가서 피해 있게."

절망한 관현에게 정정희 교수가 종이 한 장을 내밀었다. 종이에는 여수 앞 돌산섬, 임해연구소의 주소가 적혀 있었다.

5월 18일 오후 4시경, 관현 일행은 광주를 떠나 돌산으로 가는 차에 올랐다. 돌산 임해연구소 근처에 있는 김철만의 집이 당분간 머무를 은신처였다.

서울로

비가 왔다. 하늘을 내려앉히고 땅을 들어올리기라도 할 것처럼 억수 같은 비가 쏟아졌다. 돌산 앞바다는 사방이 한 치도 내다보이지 않을 만큼 어두컴컴했다.

관현 일행은 5월 18일 밤, 여수 앞 돌산섬에 도착했다.

김철만의 집으로 가는 관현의 발걸음은 쇳덩어리라도 매단 것처럼 천근만근 무거웠다. 광주를 두고 왔다는 죄책감이 관현의 발목을 부여잡고 놓지 않았다. 하지만 관현의 가슴은 그보다 더 무거웠다. 눈물인지 빗물인지 관현의 얼굴은 온통 물 범벅이었다. 명석과 영휴의 얼굴도 마찬가지였다.

20일 새벽.

관현은 더는 견딜 수 없었다. 광주로 돌아가야만 한다는 생각에 사로잡혀 있었다. 관현은 영휴를 재촉해 김철만의 집을 나섰다. 지금 길을 나서면 늦어도 점심때쯤 광주에 도착할 수 있을 것 같았다.

"안 된다, 관현아!"

대문을 막 나설 때였다.

명석과 강섭이 불쑥 대문 안으로 들어왔다. 명석은 강섭을 데리러 광주에 나갔던 참이었다. 명석이 두 팔을 벌리고 관현과 영휴를 막아섰다. 앞뒤 사정을 듣지 않아도 관현이 광주로 나가려 한다는 걸 명석은 눈치채고 있었다.

"개죽음 당할 거야. 누구고 여기서 한 발짝도 나갈 수 없어. 살아야 하니까. 살아야 그다음 일을 감당할 수 있을 테니까."

명석은 단호했다.

정말 한 발짝도 나가지 못하게 하려는지, 명석이 어깻죽지를 더 쭉 펼쳤다.

"광주까지 제대로 나갈 수 있다는 보장도 없어. 광주에서 여기 돌산으로 들어오는 데만 사흘이 걸렸어. 게다가 너는 지명수배자 여서 나가자마자 검문에 걸리고 말 거야."

관현은 돌아설 수밖에 없었다. 죽는 것 따위, 잡히는 것 따위는 무섭지 않았다. 문득, 살아남아 할 일이 있으리라 여겨졌기 때문이다. 다 죽을 수는 없다는 생각이 들었다. 그랬다. 상원의 말처럼 지금은 죽기 위해 살아남아야 하지 않을까? 관현은 다시 발길을 돌렸다.

그러나 아무리 그렇더라도 견디자 해서 견뎌지는 일이 아니었다. 살아남은 자의 고통을 감내하는 것은 죽는 것보다 더 어렵고 버거운 일이었다. 관현은 술이 없으면 한순간도 견디기 힘들었다.

"사랑하는 내 친구들이 공수부대의 잔악한 만행에 쓰러져가고 있는데 나는 이렇게 살겠다고 도망치는 모습에 심한 혐오감이 들어 견딜 수가 없었다. 들어가는 건 술밖에 없었다. 코가 비뚤어지도록 술을 마셨다. 맨정신으로는 도저히 잠을 잘 수가 없었다. (……) 날이면 날마다 고통과 죄책감에 들어가는 건 술밖에 없었다."

훗날 강섭이 관현과의 동행을 회상하며 남긴 말이다.

1분 1초도 죄책감에서 헤어날 수 없었던 나날. 관현은 26일까지 돌산섬에서 머무르다가 27일 여수로 나왔다. 은신처가 알려졌다는 정보가 들어왔기 때문이다. 관현은 친구의 소개로 암태도를 거쳐 초란도로 가서 일주일을 보냈다. 하지만 거기도 안전하지는 않았다. 장기적인 은신처를 마련해야 했다. 관현이 여기저기 돌아다니며 신세지다가는 결국 주변 사람들마저 곤경에 빠뜨릴 게 분명했다. 관현은 서울에 살고 있는 친동생 관준을 찾아 나섰다. 1980년 6월 중순이었다.

"아이고, 네가 살아 있었구나! 네가 죽었다고 광주 사람들이 그리 흉흉한 말들을 해댔는데, 이렇게 살아 있었구나! 아이고, 아이고, 관현아!"

관현은 동생 관준의 집에서 큰누님을 만났다. 누님은 관현이 죽은 줄 알고 있었다. 관현을 끌어안는 누님의 손길에서 관현은 어머니의 온기를 느꼈다. 아, 어머니! 어머니도 분명 관현이 죽었다고 생각하고 있을 것이다. 하지만 어떤 연락도 취해선 안 될 상황이었다. 가슴을 저미는 슬픔이 밀려왔다.

관현은 제수씨가 소개해준 공릉동 친척집에서 한 달을 보냈다. 시장바구니나 여성용 손가방 등 매듭 제품을 하청받아 만드는 그 집에서 관현은 틈틈이 일을 도왔다. 하지만 아무리 열심히 일을 돕는다 해도 형편이 어려운 그 집에 오래 머물러 있긴 너무 염치없었다. 관현은 어떻게 해서든 자기 힘으로 생활을 꾸려가야 한다고 생각했다.

누님의 제안에 따라 삼양동 이모 집으로 거처를 옮긴 것은 계절이 한여름으로 치닫던 7월 중순이었다.

거처를 옮기는 날, 관현은 옷을 차려입었다. 그사이 더 해지고 낡은 상원의 양복이 마치 상원인 듯, 초췌하기 그지없는 관현을 꼭 감싸안았다.

삼양동 시절

삼양동 이모 내외는 막노동이나 리어카 장사로 생계를 꾸려가고 있었다.

관현은 다락방에 머무르면서 거의 하루 종일 책을 읽었다. 날마다 꼬박꼬박 일기도 쓰고 붓글씨 연습도 했다. 관현은 차츰 마음의 안정을 되찾아가는 듯했다. 불경과 성경을 읽는 것도 마음을 다스리기 위한 나름의 시도였다.

1981년 어느 날, 영광에서 슬픈 소식이 날아왔다. 할아버지가 돌아가셨다는 소식이었다. 관현은 마음을 잡을 수 없었다. 할아버지는 관현이 어린 시절 마음의 대들보였다. 관현은 광주에 살 때도, 공단을 누빌 때도, 도청 앞 분수대에 섰을 때도 할아버지를 잊은 적이 없었다. 할아버지의 가르침대로 살아가고자 노력하고 또 노력했다.

관현은 한동안 다락방에서 나올 수 없었다. 슬픔을 삭일 시간이 필요했다. 가슴 한구석이 뻥 뚫려 헛헛하기만 했다. 하늘 아래 이젠 할아버지가 계시지 않다고 생각하면 다리가 후들거려 바로 설 수조차 없을 만큼 관현에게는 견디기 힘든 여름이었다.

관현을 더욱 휘청거리게 만든 소식이 또 있었다. 윤상원 선배가

5월항쟁 때 전남 도청에서 전사했다는 것이었다. 관현은 뒤늦게 누나와 제수씨에게서 상원의 죽음을 전해 들었다. 어찌할 수 없는 슬픔에 눈물도 나오지 않았다. 헛구역질만 계속 나왔다. 관현은 울고 싶었다. 차라리 엉엉 울면 속이라도 시원해질 것 같았다. 그러나 어금니를 깨물어도, 주먹으로 벽을 쳐도, 눈물은 나오지 않았다. 관현은 말수가 더욱 줄어들었다.

세상을 태워버릴 것처럼 뜨거운 여름이 막바지로 향해가던 어느 날이었다.

"관현아, 이 신발 좀 버리자. 아, 그리고 그 옷 있지? 네가 만날 입고 다니는 그 닳아빠진 양복 말이다. 이참에 그것도 내다 버리자. 젊은 사람 입성이 그리 우중충해서 쓰겠냐? 이모가 내일 새 옷 한 벌 사올 테니, 알겠쟈?"

아침 장사를 위해 바삐 나가다가 신발장에서 관현의 낡은 신발을 발견한 이모가 말했다.

보아하니 이모는 관현의 낡은 구두를 내다 버리려는 것 같았다. 관현이 급히 이모 곁으로 다가가 이모 손에서 얼른 구두를 낚아챘다. 관현의 얼굴이 상기되어 있었다.

"이모, 이건 보통 물건이 아니에요."

관현이 말했다.

영문을 모르겠다는 듯 이모가 관현을 올려다보았다. 워낙 토를 다는 법이 없는 관현이 그러는 데에는 이유가 있을 거라는 생각이 들긴 했지만, 이따위 헌 구두에 집착하는 것이 영 마땅찮았다. 이모는 인상을 찌푸렸다.

"이 구두는 돌아가신 윤상원 선배의 구두입니다. 양복도 그 형님 것이고요. 이모, 상원 선배는 저와 형제처럼 지냈어요. 욕심도 없고 정직하기만 한 그분은 오직 한길만 걸었어요. 그분은 가난한 사람들을 위해 헌신하다가, 광주항쟁 때 도청에서 총을 들고 공수부대와 싸우다 죽었습니다. 나는 상원 선배를 절대 잊을 수 없어요. 나뿐만 아니라 모든 광주 사람들이, 이 세상 모든 사람들이 상원 선배를 길이길이 기억할 거예요. 그런데 어떻게 그분의 유품이 낡았다고 버릴 수 있겠어요? 이모, 나는 오히려 영광이라고 생각해요. 선배의 신발과 옷을 내가 신고 입고 다닐 수 있어서요. 나는 돌아가면 꼭 형님의 부모님을 찾아뵐 거예요. 아니, 내가 모실 거예요. 형님의 어머니, 아버지는 내 어머니, 아버지나 마찬가지니까요."

관현이 말했다.

목이 메는 듯 관현이 침을 삼켰다. 이모는 아무 말도 할 수 없었다. 공연히 관현의 아픈 곳을 건드렸다는 생각에 이모는 당혹스럽기만 했다.

관현의 이런 모습은 때로 고집스럽게 비치기도 했다. 한 번은 관현이 피부병에 걸려 고생한 적이 있었다. 속옷마다 피가 묻어나는 걸 보고 이모가 병원에 가자고 했지만, 관현은 번번이 흘려들었다. 그런 관현이 미련퉁이처럼 보여 하루는 이모가 쏘아붙였다.

"하루 병원 가서 치료하면 나을 것을 왜 그렇게 사서 고생을 한다니?"

"이모, 이 정도도 못 참으면 사람도 아니지요. 총에 맞아 죽고 끌려가서 고문당한 친구들도 있는데, 겨우 이 정도 아프다고 병원 출입이나 하면……."

관현이 빙그레 웃으며 대답하자 이모가 혀를 끌끌 찼다.

나를 대신해 죽어간 사람들, 나를 대신해 총을 들고 싸운 사람들……. 관현의 마음은 늘 이 지점에 머물러 있었다. 결코 없어지지 않을 부채의식이 관현의 가슴에 쌓여가고 있었다.

1981년, 관현의 하루하루는 자신과의 싸움이었다. 죄책감과 부끄러움에서 벗어나야 했고, 회한과 후회에 찌들어 지내는 삶에서 자신을 구해내야 했다. 상원 형이 자신에게 바란 모습은 이게 아니었을 것이다. 죽은 자의 몫까지 살아내야 한다는 것은 결코 이게 아니었을 것이다.

관현은 삶을 부여잡아야 한다고 생각했다. 삶 속에서 살아야 할 이유를 찾고 삶 속에서 방안을 찾아야 했다. 이렇게 마음을 고쳐먹으니 주먹이 불끈 쥐어졌다. 비 온 뒤에 땅이 굳는다고, 관현의 마음도 다시 서서히 단단해졌다. 단단해진 마음결에 바람인 듯 상원의 한마디가 새삼스럽게 다가왔다. 죽기 위해 살자. 다락방의 공기가 유난히 후텁지근하던 1981년 봄의 끝 무렵이었다.

관현은 이모부가 소금 장사를 시작하자 따라나서겠다고 했다. 이모는 극구 만류했다. 귀하게 자란 조카가 이런 일을 해봤을 리도 없을뿐더러, 더구나 조카는 수배 중이지 않은가? 행여 잘못되기라도 하면 두고두고 후회할 일이었다. 이모가 고개를 흔들었다. 절대 허락하지 않겠다는 뜻이었다.

"이모, 저라고 장사 못하라는 법 있나요? 걱정하지 마세요. 조심하고 또 조심할 테니까요."

관현이 거듭 부탁하자 끝내는 이모도 허락하고 말았다. 관현은 그날로 장사에 나섰다. 관현이 따라붙어서인지 소금도 훨씬 더 많이 팔렸다. 그런데 얼마 뒤 이모부가 몸져눕고 말았다. 이모부는 장사는커녕 일어설 기운조차 없어 보였다. 한동안 장사를 못하고 집에서 쉬어야 할 것 같았다.

"어떡하나……? 하루 벌어 목구멍에 풀칠하는 형편인데."

이모가 한숨을 폭 내쉬었다.

"어떡하긴요. 이모는 이모부나 잘 돌보세요. 제가 혼자 나가서 소금을 팔아볼래요."

관현이 불쑥 답을 내놓았다.

"무슨 소리냐? 나중에라도 만약 네 엄마가 알면 난리 난다. 어차피 이렇게 됐으니, 너도 장사 생각일랑 다 접어라. 알았지?"

"이모, 사람이 일을 해야 힘도 나고 보람도 느끼는 법이에요. 제가 다 알아서 할 테니 이모는 아무 걱정 마세요."

관현은 그날부터 혼자 리어카를 끌었다.

소금 사라고 외치는 관현의 목소리가 구성졌다. 관현은 골목을 누비며 그해 늦은 봄 내내 혼자서 소금을 팔아 이모네 살림에 보탬을 주었다.

소금 장사가 익숙해지자 관현은 모기장 치는 장사를 시작했다. 여름으로 접어들면서부터는 소금 장사보다 모기장 치는 장사가 훨씬 나았다.

"모기장 칩니다. 모기장 쳐요."

관현은 이렇게 일상의 삶 속으로 묵묵히 걸어 들어갔다.

광주에 대한 죄책감, 부채의식, 살아남은 자의 부끄러움이 자신을 실의와 낙담에 빠뜨릴 때마다 관현은 더 큰 목소리로 외쳤다. 소금 팝니다, 소금! 모기장 칩니다, 모기장!

끝없이 이어진 골목길을 누비던 외침은 어쩌면 거듭 일어서고자 했던 관현의 안간힘이었을 것이다. 질기디질긴 좌절과 고통을 일상의 분주함으로 끊어내고자 했던 몸부림. 그것은 80년 5월을 단 한순간도 잊을 수 없었던 관현의 분투였을 것이다.

관현이 삼양동 이모 집에서 1년 가까이 기거할 무렵, 관현의 외삼촌으로 관현보다 세 살 아래인 이동우가 몇 번 관현을 만나러 왔다. 막 서울에서 살기 시작한 동우가 누님을 찾아오는 것이라 조금도 의심받을 이유가 없었다. 중고등학교 시절을 관현과 함께 지낸 동우는 일부러라도 관현을 보러 가끔 삼양동에 들렀다. 동우는 관현과 바둑을 두거나 이런저런 이야기를 나누다 돌아가곤 했다.

"관현이는 워낙 말수가 적었어요. 토론할 때는 끝장을 보는 성격이지만 평소엔 과묵한 편이지요. 1981년 봄에서 여름 사이, 관현은 부쩍 더 말이 없어졌어요. 그런데 어느 날 관현의 표정이 무섭게 변하는 모습을 봤지요. 얼마나 쌓인 게 많으면 저럴까 싶어 끔찍했어요."

동우가 관현과 함께 텔레비전을 보던 어느 날의 일이다.

그날도 소금을 팔고 들어온 관현은 늦은 저녁을 먹고서야 동우와 자리를 함께했다. 방 안에 켜둔 텔레비전에서는 막 뉴스가 시작되고 있었다. 밤 9시를 알리는 시보와 함께 전두환이 뉴스 첫 화면에 등장했다.

"끄자."

관현의 눈치를 살피며 동우가 말했다.

관현은 말없이 고개를 흔들었다. 두 눈은 텔레비전 화면에 고정되어 있었다. 관현의 침묵에 동우도 그저 텔레비전 화면만 멀거니 바라보고 있었다.

"내가 죽었어야 해. 내가 죽었어야 해."

얼마 후, 관현이 읊조리는 소리가 들려왔다.

동우는 힐끗 관현을 훔쳐봤다. 옆에 있는 사람 들으라고 하는 말은 아니었다. 무심결에 흘린 말. 동우는 관현의 혼잣말이 무서웠다.

무슨 생각을 하고 있는 걸까? 동우는 관현의 눈빛과 목소리, 산처럼 버티고 앉은 모습에서 관현의 번뇌를 보았다. 관현의 마음 깊은 곳에 자리한 자책과 분노가 얼마나 큰지 본 것이다.

동우는 안타까웠다. 돌아가지 못하고 있는 자의 고통, 살아남은 자의 고통이 어떤 것인지 조금은 알 것 같았다. 마음 같아서는 당장 관현의 어깨라도 끌어안아주고 싶었다.

이렇게 생채기가 곪고 다시 아물어가는 나날이었지만 관현은 힘든 것을 쉽사리 내색하지 않았다.

관현은 이모 집에 있으면서 동네 약수터를 자주 찾았다. 해가 져도 약수터 먼저 후딱 다녀와 저녁을 먹을 정도였다. 본디 운동을 게을리하지 않는 편이기도 했지만, 산을 오르면서 땀을 흘리면 제안에 있는 것들을 삭일 수 있었기 때문이다.

관현은 약수터에서 낯을 익힌 사람들과 이내 친해졌다. 관현은 나이 지긋한 사람들과 막걸리를 마시기도 하고 화계사 입구까지 내려가 저녁을 함께 먹기도 했다.

"당신은 말하는 것이 꼭 성인군자 같소."

"배우기만 했으면 큰사람이 됐을 텐데."

관현과 자리를 같이한 사람들은 한결같이 관현의 됨됨이를 칭찬했다. 관현도 자주 만나는 어른들을 허물없이 대했다. 술에 취한 어른을 집까지 업어서 데려다주고 그 집에서 자고 온 적도 있었다.

그러나 끝내 사달이 나고 말았다. 관현을 수상쩍게 여긴 누군가가 신고를 한 것이다.

그날도 관현은 약수터에 올랐다. 그런데 이상했다. 약수터 바로 아래, 차가 올라올 수 있는 평평한 곳에 검은 승용차 서너 대가 주차되어 있는 것이었다. 평소 그런 일이 없었기 때문에 관현은 순간적으로 위기감을 느꼈다. 멀리서 보니 약수터에도 낯선 사람들이 서성거리고 있었다. 돌아 내려가면 더 수상쩍어 보일 것 같아 관현은 천천히 옆길로 방향을 틀었다. 약수터에서 서성이던 낯선 사람 가운데 한 명이 관현에게 다가오는 것이 보였다. 관현을 보고 다가오는 게 분명했다.

천천히, 천천히, 관현은 숨을 골랐다. 도망칠 길을 확보해야 했다. 거미줄처럼 얽힌 산길들이 관현의 머릿속에 그려졌다. 관현이 숨을 멈추고 자기 쪽으로 다가오는 사람을 힐끗 바라봤을 때였다.

"잡아라!"

다급한 외침과 함께 약수터에 몰려 있던 사람들이 한꺼번에 관현을 향해 달려오기 시작했다. 관현은 숨이 턱까지 차올라 도저히 더는 뛰지 못할 때까지 죽을힘을 다해 달렸다. 나무뿌리에 걸려 넘어지고서야 관현은 "헉!" 하고 긴 숨을 토해냈다. 관현은 그제야 자신이 어두운 산길 한복판에 있다는 것을 깨달았다. 하지만 되돌아갈 수는 없었다. 지금 당장은 나가면 안 될 것 같았기 때문이다.

관현은 그날 밤을 산속에서 보냈다. 죽도록 뛴 탓일까? 실로 오랜만에 관현은 깊은 잠을 잘 수 있었다. 선선한 바람과 소나무에서 풍기는 상쾌한 냄새가 관현을 감싸주었다. 깨어 일어나니 어머니 품에 안겨 단잠을 자고 난 기분이었다.

"이모님, 이모님!"

관현의 이모는 깜짝 놀랐다. 간밤에 관현이 들어오지 않아 불안하기 짝이 없었는데, 새벽녘 창문 너머로 관현의 목소리가 들려왔기 때문이다. 관현이 상처투성이가 된 채 창가에 서 있었다.

"곧 저를 잡으러 올 거예요. 지금 바로 가야 돼요."

관현은 이모에게 1년 전 들고 온 가방에 팬티 몇 장과 셔츠 몇 벌만 챙겨달라고 했다.

"제가 없으면 아무 일도 없을 테니, 걱정 말고 계세요. 자리 잡으면 바로 연락드릴게요."

낡은 가방을 건네받은 관현이 별일 아닌 것처럼 무심히 말했다.

관현은 이모 집에 처음 오던 그날처럼 훌쩍 집을 나섰다. 아침이라도 먹여 보내야 하는 것 아닌가 하면서도 서둘러 조카를 떠나보내야 하는 이모 마음은 애잔하기 그지없었다. 이모는 관현의 뒷모습이 보이지 않을 때까지 꼼짝도 하지 않았다. 부디 무사하기만을 바랄 뿐이었다.

체포

1981년 9월, 관현은 육군사관학교가 있는 공릉동 요코공장에 취직한다. 관현의 제수씨가 소개한 화랑섬유는 제수씨의 육촌 오빠뻘 되는 유희표가 운영하는 소규모 영세사업장이었다.

관현은 이곳에서 먹고 잤다. 아침 8시부터 저녁 7시까지 일하고, 일이 끝나면 잔업을 하거나 숙련공에게서 기술을 배웠다. 관현은 첫달 급여로 12만 원을 받았다.

워낙 사람을 좋아하는 성격인 데다 들불야학에서 경험한 바가 있어서 관현은 즐거이 공장 생활을 했다.

화랑섬유 노동자였던 김원호의 말을 토대로 그 무렵 관현의 모습을 그려볼 수 있다.

"건욱이(당시 관현의 가명)는 나보다 한 살 아래였지만 나를 깍듯이 형님이라고 불렀어요. 그런데 건욱이는 우리랑 잘 어울리면서도 조금 이상한 구석이 있었어요. 요코일을 천한 일로 여기는 분위기 때문에 이곳에서 일하는 사람들 80퍼센트 이상이 국졸이었거든요. 그런데 고등학교까지 나왔다는 사람이 이 일을 한다고 찾아왔으니 이상할 밖에요. 행동거지도 우리와 달랐어요. 건욱이는 무척 부지런했어요. 아침 일찍 일어나 공장 주변을 다 쓸어놓고는 육사 정문까지 뛰어갔다 오곤 했지요."

김원호는 관현과 많은 추억을 쌓았다고 했다.

"건욱이가 온 뒤로 공장 분위기가 좋아졌어요. 야유회도 가고, 음악 감상실도 같이 가고, 매일같이 술 마시러 다니기도 했죠."

김원호는 관현과 다툰 적도 있다고 했다.

"1981년 겨울, 건욱이랑 동네 슈퍼마켓에 물건을 사러 갔다가 거기 근무하는 아가씨를 알게 됐어요. 같이 몰려다니던 우리 무리랑 그 아가씨 무리랑 친하게 지냈죠. 나도 기혼이긴 했지만 별 생각 없이 어울렸어요. 그런데 어느 날 건욱이가 할 말이 있다며 나를 불러내는 거예요."

김원호가 다른 동료들과 어울려 한참 아가씨 무리를 만나고 다닐 때였다고 했다.

"형님, 양심을 지켜요. 형님에겐 형수가 있지 않소. 그런데 그렇게 다른 여자를 만나고 다니면 양심을 저버리는 거나 마찬가지요. 죄를 짓는 거나 마찬가지라구요."

관현의 지적에 김원호는 얼굴이 빨개졌다고 했다. 크게 잘못한 일은 없지만 변명이라도 하고픈 심정이었다고 했다.

"야, 인마! 너 혼자 양심 지키고 산다고 이 세상이 밝아지기라도 하는 줄 아냐? 이만한 일로 너처럼 생각하는 사람 아무도 없다. 시대가 옛날과 다르다고."

"형님, 그렇지 않습니다. 세상이 아무리 더럽다 해도 거기에 휩쓸리면 안 돼요. 나 하나, 아니, 우리만이라도 양심을 지키고 살아간다면, 우리 세대에 좋은 세상이 오지 않더라도 우리 자식들 세대에는 반드시 좋은 세상이 옵니다."

원호는 관현의 말이 고지식하게 느껴졌지만 아무 대꾸도 못했다고 했다. 원호를 힐난하거나 비난하려고 하는 말이 아니라 그저 원호를 위해서 건네는 애틋한 충고라는 것을 알았기 때문이다. 원호는 누구에게든 헌신하고 남을 배려하는 관현의 평소 태도 때문에 한마디도 허투루 들을 수 없었다고 했다.

관현이 공장 생활에 적응해가고 있던 어느 날, 관현은 을지로 부근을 지나다 우연히 대학 후배 엄태주를 만났다.

두 사람은 하도 반가워 얼싸안았다. 태주도 관현도 듣고 싶은 이야기, 하고 싶은 이야기가 너무 많았다. 명동에 있는 빈대떡집으로 들어간 두 사람은 자리 잡고 앉자마자 말을 쏟아냈다. 주로 관현이 물으면 태주가 대답하는 식이었다.

들불야학 형제들은? 총학생회 간부들은? 기획실 간부들은? 상원 선배는? 상윤 선배는? 관현의 질문은 끝이 없었다.

태주는 5월항쟁 당시의 상황을 자기가 겪고 들은 대로 소상히 이야기했다. 태주 자신이 상무대 영창에서 겪은 엄청난 고통을 비롯해 광주교도소에 수감된 동지들, 장렬히 전사한 윤상원 선배, 머리에 관통상을 입고 산화한 박용준, 상무대 영창에서 자실을 시도하다 뇌를 다쳐 좌수족 불구에 정신병 환자가 되어버린 김영철, 도청에 들어갔다가 많이 죽거나 다친 들불야학 형제들 소식을 전해주자 관현은 고개를 들지 못했다.

관현의 눈시울이 붉어졌다. 관현은 바들바들 손을 떨다가 툭 떨어뜨렸다. 몸을 제대로 가누기 힘든지 식탁 모서리를 꽉 부여잡았다. 관현은 한참을 말을 잃은 채 앉아 있었다. 태주도 말없이 앉아 있었다. 되돌아볼수록 가슴 저미는 기억뿐이었다.

그 뒤로 두 사람은 몇 번 더 만났지만, 1982년 1월 1일을 끝으로 더는 만나지 않았다. 관현이 연락을 끊은 것이다.

태주와 만나면 관현은 고뇌의 한가운데로 빠져드는 듯했다. 태주를 만나고 온 날이면 관현은 평소와 달리 흐트러진 모습을 보이기도 했다.

그 무렵의 관현을 김원호는 이렇게 기억했다.

"어느 날, 다들 술을 좀 거나하게 마셨어요. 건욱이와 나는 냉방에 들어가 잠자리에 들었지요. 나는 너무 취해서 건욱이가 어떤 상태인지도 몰랐어요. 그냥 쓰러져 잠들어버렸으니까요."

얼마쯤 지났을까? 원호가 목이 타서 눈을 떠보니 시커먼 물체 하나가 앞에 버티고 앉아 있었다. 그 물체가 사람이라는 것을 알게 된 것은 물체가 들썩거리며 울음을 뱉어냈기 때문이었다.

"건욱이였어요. 건욱이가 쭈그려 앉은 채 창문을 올려다보며 울고 있는 거예요. 가슴이 철렁 내려앉더군요. 그런 모습은 한 번도 본 적이 없으니까요. 건욱이는 한참을 그러고 있었어요. 나도 어쩌지 못하고 그냥 있었지요. 생각해보세요. 덩치가 커다란 사람이 서럽게 흐느끼고 있는 모습을 보면 아무도 끼어들지 못할 거예요."

잠시 후 원호가 무릎걸음으로 관현에게 가만히 다가갔다. 아무래도 관현을 진정시켜야 할 것 같았기 때문이다.

"왜 우냐고 물었더니 괜찮다고 대답하더군요. 그러고는 바로 잠자리에 들었어요. 나한테 우는 모습을 보이고 싶지 않나 보다 생각했죠. 그런데 이불 속으로 들어가서도 건욱이는 계속 소리 죽여 울었어요."

태주와의 만남은 애써 가라앉혀놓은 관현의 생각과 기억들을 다시 수면 위로 떠올리는 계기가 되었다.

관현은 '그들이 왜 죽었는가?'를 다시 생각했다. '그들이 왜 목숨을 바쳤는가?'를 다시 생각했다.

관현은 자기가 "옳다고 생각되는 것을 위해서라면 목숨까지 바쳐야 한다."고 말했던 것을 기억했다. 그것이 "참되게 사는 길"이라고 말했던 것을 기억했다.

관현은 생각했다. 그들은 사람이 주인 되는 세상, 사람이 희망인 세상을 만들기 위해 죽었을 것이다. 참되게 사는 것이 무엇인지, 어떻게 사는 것인지, 너무나 잘 알기에 마땅히 죽음을 택했을 것이다.

관현은 이렇게 죽은 사람들을, 지금도 자신의 모든 것을 다 바쳐가며 싸우고 있는 사람들을 생각했다. 그러고 나서 관현은 다시 또 생각했다. 나는 왜 그날 그 시각 그들과 함께 있지 못했는가? 나는 지금 무엇을 하고 있는가?

관현은 말수가 더욱 줄어들었다. 그즈음에는 일을 끝내고 책을 보는 시간이 많아졌는데, 어느 날은 무슨 책이냐고 묻는 동료에게 "꿈속에서 친구들이 독서하라고 해 책을 본다."며 무심결에 의미심장한 말을 던지기도 했다.

관현은 때때로 이 지독한 괴로움을 술로 달랬다. "나는 숨어 사는 놈"이라는 푸념 어린 말을 독백처럼 내뱉기도 했다.

"나는 꿈에서 수없이 전두환과 싸워 이긴다. 전두환이 나를 제일 무서워할 것이다."라는 당시 관현의 말에서 우리는 그 무렵 관현이 얼마나 큰 상실감에 젖어 살았는지, 5월에 대한 부채감에 얼마나 시달리고 있었는지 짐작할 수 있다.

관현과 친한 몇몇 직장 동료, 특히 문장식과 김원호는 관현이 학생운동 때문에 숨어 지내고 있다는 사실을 눈치챘다. 그렇지만 더 파고들거나 알려고 하지 않았다. 오히려 자기들이 그 사실을 알고 있다는 것을 관현이 눈치채지 않도록 매사에 조심했다. 관현을 지켜주고 싶은 한결같은 마음 때문이었다. 관현에 대한 바위 같은 믿음이 어렵고 힘든 그 시기 관현을 붙잡아주고 있던 유일한 버팀목이었을 것이다.

1982년 4월 5일, 화랑섬유 노동자들이 점심을 먹으려고 식당에 들어서고 있었다.

식당 한쪽에 놓인 텔레비전 화면에 부산 미문화원 사건의 주동자인 김현장·문부식의 얼굴이 비치고 있었다. 방송은 1982년 3월 18일에 일어난 부산 미문화원 방화사건의 주동자로 김현장과 문부식이 공개 수배되었다고 보도했다. 식당에 들어서던 노동자들의 눈길이 자연스레 텔레비전으로 쏠렸다. 그들이 자리를 잡고 앉느라 식당은 다소 부산스러웠다. 관현도 자리를 잡고 앉았다.

그때였다. 식당 한쪽이 소란스러워졌다. 5월 광주항쟁으로 지명수배된 관련자들 이름이 한 명 한 명 불리면서 관현의 얼굴이 텔레비전 화면에 대문짝만 하게 나왔기 때문이다. 수배자들의 간단한 신상 명세와 함께 현상금 내역이 공개되었다. 식당은 더 소란스러워졌다. 그러나 관현은 꼼짝하지 않았다. 그저 평소처럼 밥숟가락을 챙겨 동료 자리에 놓아주고 있을 뿐이었다. 묵묵히 밥 한 그릇을 다 비운 관현은 오후 근무를 위해 지하실 공장으로 들어갔다.

오후 일과도 평상시와 똑같이 진행되었다. 관현은 아무 내색도

하지 않았다. 저녁 식사 시간이 되자 관현은 천천히 밥을 먹었다. 무슨 생각을 하고 있었던 것일까? 돌발 상황에 대비할 시간 여유가 충분했는데도 관현은 돌처럼 앉아 밥을 먹고 있었다.

다른 동료들보다 조금 먼저 식사를 마친 관현이 식당을 나설 때, 공장 정문 안으로 낯선 사람들이 들어서고 있었다. 그들을 본 관현의 얼굴에 순간적으로 안도감 같기도 하고 체념 같기도 한 표정이 얼핏 스쳐 지나갔다.

관현을 발견한 경찰관 두 명이 관현에게 천천히 다가왔다.

"박건욱 씨가 누구요?"

"내가 박건욱인데, 왜 그러십니까?"

"파출소로 좀 갑시다."

관현은 경찰관의 동행 요구에 순순히 따랐다. 뿐만 아니라 자기가 지명 수배 중인 전남대 총학생회장이라고 밝히기까지 했다.

관현을 신고한 최행락·이순분은 그저 현상금을 탈 목적이었겠지만, 어쨌든 이들의 신고로 23개월에 걸친 관현의 피신 생활은 끝을 맺었다.

사실 관현의 오랜 잠행은 스스로 선택한 고난의 길이었다. 그는 항상 돌아가야 한다고 생각하고 있었다. 하지만 돌아가야 한다는 당위보다 관현에게 더 중요한 문제는 어떤 모습, 어떤 생각으로 돌아가야 하는가였다.

관현은 80년 5월이 그대로 스며 있을 광주로 돌아가기 위해서는 늘 참고 견뎌야 한다는 생각을 하고 있었다. 그러므로 어떤 고난이나 고통도 마땅히 받아들이고 또한 극복해가야 한다고 생각했다.

관현에게는 그래서 투항이라든가 자수는 용납할 수도, 용납해서도 안 되는 금기의 단어였다.

광주로 돌아가기 위해, 죽음으로 항거한 자들에게 떳떳이 돌아가기 위해, 돌아갈 수 없는 머나먼 길을 걷고 또 걸어온 관현의 표정이 경찰관과 동행하면서도 그리 어둡지 않았던 까닭은 아마도 이런 선택의 과정, 잠행 기간 동안 더욱 굳어진 결의가 있었기 때문일 것이다.

1차 단식

장면 1

"이 쌍놈의 새끼! 누구를 죽이려고 흉기를 만들어? 너 오늘 한번 죽어봐라."

1982년 1월, 광주교도소 시무식이 열리는 날이었다.

기결 4사 독방의 어느 독거수가 보안과 사무실로 끌려가 초죽음이 되도록 얻어맞고 있었다. 교도관들은 그를 머리끝에서 발끝까지 자근자근 짓밟았다. 공벌레처럼 몸을 웅크리고 있던 독거수가 곧 사지를 내려뜨렸다. 독거수의 눈은 반쯤 풀린 상태였다.

교도관들은 더 흥분했다. 직성이 풀리지 않았기 때문이다. 하마터면 독거수가 만든 흉기에 찔려 죽었을지도 모른다는 생각에 교도관들은 몸을 떨었다. 곧 분노가 치밀어 오르더니 그들 손에 쥐어진 곤봉이 천장을 향해 다시 곤두섰다. 사선을 긋는 것처럼 곤봉이 방 한가운데를 세차게 훑고 내려갔다.

교도관들은 독거수와 함께 칼을 만든 공범들까지 기어이 찾아내고야 말았다. 다시 죽도록 패고 또 패고……. 날밤을 새우고 나서야 그들은 독거수들을 포승줄에 묶고 수갑까지 채워 다시 감방에 패대기쳤다. 죄수들에게는 각각 징벌 2개월씩의 조치가 내려졌다. 그중 맨 처음 붙잡아온 독거수는 미결 2사 독방에 처넣었다.

"굶겨 죽이지 않은 것만도 다행이라고 생각해."

미결 2사에 갇힌 독거수는 매일매일 짐승같이 살아야 했다. 포승줄에 묶인 채 서 있을 수도, 앉아 있을 수도, 누워 있을 수도 없는 상태로 하루 24시간을 견뎌야 했던 것이다. 게다가 이가 덜덜 떨릴 만큼 독방은 추웠다. 바닥에 까는 가마니마저 거둬가버려서, 뼛속까지 스며드는 냉기에 내장까지 얼어붙는 것 같았다.

독거수는 당장이라도 혀를 깨물고 죽고 싶었다. 그것만이 자기가 편안하게 쉴 수 있는 길이라고 여겨졌다. 하지만 차마 혀를 깨물고 죽을 용기가 없었다. 죽지 못해 살아야 하는 자신이 미치도록 밉고 또 미웠다.

'밥 먹을 때만이라도 포승줄을 풀어줬으면…….'

그러나 가당치도 않은 바람이었다. 행여 이런 욕심을 내색했다가는 또 무슨 봉변을 당할지 모르기 때문이었다.

독거수는 한 줌도 안 되는 밥알을 삼키기 위해 고갯짓을 하기 시작했다. 마치 한 마리 개가 주둥이를 밥그릇에 밀어넣는 것 같았다. 손과 다리를 제대로 쓰지 못하니 밥알 몇 개 입속으로 밀어넣기가 죽기보다 더 힘들었다. 밥알을 삼킬 때마다 그의 입안으로 눈물이 가득 흘러들어왔다.

대소변조차 제대로 가리기 힘든 상황에서 독거수는 두 달을 보내야 했다. 하지만 그 뒤에도 그의 팔목에는 여전히 알루미늄 특수 수갑이 채워져 있었다. 아직도 정신을 차리지 못했다는 것이 교도소 쪽의 주장이었다.

장면 2

"오늘도 밥을 못 먹었냐?"

"삼킬 수가 없어요. 밥이 들어가면 배가 뒤틀려서 견디지를 못하겠어요."

관현이 기정도와 통방을 하고 있었다. 관현은 당장이라도 뛰쳐나가고 싶었다. 후배 기정도가 벌써 며칠째 밥 한 숟갈 먹지 못하고 있었기 때문이다. 교도관에게 아무리 말해봐야 소용없었다. 교도소 쪽은 선심이라도 베푸는 것처럼 소화제 몇 알 던져주고는 그만이었다. 정도는 가족이 넣어준 우유 몇 모금에 의지해 겨우 버티고 있었다.

기정도는 1981년 3월 경찰에 체포될 때 십이지장궤양으로 입원 치료를 받고 있었다. 처음부터 구속이 불가능한 중환자였던 것이다. 그러나 광주교도소는 기정도를 병사로 들여보내기는커녕 미결 2사 독방에 가두었다.

"정도가 이상해요."

"이대로 놔두면 죽을 것 같아요."

"나쁜 놈들! 아예 처음부터 죽일 작정이었던 거야."

정도가 수감된 방에서 오전 내내 아무 소리도 들리지 않자 미결 2사 독방이 수런거리기 시작했다. 이름을 불러보고 외쳐봐도 정도는 신음 소리조차 내지 않았다.

"교도관, 교도관!"

관현이 감방 문을 두드려대자 미결 2사의 모든 방에서 문을 두드려댔다.

"이 나쁜 놈들아! 정도가 죽어가고 있단 말이다."

한참 뒤에야 나타난 교도관이 기정도의 방문을 열어젖혔다. 교도관들이 웅얼거리는 소리가 감옥 바닥에 깔려 낮게 들려왔다. 관현은 불안했다. 무슨 일이 벌어질 것만 같았다.

관현의 머릿속으로 누구보다 열심히 싸우던 정도의 모습이 파노라마처럼 지나갔다. 관현은 정도가 5월항쟁 때 시민군이 획득한 지프를 타고 다니며 희생자들의 관을 준비하는 등 도청 투쟁 지도부의 온갖 잔일을 도맡았다고 들었다. 5월항쟁 뒤에도 5월의 참상을 널리 알리기 위해 열정적으로 투쟁해왔다고 들었다.

관현은 당장이라도 감방 문을 때려부수고 나가고 싶었다. 정도가 어떤 상태인지 자신의 두 눈으로 직접 확인하고 싶었다. 만약 정도에게 무슨 일이라도 생긴다면 절대 용서하지 않으리라. 관현은 입술을 꽉 깨물었다.

관현은 1982년 4월 16일, 그를 숨겨준 요코공장 화랑섬유 주인 유희표와 함께 광주교도소에 수감되었다. 미결 2사 독방이 앞으로 그가 생활할 장소였다.

관현은 그곳에서 임낙평·김하늬·기정도 등을 만났다. 모두들 너무나 반가운 얼굴들이었다. 비록 통방으로 목소리만 겨우 들을 수 있었지만, 23개월 동안 단 한순간도 잊지 못한 얼굴들과 만난 기쁨은 말로 표현하기 힘들었다.

"형님!"

쇠창살을 넘어 들려온 후배 임낙평의 이 한 마디에 관현은 가슴이 벅차올랐다.

4월 16일 밤, 미결 2사 복도로 관현의 노랫소리가 낭랑하게 울려 퍼졌다. 관현의 환영식에 관현이 독방 문 앞에 서서 노래를 부르고 있었다. 손을 맞잡을 수도, 부둥켜안을 수도 없는 상황에서 그들이 기쁨을 나눌 수 있는 유일한 방법은 겨우 노래 한 소절 부르는 것뿐이었다. 한 곡을 부르면 바로 뒤이어 누가 또 한 곡을 불렀다. 그러면 재청, 삼청이 끊임없이 이어지고 또 이어지고……. 관현은 기쁠 때도 이렇게 눈물이 펑펑 솟아날 수 있다는 걸 처음 알았다. 감옥 쇠창살을 부여잡고 선 관현의 뺨 위로 눈물이 흐르고 또 흘렀다.

하지만 그 뒤의 모든 과정은 만만치 않았다.

관현은 수갑을 차고 포승줄에 묶인 채, 김대중 - 정동년 - 박관현으로 이어지는 금전 수수 관계를 밝히라는 얼토당토않은 검찰의 조사를 받느라 20여 일을 보냈다. 실제로 밝힐 것도 없었지만, 관현은 어떤 사탕발림이나 제압에도 끄떡하지 않았다. 관현은 사실 관계를 정확히 밝히는 한편 5월항쟁의 정당성을 주장하고 피력하는 데 힘을 쏟았다. 어떤 죄명을 갖다 붙여도 아랑곳하지 않는 관현의 태도에 검사들은 모두 기가 질렸다.

관현이 독방 생활에 차차 적응해갈 무렵, 관현에게 기쁜 일 한 가지가 생겼다. 신영일이 미결 2사로 온 것이었다.

영일은 들불야학 시절부터 관현과 동고동락해온 후배였다. 투쟁의 시기마다, 들불야학 사업의 사안마다 두 사람은 머리를 맞대고 의논했다. 때로는 의견 차이로 밤새워 논쟁을 벌이기도 했지만, 관현에게 영일은 의지처 같은 존재였다. 5월항쟁 이후, 특히 지금 여기에서 관현이 해야 할 일, 더불어 해나가야 할 일을 의논할 수 있는 든든한 상대를 만나게 되어 관현은 더할 나위 없이 기뻤다.

1982년 4월부터 5월에 걸쳐 미결 2사 독방에 인원 변동이 생겼다. 들불야학 동지이자 후배인 임낙평이 미결 1사 상층 10방으로 옮겨갔고, 생명이 위독하도록 방치됐던 기정도가 병사 입병을 거쳐 병보석으로 출감했다. 신영일이 미결 2사로 옮겨온 것도 바로 이때다. 또한 5월항쟁과 횃불회 사건으로 구속된 최운영이 새로 2사로 들어왔으며, 세칭 민학련·민노련 관련자인 오상석과 김철수 등 4명이 미결 2사 독방에서 박관현과 함께 지내게 되었다. 신영일·오상석·김철수의 미결 2사 입방은 그때까지의 교도소 상황을 적극 고민하고 바꾸게 하는 전환점 구실을 했다.

이 무렵 관현은 공소장을 받았다. 공소장에는 박관현에게 내란 중요 임무 종사, 계엄법 위반 등을 적용한다고 명시되어 있었다.

이 시기에 관현의 삶은 더욱 가파른 능선을 향해 나아가고 있었다. 이 시기 관현이 어떤 고민을 했는지, 어떤 판단을 했는지 신영일의 회고를 통해 들여다볼 수 있다.

"형이나 나나 교도소에 들어온 지 얼마 안 되어 소내 생활에 익숙하지 못했는데 서울에서 오상석 · 김철수가 내려오면서 소내 생활 요령과 새로운 소식을 알게 됐어요. 우리는 그제야 광주교도소 사정이 얼마나 열악한지 알았지요. 관현 형, 오상석, 김철수, 그리고 나는 재소자에 대한 처우를 개선하고 정치범에 대한 편파적인 대우를 해소하는 방안을 놓고 자주 토론했어요. 교도소에 여러 번 직접 건의도 했고요. 그렇지만 우리의 건의는 단 한 번도 제대로 받아들여지지 않았어요. 우리는 결국 투쟁밖에는 방법이 없다는 결론을 내렸습니다."

그 무렵 광주교도소에서는 반인권적인 상황이 날마다 반복되고 있었다. 독거수들이 알루미늄 식기를 끊어내 시멘트 바닥에 갈아서 칼을 만든 이유도 이런 사정과 무관하지 않았다.

광주교도소에서 매일같이 벌어지는 폭행과 폭력은 차마 눈 뜨고 못 볼 정도로 무자비했다. 구타, 팔 비틀기, 욕설은 온건한 축에 들었다. 재소자라면 누구에게든 연령을 따지지 않고 반말지거리였다. 특히 기결 사동에 있는 사상범에 대한 폭력은 더 심했는데, 가두고 때리는 것은 다반사고 몇 날 며칠 천장에 매달아놓기를 예사로 했다. 이에 항의라도 할라치면 그들은 재소자들을 여지없이 징벌방과 특수 징벌방에 넣어버렸다.

때로는 사형수들을 독방에 밀어넣기까지 했다. 죽지 않을 만큼만 때려라. 사형수들은 교도소 쪽에서 내린 이 지상명령을 수행하기 위해 독방 사방 벽에 피가 튀는 것도 아랑곳하지 않았다. 죽지 않을 만큼만 맞고 나면 누구든 끽소리 없이 조용해진다는 오랜 경험을 맹신하는 교도소 당국이 사형수들을 이용하는 것이었다.

기정도는 고목처럼 앙상하게 야윈 뒤에야 교도소를 나갈 수 있었는데, 이는 교도소 쪽이 사경을 헤매는 사람을 회복 불가능한 상태로 내쫓은 거나 마찬가지였다. 기정도는 구속집행정지 처분을 받고 교도소를 나와 전남대 부속병원에 입원했지만, 결국 얼마 못 가 세상을 떠나고 말았다. 1982년 5월, 교도소에서 출감한 직후에 사망한 것이다.

관현은 단식투쟁을 하기로 결심했다.

이처럼 어려운 상황에서는 모든 것을 내거는 투쟁이 아니고서는 아무것도 이룰 수 없다는 절박감에서였다. 인간이기를 포기한 사람들을 상대로 설득이나 타협을 시도하는 것은 애초 불가능한 일이었다. 관현은 이 폭압적인 상황을 몸으로 부딪혀 극복해내는 것 말고는 달리 방도가 없다고 판단했다.

7월 7일 저녁부터 관현은 다음과 같은 요구조건을 내걸고 무기한 단식에 들어갔다.

1) 재소자에 대한 교도관의 폭행을 근절시킬 것.
2) 1982년 5월 사망한 민주인사 기정도의 사인을 규명할 것.
3) 주식과 부식을 규정된 양으로 지급할 것.
4) 정치범에 대산 부당한 차별대우를 개선할 것.

5) 밥 속에 있는 나팔꽃씨를 제거할 것 등.

좁고 어두운 방 안에 관현이 정좌하고 있었다.

관현은 비인간적인 폭력과 폭행에 시달리는 재소자들의 참상을 알릴 수만 있다면, 교도소 처우 개선을 통해 재소자들의 인권을 보장받을 수만 있다면, 그 방법이 죽음을 각오하는 단식투쟁뿐일지라도 상관없다고 생각했다.

관현은 또한 죽기로 싸운다면 반드시 승리할 수 있다는 확신을 품고 있었다. 지금까지 투쟁해오는 과정에서 관현은 결코 단 한 번도 혼자인 적이 없었다. 심지어 피신 시절에도 관현 곁에는 늘 관현을 일으켜 세워주는 광주의 정신, 동료들의 정신이 함께했다. 혼자가 아니기에 승리할 수 있는 것이다. 혼자가 아니기에 언젠가는 반드시 쟁취할 수 있는 것이다.

단식 나흘째인 7월 10일, 관현의 눈꺼풀이 부르르 떨렸다. 현기증이 났다. 관현은 온 힘을 다해 정신을 붙잡았다. 흐트러지면 안 된다. 쓰러지면 안 된다. 책장을 넘기는 관현의 손이 다시 떨렸다.

"일어나!"

바로 그때, 군홧발 소리, 최운영·김경식이 있는 옆방 문 열리는 소리, 거칠게 내지르는 교도관들의 목소리가 한꺼번에 들려왔다. 관현은 벌떡 일어섰다. 몸이 몹시 흔들렸다. 관현은 벽을 잡고 가까스로 시찰구 앞까지 갔다. 보안계장이 관현을 비롯한 네 명의 독방 앞에 각각 네 명의 교도관을 배치하고 있었다.

"단식? 죄를 지었으면 군소리 말고 반성이나 하고 있을 것이지,

뭐 단식?"

"나와, 이 새끼야!"

교도관들의 욕지거리가 계속 들려왔다. 그사이 관현의 방문도 벌컥 열렸다.

"못 나간다. 못 나가!"

복도에서 버티는 소리들이 들려왔다.

"뭐 해? 안 나오면 끌어내."

보안계장의 악다구니도 함께 들려왔다.

곧이어 교도관 세 명이 관현의 방으로 들이닥쳤다.

"놔라, 놔. 내 몸에 그 더러운 손을 대지 말란 말이다."

관현이 외쳐댔지만 교도관들은 들은 척도 않고, 탈진한 관현의 사지를 번쩍 들어올렸다.

"기정도의 사인을 규명하라! 정치범에 대한 차별대우를 개선하라!"

동료들의 외침이 들려왔다. 영일의 비명 소리도 들렸다. 변소로 들어가 저항하던 영일이 무지막지하게 구타당하고 있었던 것이다.

잠시 후 관현과 오상석·김철수·신영일은 기결 6사 상층 지도방에 한 명씩 내던져졌다. 교도소 쪽은 단식투쟁 중인 정치범들에게 강제 급식을 하기로 했다. 관현이 있는 지도방으로도 지도들이 들어왔다.

"얼른 먹으쇼."

"우리는 재소자들의 처우 개선을 주장하며 지금 단식 중이오."

"정말 이럴 거요? 우리도 죽겠소. 당신들이 안 먹으면 우리만 혼쫄이 난단 말이오. 우리 처지도 생각해줘야지."

관현이 계속 식사를 거부하자, 처음에는 달래듯 어르듯 설득하던 지도들이 곧 협박 투로 나오기 시작했다. 관현을 노려보는 지도들의 얼굴이 험악했다.

"지난 4월 특사 정치범들이 단식할 때 어땠단 소리 못 들었소? 그 꼴을 당하고 싶소? 죽고 싶난 말이오?"

"당장 그 죽그릇을 내려놓으시오. 다시는 그 꼴을 당하지 않으려고 단식을 하고 있단 말이오. 죽어도 먹을 수 없으니, 그 죽그릇 당장 내려놓으시오."

관현이 소리를 질렀다. 쩌렁쩌렁한 관현의 목소리에 지도들은 움찔했다. 이렇게 눈이 퀭한 사람 어디에서 그런 목소리가 나오나 싶었다.

"안 되겠다. 먹여라."

지도 한 명이 지시를 내렸다. 지도들이 일제히 관현에게 달려들었다. 그들은 관현의 사지를 붙잡은 뒤, 관현이 옴짝달싹할 수 없도록 한 명이 관현의 가슴 위로 올라탔다. 아주 능숙한 솜씨로 누가 관현의 고개를 들어올려 입을 벌렸다. 관현의 입속으로 칫솔대가 들어왔다. 칫솔대로 지지대를 만든 그들은 관현의 입에 죽물을 떠넣었다. 식도가 아닌 기도로 죽물이 넘어가는 바람에 관현은 숨을 쉴 수도, 켁켁거릴 수도 없었다.

인간이기를 포기한 인간들이 인간에게 저지르는 만행에 관현은 절망했다. 숨을 쉴 수 없는 와중에도 관현의 절망은 분노로 타올랐다.

이 야만스러운 현실을 끝장내버릴 수만 있다면, 그럴 수만 있다면……. 분노에 휩싸인 관현의 귀에 지도들의 목소리가 들려왔다. 먹었습니다, 먹었습니다, 여기도 먹었습니다 하는 소리가 신영일·오상석·김철수의 방에서 잇달아 들려왔다.

그날 밤 관현은 지도들과 함께 잤다. 지도들은 관현이 1980년도 전남대 총학생회장이라는 사실을 뒤늦게 알고 미안해했다.

"당신들이야말로 애국자인데……. 그래도 건강을 잃으면 무슨 소용이 있겠소? 내일부터라도 식사를 하시오."

지도들은 관현에게 복숭아 통조림이며 달걀노른자를 띄운 우유를 권하기도 했다. 하지만 관현은 하나도 입에 대지 않았다.

7월 16일, 관현은 6사를 나와 미결 2사 18방으로 돌아왔다. 그러나 관현만 2사로 복귀했을 뿐, 신영일·오상석·김철수는 아직 미결 2사로 돌아오지 않았다. 관현이 당장 교도관을 불렀다.

"오상석과 김철수는 형이 확정되어 기결사로 옮겼어요. 신영일은 아직 분리 수용 상태예요."

관현은 며칠 전 강제 급식 과정에서 신영일이 교도관을 발로 찬 일을 떠올렸다. 아마 그 때문인 것 같았다.

불안한 마음에 밤새 잠을 설친 관현은 가족 면회를 통해 신영일이 3사 징벌방에 갇혀 있다는 것을 알았다. 관현은 가족들에게 영일이의 징벌은 부당하니 강력히 항의하라고 당부했다. 관현도 독방으로 돌아와 단식투쟁을 계속했다.

7월 20일, 드디어 영일이 돌아왔다. 관현은 크게 기뻐했다. 탈진해 돌아온 영일이가 안쓰러웠지만, 아무튼 그저 돌아와준 것만으로도 다행스러운 일이었다.

　이로써 7월 7일부터 시작된 단식투쟁이 마침표를 찍게 되었다. 미결 2사 재소자들은 교도소 쪽으로부터 몇 가지 약속을 받아냈다. 도서 열독 금지 규정 완화, 급식에서 나팔꽃씨 제거, 부식의 질 개선 등이 7월 단식투쟁에서 얻어낸 소중한 성과였다.

　어느덧 8월이 되었다. 갇힌 공간에서 더위는 그야말로 살인적이었다. 사방이 벽으로 막힌 독방으로는 바람 한 줄기 들어오지 않았다. 달궈진 시멘트 건물 안에서 제대로 잠을 청할 수 없는 나날이 이어졌다.

　무더운 여름을 견디느라 그런지 관현은 이따금 진땀을 흘렸다. 원체 강골이어서 어지간한 더위에는 끄덕하지 않던 관현이 유독 1982년 그해 여름을 힘들어한 이유는 14일 동안 계속된 단식과 강제 급식 때문이었다. 특히 강제 급식이 관현의 몸을 상하게 했다.

　관현은 손바닥만 한 창문을 올려다보며 어서 이 여름이 지나가기를 바랐다. 그래도 체력을 보강하기 위해 아침저녁으로는 윗몸 일으키기, 맨손체조 같은 운동을 게을리하지 않았다.

　8월 30일, 부림사건 관련자들이 대구교도소에서 광주교도소로 이감되어왔다. 관현이 수감된 미결 2사 독방으로 송병곤·고호석 등이, 미결 1사 독방으로 송세경·김재규가, 미결 1사 상층 10방으로 최준영이 각각 배방되었다.

　"우리가 왜 이런 징벌방에 들어가야 하노?"

　"혼거방도 있는데 왜 이런 독방에 가둬두노?"

　독방에 배정된 사람들은 모두 입방을 거부했다. 그들의 악다구니가 미결 사동을 흔들었다.

"징역살이도 억울한데 우리더러 이런 징벌방에 살라고? 말도 안 된다."

"죽으면 죽었지, 이런 데서는 못 산다."

이들은 교도관들과 실랑이를 벌이며 보안과장이나 교도소장과 면담하게 해달라고 요구했다. 이감되어온 이들의 눈에 광주교도소의 처우는 아주 형편없었다. 열악한 정도를 넘어 사람이라면 누구나 누려야 할 기본 권리 자체를 인정하지 않는 반인권 공간을 그들은 도저히 받아들일 수 없었다.

가장 먼저 미결 1사가 움직였다.

이선근 등을 중심으로 미결 1사에 있던 정치범들이 처우 개선을 요구하는 단식투쟁에 들어가기로 했다. 이들은 8월 30일 저녁 식사부터 단식을 시작했다.

교도소 당국도 가만있지 않았다. 8월 31일, 미결 1사 단식투쟁자들을 모두 끌어내 기어이 사형수 방으로 분산시켰다.

"이놈의 빨갱이 새끼들! 어서 입 벌려."

"당장 처먹지 못해? 그 아가리를 찢어놔야 먹을 테냐?"

사형수들은 험악하기 짝이 없었다. 한 사람을 여럿이 에워싸고 죽일 것처럼 두들겨 패고 폭언을 쏟아부었다. 이선근은 도저히 감당하기 힘들어 어디 구멍에라도 파고들고 싶은 심정이었다.

이 광경을 우연히 신영일이 목격하게 되었다. 신영일은 접견을 마치고 미결 2사로 돌아가던 길이었다.

"관현이 형, 미결 1사 동지들이 죽게 생겼소."

영일이 관현에게 미결 1사의 참상을 알렸다.

"그 와중에도 박관현에게 가한 폭력행위 사과하고 관계 교도관을 문책하라고 외쳐댑니다."

영일은 자신의 발걸음을 붙잡던 미결 1사 단식투쟁자들의 목소리를 전했다. 정치범의 합방, 도서 열독 제한 완화, 공동 운동과 목욕, 서신과 접견 제한 철폐 등 너무도 당연한, 인간이라면 기본적으로 누려야 할 권리를 요구한 그들의 구호!

관현은 분노했다. 발길질에 짓이겨지고 있을 동지들의 얼굴이 눈에 훤했다. 관현은 이대로 가만있어선 안 된다고 판단했다. 다시 싸워야 했다. 싸우지 않고서는 아무것도 이루어낼 수 없다. 지금이 아니면 이루어낼 수 없다. 관현이 주먹을 불끈 쥐자 핏줄이 불거졌다. 팔목의 핏줄들이 심장 소리를 따라 툭툭 뛰었다. 관현의 얼굴이 분노로 잔뜩 일그러져 있었다.

관현은 9월 2일부터 다시 단식을 하기로 했다. 신영일·김경식·최운영·송병곤·고호석 등도 관현과 함께 단식투쟁을 하기로 결의했다.

2차 단식

장면

"좀 보자구요."

"안 됩니다."

9월 15일. 관현이 2차 단식을 시작한 지 14일째 되는 날이었다. 광주지방법원 대법정은 수많은 사람들로 꽉 들어차 있었다. 관현과 신영일의 결심공판을 보려고 전국에서 청년 학생을 비롯해 재야인사, 종교인, 해직교수, 가족 등이 몰려들었다.

신영일의 재판이 진행되는 동안 몇몇 방청객은 관현을 보려고 피고인 대기실에 접근했다. 그러나 교도관의 제지로 관현 근처에는 갈 수가 없었다.

"단식 때문에 박관현이 몸이 몹시 상했다던데."

"얼굴만이라도 봅시다. 좀 열어줘요."

관현을 보려고 몰려든 방청객들은 교도관이 밀어내도 꼼짝하지 않았다. 그 가운데 누가 피고인 대기실 문을 살짝 밀었다. 관현의 목소리가 들렸다. 관현을 보기 위해 사람들이 죄다 까치발을 했다.

"관현이, 괜찮은가? 공판을 받을 수 있겠는가?"

대기실에서 낯선 목소리가 흘러나왔다. 변호사 지익표의 목소리였다. 관현의 모습은 보이지 않았다. 지익표 변호사가 기다란 나무 의자를 내려다보고 있었다. 아마도 관현이 의자에 누워 있는 듯싶었다.

"걱정 마십시오. 괜찮습니다."

관현의 목소리가 들렸다.

"최후진술은 서면으로도 할 수 있네. 자네 건강이……."

"아닙니다. 최후진술은 제 목소리로 직접 하겠습니다."

관현이 나직한 목소리로 대답했다.

지익표 변호사가 고개를 끄덕였다. 관현의 모습은 아직 보이지 않았다. 변호사의 표정이 꽤 어두웠다. 지익표 변호사는 나무의자로 향한 눈길을 한순간도 옮기지 않았다. 땅 아래로 끌려 내려가는 듯한 관현의 숨소리가 들리자, 교도관은 행여 밖에 있는 사람들이 들을세라 피고인 대기실 문을 얼른 닫아버렸다.

단식은 지난 9월 2일부터 미결사의 모든 독방에서 동시에 시작되었다. 교도소 쪽은 집요하게 설득했다. 사건이 더 확대되지 않기를 바라기 때문이었다.

단식 나흘째 되던 날, 광주교도소장 최근식은 단식 대표자 관현과 면담하고 싶다고 전해왔다. 그러나 회담은 결렬되었다. 교도소 측이 모호한 답변으로 단식투쟁자들의 요구 사항을 묵살했기 때문이다.

단식이 계속되는 가운데 관현은 단식 14일째 되는 날 결심공판을 받았다. 신영일의 결심공판도 이날 진행되었는데, 신영일은 징역 3년에 자격정지 3년을 구형받았다. 신영일은 최후진술을 할 수 없었다. 열흘 넘게 이어지는 단식으로 탈진했기 때문이다. 신영일은 서면으로 최후진술을 대신하기로 했다.

관현은 천천히 재판장으로 걸어 나왔다. 관현의 낯빛이 파리했다. 깡마른 몸은 금방이라도 무너질 듯했다.

관현이 침착하게 재판관 앞에 섰다. 사람들이 웅성거렸다. 너무나 달라진 관현의 모습에 눈시울을 붉히는 사람도 있었다.

"내란 주요 임무 종사, 계엄법 위반, 포고령 위반 등으로 피고인 박관현에게 징역 10년을 구형한다."

검사의 구형 논고가 있은 뒤 지익표 변호사가 변론을 시작했다.

관현의 목울대가 위아래로 크게 움직거렸다. 관현은 메마른 입술을 연신 손으로 훑으며 최후진술을 준비하고 있었다.

"먼저 5월 광주항쟁 때 이 나라의 민주주의와 민족통일을 위해 끝까지 싸우다 처절하게 죽어간 영령들에게 삼가 묵념을 드리고자 합니다."

최후진술을 시작한 관현의 목소리가 떨렸다.

방청객들도 일제히 고개를 숙였다. 순간 법정은 깊은 침묵에 싸였다.

"그날 학생들과 온 시민들이 5·17조치에 항거해 진정한 민주주의를 외치며 싸웠던 거리에 있지 못하고 광주에서 빠져나가 저 혼자만 살고자 했다는 사실을 학생들의 부름을 받은 총학생회장으로서 심히 부끄럽게 생각하며…… 죽어간 영령들에게, 죄 없이 끌려가 고문을 겪은 선배·동료·후배들에게 부끄러운 마음으로, 책임을 다하지 못한 총학생회장으로서 참회하는 마음으로, 역사와 민족 앞에 진실을 말할까 합니다."

관현의 눈시울이 붉었다.

오랫동안 하고 싶었던, 그러나 하지 못했던 말을 꺼내는 관현의 한 마디 한 마디가 더뎠다.

"저는 피 끓는 젊은 대학생으로서 역사적 양심을 지니고 이 나라 모든 국민이 갈구하는 민주주의를 실현하고 민족 분단을 극복하기 위해 작은 몸이나마 던졌습니다."

법정은 고요했다. 관현의 청량한 음성만이 고요함을 뚫고 사람들 가슴으로 전해졌다.

힘겨운 듯, 관현이 다시 침을 꿀꺽 삼켰다.

"10·26사태는 엄청난 일이었습니다. 이 나라 국민 모두에게 부끄러움을 안겨주기에 충분한 사건이었습니다. 그것은 또한 국민의 지지를 못 받는 나쁜 체제는 언젠가 망하고 만다는 확신을 심어준 사건이기도 했습니다. (……) 그렇게 찾아온 80년 민주화의 봄, 저는 대학의 민주화와 자율화를 위해 신명을 바치기로 결심했습니다. 그해 4월 총장님 이하 여러 교수님들과 협의해 순리적이고 합법적인 절차에 따라 민주학원의 기틀을 마련하고자 동분서주했습니다. 그런데 이게 웬말입니까? 정당하고 합법적인 절차에 따라 진행된 학생회의 집회가 불법이라니, 도대체 이게 웬말이란 말입니까? 그것이 계엄령 위반이요 포고령 위반이라니, 세상천지에 어디 그런 법이 있단 말입니까? 계엄은 누구를 위한 계엄이고 포고령은 누구를 위한 포고령이란 말입니까?"

이때 갑자기 법정의 마이크가 꺼졌다.

"마이크를 켜라."

"박관현이 말 잘한다."

고함 소리와 함께 박수 소리가 터져나왔다. 소란이 계속되자 재판장은 다시 마이크를 켜라고 지시했다. 마이크에 빨간 불이 들어왔다. 관현이 마이크 앞으로 한 걸음 더 바짝 다가섰다.

"존경하는 재판장님! 물이 높은 곳에서 낮은 곳으로 흐르듯 법은 순리에 따라 적용되어야 한다고 배웠습니다. 그런데 저에게 적용된 이 법이 과연 순리대로 적용된 법이란 말입니까? 인정할 수 없습니다."

관현의 목소리는 방금 전보다 더 단호해졌다. 흐릿하던 눈동자에도 힘이 들어왔다. 관현이 말을 할 때마다, 움켜쥐고 있는 주먹이 바지춤 근처에서 부르르 떨렸다.

"80년 5월, 학생들은 일어섰습니다. 체제가 양심적인 학생들의 민주화 요구를 들어주기는커녕 오히려 민주화를 왜곡하고 기만술책을 쓰면서 국민이 정부에 의혹을 품도록 했기 때문에 일어선 것입니다. (……) 5월 14, 15, 16일의 도청 앞 집회와 5·16쿠데타 화형식도 해방 이후 이승만 정권에 이어 등장한 박정희 정권의 독재를 말끔히 청산하고 민주주의를 실현시켜보자는 우리의 정당한 요구를 표현한 것이었습니다. 그런데 제가 선동해서, 아니, 시민과 학생들이 부화뇌동해서, 그 많은 사람들이 평화롭고 질서 있게 모이고 또 해산했겠습니까? 아닙니다. 우리 시민과 학생들은 진심으로 이제 정말 민주주의 체제를 가져야겠다고 간절히 소망했기 때문입니다. 그런데 이게 또 웬말입니까? 그것이 사회불안을 야기하고 사회질서를 교란했다니, 이것이 폭동이 되어 정부를 전복하려 했다니, 도대체 앞뒤가 맞는 얘기입니까? 삼척동자도 그것이 사회불안이며 질서 교란이라고 얘기하진 않을 것입니다. (……) 5·17조치는 역사의 수레바퀴를 거꾸로 돌리려는 시도였습니다. (……) 그래서 광주의 청년 학생과 시민들은 계엄군의 총칼 앞에 분연히 일어섰습니다. 온 도시가 최루가스로 덮이고 공수부대의 군홧발 소리가 요란했지만, 우리 정의로운 광주 시민들은 금남로로 도청 앞으로 죽음을 무릅쓰고 모였던 것입니다. (……) 시민들은 계엄군의 총칼을 물리치기 위해 총을 들었고 이름도 시민군이라 했습니다. (……) 한마디로 전두환이라는 작자가 이끄는 현 정권은 민주화를 바라는 광주 시민들의 열망을 짓밟고 일어선 정권입니다. (……) 이철희·장영자 사건을 보십시오. 이 정권이 하는 짓이란……."

이때, 낡은 한복을 입은 어떤 여인이 벌떡 일어섰다. 그 여인의 얼굴은 햇볕에 그을려 새까맸다. 힘겨운 노동이 얼굴에 고스란히 드러나 누구라도 그녀의 삶이 어떠할지 충분히 상상할 수 있었다. 밭고랑 같은 그 여인의 이마 주름살이 위로 한껏 치켜 올라가고 두 팔이 공중을 향해 치솟은 것은 거의 동시였다. 만세를 부르듯 그 여인은 두 팔을 번쩍 들었다.

"내 아들이 옳다! 전두환이 이놈, 잘 들어라. 내 아들 말이 다 옳다!"

관현의 어머니였다. 방청석이 술렁거리며 큰 박수 소리가 터져나왔다.

관현이 최후진술을 다시 이어갔다. 그제야 방청석이 조용해졌다.

"언젠가 역사는 이 정권을 심판할 것입니다. 우리 시민들이, 아니, 항쟁의 거리를 빠져나간 부끄러움을 간직한 제가 시민들과 함께 심판할 것입니다. 구천으로 떠났지만 너무 원통해서 아직도 두 눈을 감지 못하고 있을 내 동포, 내 형제들의 영령 앞에 부끄럽지 않도록 분명 우리는 정확한 심판을 해야 할 것입니다."

관현은 입에서 불덩이를 토해내는 듯했다. 지푸라기 같던 관현의 몸은 어느새 꼿꼿해졌고 눈동자는 뜨겁게 빛났다.

무엇이 관현을 용광로처럼 끓어오르게 만들었을까? 무엇이 한계점에 다다른 육체의 고통마저 극복하게 만들었을까? 24일에 걸친 1, 2차 단식을 생각하면 절대 이해할 수 없는 모습이다. 하지만 관현의 가슴에서 우러나오는 결단, 관현의 입에서 터져나오는 한마디 한 마디를 되짚어보면 우리는 무엇이 관현을 그토록 빛나게 만들었는지 쉽게 이해할 수 있다.

관현은 잠 안 오는 약을 먹어가며 사흘 연속 야근에 시달리던 들불야학 노동자 순임이의 삶을 기억하며 진작에 결심을 굳히고 있었다. 31세의 나이로 삶을 마감한 윤상원, 이 땅의 민중과 민중이 주인 되는 참세상을 위해 모든 것을 바치겠다던 윤상원의 다짐을 기억하며 이미 결심을 굳히고 있었던 것이다.

끝까지 싸우리라. 이 몸이 부서지는 한이 있어도 이제는 결코 물러서지 않으리라. 관현은 이런 결단으로 자신을 재무장하고 있었다. 그 결단이 관현을 더할 나위 없이 강인하고 당당하게 만들고 있었던 것이다.

"재판장님! 저는 광주교도소의 전체 재소자들, 그리고 저와 비슷한 처지에 놓인 죄 없는 정치범들의 처우 개선을 위해 2주일째 단식하고 있습니다. 교도관들의 폭력이 난무하고 부정부패가 만연한 교도소에서 재소자들이 비인간적인 대우를 받으며 살아가고 있기 때문에 이런 문제들을 시정해달라고 요구하면서 양심의 명령에 따라 살자는 평소 신념대로 단식을 하고 있습니다. 냉철한 이성을 가진 청년 학생으로서, 한때의 잘못 때문에 수감되어 있는 재소자들과 애국적인 양심수들을 위해 끝까지 내 양심에 따라 싸울 것입니다. 저의 이 가냘픈 호소가 위정자들의 귀에 들어가 그들이 우리를 인간적으로 대우해줄 때까지 저는 식사를 거부하겠습니다.

보잘것없이 부끄러운 저의 재판을 위해 힘써주신 재판장 이하 여러분에게 진심으로 감사드리며, 이 재판이 진실한 재판이 될 수 있도록 힘써주실 것을 간절히 부탁드립니다. 또 이 불효자식을 낳아 길러주고 교육시켜주신 어머님께 진심으로 감사드립니다."

최후진술을 마친 관현이 마침내 긴 숨을 토해냈다.

관현의 최후진술은 곧 입에서 입으로 전해졌다. 관현이 재소자들의 처우 개선을 위해 무기한 단식 중이라는 소식이 널리 전해져 시민들의 마음을 움직이기 시작했다. 관현을 이대로 방치해두어선 안 된다는 근심 걱정이 산을 이루었다.

한국기독교교회협의회 인권위원회 광주지부, 천주교정의평화위원회 등 종교단체 소속 성직자들은 광주교도소를 방문해 단식투쟁자들의 요구 사항을 하루빨리 받아들이라고 촉구했다.

관현의 결심공판 이튿날인 9월 16일, 광주교도소 관계자들과 관현을 비롯한 몇 명의 단식투쟁자, 그리고 성직자들이 광주교도소 장실에서 자리를 함께했다. 관현은 이 자리에서 일반 재소자와 정치범에 대한 폭력과 구타를 근절한다는 의미에서 폭력 관련 교도관들을 징계해달라고 요구했다. 교도소장은 바로 징계할 것을 약속했다. 뿐만 아니라 은밀하게 뒷거래되고 있는 불법 사식이나 부식 판매도 중단하겠으며, 도서 검열 완화 등 정치범에 대한 차별 대우도 차차 해결하겠다고 약속했다.

관현을 비롯한 단식투쟁자들은 곧바로 시행할 수 있는 일은 당장 실시하고, 시간이 필요한 일에 한해서는 2~3일쯤 기간을 두고 해결해달라고 당부하며 면담을 끝냈다.

9월 16일, 단식투쟁자 전원이 단식 15일 만에 복식(復食)에 들어 갔다.

9월 17일, 모처럼 마음의 안정을 찾은 관현은 동생 관호에게 편지를 썼다.

"황금물결이 넘실대는 결실의 계절에, 이른 새벽부터 밤늦게까지 땀 흘리며 고생하고 있을"로 시작한 편지는 형으로서 책임을 다하지 못해 미안해하는 관현의 마음을 오롯이 담고 있었다.

관현은 그 시간에도 교도소장의 약속을 철석같이 믿고 있었다.

10장

3차 단식

장면 1

"영일아, 앉아 있지 말고 누워라. 굶는 것도 힘든데."

"못 견디겠습니다."

영일이 앉은 자세를 견디지 못하고 바닥에 드러눕는 소리가 들려왔다. 영일이 허리 통증에 시달리고 있다는 것을 아는 관현은 영일의 방에서 나는 쿵 소리에 가슴을 쓸어내렸다. 어떻게 해서든 영일이 바깥에서 치료받게 해야겠다고 생각했다.

"너는 단식을 그만두는 게……."

관현이 영일이 들을 수 있도록 목소리를 높여 말했다.

"형님, 그런 말씀 하지 마세요. 누구 좋으라고 그렇게 해요? 악랄한 교도소장 놈이 우리를 이렇게 조롱하는 한 절대로 물러서지 않겠습니다."

마지막 남은 힘까지 그러모아 영일이 목소리를 돋우었다.

관현은 아무 대답도 하지 않았다. 목구멍까지 차오른 말을 꾹 밀어넣고 관현은 허리를 곧추세우고 앉았다.

관현이 가장 견디기 힘든 시간은 바로 이런 때였다. 단식도 힘들 텐데 엎친 데 덮친 격으로 동지들이 아파하거나 힘들어할 때, 뾰족한 대안 하나 제시하지 못하고 이렇게 마냥 바라보고만 있어야 하는 시간들이 정말 견디기 힘들었다. 때때로 모두 내팽개쳐버리고 싶은 생각까지 들었다. 하지만 관현은 참고 견뎌야 한다는 것 또한 너무나 잘 알고 있었다.

관현이 싸우고 있는 상대는 인간적인 관심 따위는 애초부터 안중에도 없는 족속이었다. 그들에게 재소자는 그저 일신의 출세와 성공을 위한 도구일 뿐이었다. 기름 짜듯 짜내버려도 될 찌꺼기 같은 존재일 뿐이었다. 때려도, 흔적 없이 죽여도, 전혀 죄의식을 느낄 필요가 없는 그런 존재. 재소자들을 그렇게 대하는 족속과의 싸움은 목숨을 내거는 투쟁일 수밖에 없었다. 살기 위해 죽음을 결심해야 하는 결사투쟁일 수밖에 없었다.

관현은 벽을 등지고 몸을 거꾸로 세웠다. 한 번, 두 번, 다시 또 한 번. 계속된 단식으로 손가락 하나 움직일 힘이 없어 관현은 번번이 물구나무서기에 실패했다. 그래도 버텨야 했다. 버티지 못하면 지는 거니까. 끝내 물구나무서기에 성공한 관현의 얼굴로 피가 쏠렸다. 관현은 눈을 감았다. 아래쪽으로 쏠리는 피를 감당해내는 관현의 얼굴이 터질 것처럼 점점 빨개졌다. 게다가 현기증은 거꾸로 선 관현의 몸을 무던히도 어지럽히고 있었다.

관현은 3차 단식 10일째가 되는 날에도 미결사 운동장에 나가 운동을 했다. 그저 가볍게 뛰는 정도였지만, 그것마저 거르면 몸을 추스를 수 없으리라는 것을 잘 알고 있었다. 어금니를 깨물고 운동장을 달리는 관현의 낯빛이 그날따라 창백하기만 했다.

장면 2

"할아버지! 저예요, 관현이. 왜 이렇게 늙으셨어요?"

기결 4사 하층에 있는 특수 징벌방에서 관현의 목소리가 들렸다.

"그럼요. 밥도 잘 먹고 있고 잠도 잘 자요. 할아버지, 제 걱정은 하지 마세요. 내일 꼭 뵈러 갈게요."

관현의 목소리가 다른 때보다 부드러웠다.

"그러니까 저 대신 누님이 어머님께 잘해주세요. 제가 갇혀 있는 몸이라……, 흑흑."

이번에는 둘째 누님과 이야기를 나누고 있었다. 관현의 목소리 끝에서 흐느낌이 묻어났다.

9월 19일 시작된 3차 단식이 16일째를 맞았다. 10월 8일, 관현은 특수 징벌방에 갇혀 온갖 환청과 환각에 시달리고 있었다. 몸을 가눌 수 없을 만큼 현기증이 심해지고, 바늘로 배를 찌르는 듯한 통증 때문에 허리를 바로 펼 수가 없었다.

"영양제 주사라도 한 대 맞겠소?"

배식구 겸용으로 쓰는 손바닥만 한 시찰구로 관현을 훔쳐본 교도관이 나직이 물었다. 아무래도 관현의 상태가 심상치 않아 보였던 것이다.

"단식 중이오. 영양제 따윈 필요 없소."

관현이 대답했다.

관현은 벽을 잡고 일어나 천천히 걸어봤다. 힘에 부치는지 관현은 수시로 벽을 붙잡았다. 자꾸만 흐려지는 의식을 부여잡으려 애쓰면서 허방을 짚는 관현의 걸음걸이가 몹시 절박해 보였다. 관현은 0.75평도 안 되는 방을 돌고 또 돌았다.

장면 3

"소장 이놈, 나와라. 네놈이 내 자식 죽이고 있다. 얼른 나와라, 이놈!"

관현의 어머니가 광주교도소 정문을 두드려댔다. 핏대가 올라 어머니 얼굴은 온통 시퍼래져 있었다.

"내 자식 얼굴이라도 한 번 보게 해달란 말이다!"

아무리 두드려도 요지부동인 교도소 철문을 몇 번 더 두드리던 어머니가 기어이 쓰러지고 말았다. 어머니 입안으로 핏기가 돌았다. 어머니는 벌써 몇 시간을 목구멍이 찢어져라 외치고 있었던 것이다.

"어머니, 내일은 꼭 특수 징벌방에서 내보낸답니다. 그러니……."

인권위원회 강신석 목사와 일행이 어머니를 설득했다. 10월 8일 저녁 8시쯤, 간부 교도관들로부터 관현의 특수 징벌방 감금 해제를 약속받고 물러난 터였다.

"안 된다, 안 돼. 그놈들이 벌써 몇 번째 약속을 어겼냐? 내 아들을 당장 그 살인 감방에서 꺼내놓지 않으면 나도 여기서 꼼짝하지 않을란다. 안 된다, 안 돼."

관현의 어머니는 그 자리에서 죽겠다며 아예 땅바닥에 드러누워 버렸다.

10월 2일 접견에서 마지막으로 본 관현의 모습이 어머니 가슴에 박혀 있었다. 피골이 상접해 말하는 것조차 버거워하던 내 아들을 공기도 안 통한다는 살인 감방에 집어넣다니……. 생각만 해도 가슴이 천 갈래 만 갈래로 찢어졌다.

내 아들을 절대 이대로 죽게 할 수 없다. 그 아들이 어떤 아들인가? 손톱 끝이 짓무르도록 삯바느질하고 농사지어 가르친 내 아들. 공부 잘하고 똑똑해서 장차 큰 인물이 될 거라고 누구나 칭찬하던 귀하디귀한 내 아들…….

관현의 어머니가 고개를 세게 흔들고는 벌떡 일어섰다. 오늘은 무슨 일이 있어도 관현이 살아 있는 모습을 내 이 두 눈으로 똑똑히 보고 가리라. 그러지 못할 바엔 차라리 여기 이 자리에서 혀 깨물고 죽어버리리라. 관현의 어머니는 다시 교도소 정문을 향해 발걸음을 재게 옮겼다.

그때였다.

"어머니! 이러다 어머니가 죽겠소. 오늘은 가서 자고, 내일 힘내서 다시 옵시다."

어머니와 함께 관현을 면회하러 온 몇몇 사람이 어머니 등을 밀었다. 이대로 놔뒀다가는 어머니가 먼저 돌아가실 것 같았다. 지푸라기 같은 관현 어머니의 몸이 질질 끌려가다시피 버스 정류장으로 이끌려갔다. 어머니의 발걸음에서 흙먼지가 일었다. 어머니는 어떻게 해서든 관현이를 만나고 말겠다는 생각뿐이었다.

"자, 이 버스를 타세요. 어서들요."

벌써 밤 10시가 넘은 시각이었다. 막차를 놓치면 캄캄한 밤길을 걸어가야 했다.

"아이고, 이 양반이."

관현의 어머니를 앞세운 사람이 막 버스에 타려고 할 때였다. 주춤거리던 관현의 어머니가 뒤로 휙 돌더니 교도소 쪽으로 뛰기 시작했다.

"어머니! 어머니!"

버스에 먼저 타 있던 관현의 둘째 누나가 버스에서 뛰어내려와 어머니를 쫓았다. 어디서 저런 힘이 나오는지, 어머니는 앞도 보이지 않는 캄캄한 어둠 속을 한 마리 사슴처럼 달리고 있었다. 더 이상 기다려줄 수 없는 버스는 먼저 탄 사람들을 태우고 출발했다. 어머니와 둘째 누나, 뒤늦게 어머니를 쫓기 시작한 두어 사람이 어둠 속을 달리고 있었다.

"어머니!"

"여기다, 행순아."

헉헉거리며 어머니를 뒤쫓던 둘째 누나 행순이 교도소 담 바깥

의 철조망 울타리까지 왔을 때, 자그마한 형체가 불쑥 앞으로 튀어
나오며 행순을 불렀다. 어머니였다.

"이리로 가자. 이리로 가면 관현이 있는 데로 갈 수 있을 게다."

어머니가 말했다.

관현의 어머니는 벌써 철조망을 움켜잡고 있었다. 행순이 따르
든 말든 상관없다고 생각했는지 다짜고짜 철조망을 올라탔다. 어
머니의 저고리가 쭉 찢어졌다. 하얀 살갗이 어둠 속에서 그대로 드
러났다. 걸치고 있던 발을 안쪽으로 옮기자 이번에는 치마가 쭉 찢
어졌다. 저고리와 치마만 찢어진 게 아니었다. 철조망은 어머니의
살갗까지 죄 찢어놓았다.

행순도 어머니를 따라 철조망을 올라탔다. 내 동생 관현이를 위
해서라면, 관현이를 살리기 위해서라면 무슨 짓이든 할 수 있다는,
아니, 해야 한다는 절박감이 행순까지 서두르게 했다.

"관현아, 관현아!"

"내 아들 내놔라, 이 못된 놈들아. 관현아, 이 에미 목소리가 들
리냐? 내 아들 관현이 어디 있냐?"

철조망을 넘어 땅에 내려선 어머니와 행순은 막무가내로 교도소
안마당을 향해 달려갔다. 하지만 사방이 캄캄하기만 한 이곳에서
도대체 관현을 어떻게 찾을 수 있단 말인가? 밤을 찢는 절규에 곧
교도소 탐조등이 두 여인을 사정없이 비추었다. 교도관들의 다급
한 호각 소리, 발소리가 어지럽게 들려왔다.

2차 단식을 끝내고 이틀이 지났는데도 교도소에는 변화가 별로

없었다. 9월 16일에 내건 약속 가운데 하나도 제대로 지켜질 낌새가 보이지 않았다. 순찰하는 주임이나 보안계장에게 관현이 수시로 물어봐도 그들은 변변한 대답을 못하고 있었다.

9월 19일, 관현은 보안과장에게 면담을 신청했다.

"당신들의 요구 사항은 대부분 들어줄 수 없는 것들이오. 생각해보시오. 지금까지 이어져온 관행이나 행정을 어떻게 하루아침에 바꾼단 말이오?"

보안과장은 9월 16일의 약속을 손바닥 뒤집듯 번복해버렸다.

삭이고 있던 분노가 대번에 다시 치밀었다. 교도소장의 농간에 놀아나 담벼락에 대고 이야기한 꼴이었다. 절대 참을 수도 없었고 참아서도 안 되었다. 관현은 단식을 멈춘 지 사흘 만에 다시 단식에 들어갔다.

9월 19일, 관현이 세 번째 단식에 들어갔다는 소식을 듣고 바깥 사람들은 애간장이 탔다. 미처 회복되지 못한 관현의 건강이 걱정이었다. 공동 대책을 마련해야 한다는 소리가 나왔다.

9월 22일, 부림사건 관련자 가족들까지 광주로 모였다. 지난번 면담에 나섰던 성직자와 사회단체 관련자들, 가족들이 전부 광주교도소로 몰려갔다. 면회를 하고 나온 가족들의 분노는 하늘을 뚫고도 남을 정도였다. 눈 뜨고는 도저히 보지 못할 정도로 피폐해진 자식들 모습에 가족들은 넋이 나갔다. 가족들은 소장실로 몰려가 바닥에 주저앉았다. 가족들의 농성이 19일 저녁까지 이어졌다.

"알겠습니다. 다 받아들이겠어요. 그리고 이미 김봉길 보안계장이 재소자 폭행의 책임을 지고 출정계장으로 자리를 옮겼어요. 지도반장도 공장으로 전출시켰고요. 그러니 제발…….”

문제가 교도소 밖으로 확산되는 걸 두려워한 교도소 쪽에서는 직원들 한 무리를 단식 중인 관현에게 보내 회유하고 다른 한 무리는 가족들에게 보내 매달렸다.

“소장을 만나게 해주시오.”

“소장님은 부재 중이에요. 그러니 제발 나 좀 한번 살려주시오.”

보안과장은 절절맸다.

관현은 책임자 문책이 웬만큼 이루어졌다는 것은 확인했지만 단식은 멈출 수 없다고 말했다. 소장의 확실한 조치가 있어야만 단식을 끝내겠다는 뜻이었다. 부분 단식을 결정한 관현은 19일 저녁, 밥 대신 죽을 받았다. 관현으로서는 두 발 전진을 위해 한 발 후퇴한 것이었다.

“믿을 수 없소. 당신들이 단 한 번이라도 약속을 제대로 지킨 적이 있소? 이럴 것이 아니라 단식 대표자, 교도소 책임자, 가족 대표, 성직자 대표로 대책위를 꾸립시다. 그래서 합리적인 방안을 찾아보잔 말이오. 계속 이런 식이라면 당신들이 재소자들을 죽음으로 내모는 거나 마찬가지요.”

성직자들의 분노도 극에 달해 있었지만, 성직자들에게는 단식투쟁자들을 보호해야 한다는 사명감 또한 분노만큼 컸다. 성직자들은 애써 침착함을 잃지 않고 교도소 쪽에 대안을 제시했다. 그러나 교도소 당국은 그 제안을 일언지하에 거절해버렸다. 애초에 수감자들의 요구 따위는 받아들일 뜻이 없었던 것이다.

성직자들과 가족들은 그나마 관현이 죽이라도 먹었다니 천만다행이라고 가슴을 쓸어내리며 교도소 문을 나섰다. 모든 문제를 원만히 해결해서 교도소 안에 있는 사람들을 살려내는 것만이 그날 밤길을 걸어가는 그들의 유일한 바람이었다.

9월 27일, 관현은 부분 단식 도중에 징역 5년을 선고받았다.

부분 단식이 계속되는 가운데 10월이 되었다. 교도소 측은 아무 일도 없었던 것처럼 또다시 묵묵부답으로 일관하며 무조건 복식만을 강요했다. 복식만 하면 요구조건을 들어주겠다는 식이었다.

관현은 눈 가리고 아웅 하는 작태에 전혀 동요하지 않았다. 모든 문제가 해결되지 않는 한 밥 한 숟가락도 절대 먹지 않겠다는 것이 관현의 유일한 대답이었다. 관현에게는 더 이상 물러설 곳도, 물러서야 할 이유도 없었다.

부분 단식 12일째에 접어든 10월 4일, 관현에게 갑자기 '2개월 금치징벌' 조치가 내려졌다. 관현은 기결 4사 하층의 특수 징벌방으로 끌려가면서 가족 접견, 운동, 목욕, 서신 왕래, 구매, 도서 열독 등 모든 권리를 박탈당했다.

관현은 9월 2일 단식을 시작한 뒤 34일이 지난 10월 4일까지 단한 번도 제대로 된 검진을 받지 못했다. 몸은 지칠 대로 지쳤고 체력은 완전히 바닥난 상태였다. 그런데 정신력 하나만으로 간신히 버티고 있는 관현에게 특수 징벌방이라니! 악명 높은 광주교도소의 이러한 조치는 관현을 죽이기로 한 것과 다름없었다.

특수 징벌방으로 끌려간 관현은 수시로 엄습해오는 현기증과 복통을 묵묵히 견뎌냈다. 환청과 환각이 의식과 무의식 상태를 넘나들며 관현을 괴롭혔다. 그래도 관현은 식사를 하라는 교도관의 요청을 단호히 거절하고 단식을 이어갔다.

10월 4일, 관현의 둘째 누나 행순은 동생을 면회하러 왔다가 접견이 금지됐다는 소식을 들었다. 관현이 특수 징벌방으로 끌려갔다는 것이었다. 절망한 누나는 이제 더 살아야 할 이유를 찾을 수 없었다. 이런 상황에서 산다는 것이 과연 무슨 의미가 있단 말인가? 차라리 내가 죽어 내 동생이 겪고 있는 비참한 상황이 세상에 알려질 수만 있다면…….

둘째 누나는 이날 자살을 결심하고 유서까지 써두었다. 하지만 이튿날, 채 날이 밝기도 전에 영광에서 올라온 어머니가 유서를 발견해 누나의 자살을 막을 수 있었다. 내가 죽지 못해 사는 이유를 왜 네가 몰라주느냐고 절규하는 어머니를 붙잡고 둘째 누나는 10월 5일 새벽 내내 통곡을 했다. 그 누구도, 어떤 것으로도 닦아낼 수 없는 울음이었다.

10월 5일부터 관현의 어머니와 둘째 누나는 다른 구속자 가족들과 함께 다시 교도소 농성을 시작했다. 그러나 가족들의 절규가 교도소 담을 넘어가고 교도소 밖에서 혼절하는 가족들이 하나둘 생겨나는데도 교도소장은 코빼기도 내밀지 않았다. 그저 부재 중이어서 만날 수 없다는 대리인의 답만 장난처럼 던지곤 했다.

그러던 교도소장이 10월 5일 늦은 밤, 천주교정의평화위원회 소속 정형달·남재희 신부를 만나 애매한 답 하나를 내놓았다. 정작 관현의 면담 요청은 묵살해놓고서 "10월 7일 윤공희 대주교를 찾아가 현재 상황을 설명하고 문제 해결을 위해 타협하겠다."는 것이었다. 참으로 두루뭉술하기 그지없는 대답이지만, 안에 있는 사람들을 살리기 위해서라면 가족들은 지푸라기라도 잡고 싶은 심정이었다. 그래서 가족들은 소장의 말을 믿고 10월 7일까지 기다려보자고 합의한 뒤 일단 농성을 풀었다.

마침내 10월 7일이 되었다. 그러나 정작 기민하게 움직여야 할 교도소장은 윤공희 대주교를 찾아가지도 않았고, 관현의 징벌을 해제하지도 않았다.

울화통이 터진 가족들은 다시 교도소로 몰려가 열리지 않는 교도소 문을 붙잡고 매달렸다.

"내 자식을 내놔라!"

"내 자식 다 죽는다!"

"교도소장 쳐죽이자!"

가족들은 그 자리에서 철야농성을 결의했다.

10월 7일 저녁 8시, 인권위원회 강신석 목사 등 4명이 간부 교도관들에게서 "내일까지는 박관현의 징벌 해제를 약속하겠다." "내일 소장과의 면담도 약속하겠다."는 불확실한 답을 들었다.

그러나 관현의 어머니는 목사든 교도소장이든 이제 더는 어느 누구의 말도 믿지 않았다. 관현의 어머니와 둘째 누나가 10월 8일 밤 교도소 울타리를 타넘었다. 당신 손으로 관현이를 구해내겠다는, 당신 눈으로 관현이 살아 있는 모습을 직접 보겠다는 어미의 절절한 마음이었다.

10월 8일, 관현이 단식투쟁에 들어간 지 36일째 되는 날이었다.

이날 교도소장은 드디어 목사들과 만나 관현과의 면담을 허락했다. 그러나 관현과 가족들과의 면담 요구는 받아들이지 않았다.

광주인권위원회 윤기석·방철우 두 목사는 소장실로 들어오는 관현의 얼굴을 보자마자 가슴이 철렁 내려앉았다. 관현의 얼굴에서 핏기라곤 찾아볼 수 없고 그렇게 우람하던 관현이 형편없이 초췌해져 있었기 때문이다.

교도소장은 목사들이 보는 자리에서 관현에게 또다시 약속을 했다. 그동안의 사태에 대해 사과하고 관현의 징벌을 조만간 해제할 것이며 정치범의 처우 개선 요구도 다 받아들이겠다는 것이었다.

목사들은 관현을 설득하기 시작했다. 관현을 살려야 했기 때문이었다. 그들은 관현을 살려내는 것이 80년 5월의 정신을 살려내는 것이라고 생각했다. 따라서 어떻게든 관현을 살려야 했다.

"교도소 당국이 재소자들에 대한 최소한의 인간적인 대접과 정치범들의 생존을 위한 차별대우 금지 요구를 진심으로 받아들인다면 오늘 저녁부터라도 식사를 하겠습니다."

목사들의 설득에 관현이 드디어 담담한 표정으로 말했다.

하지만 관현은 그날 밤 다시 특수 징벌방으로 보내졌다. 교도소 당국이 징벌은 10월 11일부터 해제할 것이며, 가족과의 접견도 그날부터 가능하다고 발뺌했기 때문이다.

특수 징벌방으로 돌아온 관현은 교도관이 가져온 죽을 몇 숟가락 입에 떠넣었다. 그러나 먹자마자 헛구역질이 나서 도저히 먹을 수가 없었다. 관현은 죽그릇을 밀어놓은 채 바닥에 엎드렸다. 참을 수 없는 통증이 관현의 온몸을 훑고 지나갔다.

10월 9일, 다시 죽을 먹으려고 해봤지만 관현은 이날도 전혀 먹을 수 없었다. 가슴이 답답했다. 죽은 듯 누워 있는 관현을 발견한 교도관이 관현을 의무과로 데려갔다. 관현의 맥박은 불규칙했으며 혈압은 형편없이 떨어져 있었다. 몸무게는 50킬로그램이 채 되지 않았다. 호흡마저 비정상적이었다. 그것으로 의무과 진찰은 끝이었다. 관현은 다시 특수 징벌방으로 돌아왔다.

10월 10일, 드디어 관현의 징벌이 해제되었다. 관현은 교도관의 계호를 받으며 특수 징벌방에서 미결 2사 독방으로 돌아왔다.

10월 10일 아침, 관현은 다시 죽을 먹어보려 하다가 결국 포기하고 말았다. 현기증과 구토 때문에 도저히 먹을 수가 없었다. 그 와중에도 관현은 독방 가득 쌓인 먼지를 보고 청소를 시작했다. 식기와 변소 구석구석을 정리하는 관현의 기척을 신영일이 유심히 듣고 있었다.

"형님, 방 청소 다 했소?"

"다 해간다."

관현의 상태를 살피기 위해 일부러 말을 거는 영일의 귀에 곧 관현의 토악질 소리가 들려왔다. 잇달아 들려오는 신음 소리. 쿵, 몸을 가누지 못해 벽에 부딪히는 둔중한 소리. 영일은 있는 힘을 다해 교도관을 불러댔다.

10월 10일 오전 10시쯤, 관현은 신영일과 함께 미결 2사를 나와 다시 의무과로 향했다. 관현은 곧 병사로 옮겨졌다. 교도관 한 명이 관현에게 영양제 주사를 놓았다.

의무과 간병 이성희는 발을 동동 굴렀다. 호흡장애가 심해져 대화마저 힘들고 혈압은 곤두박질치고 있었다. 그런데 영양제 주사라니! 관현을 당장 전문의에게 보여야 했다. 하지만 교도소 쪽에서는 관현을 밖으로 내보내 전문의에게 보일 생각도, 전문의를 교도소로 불러 관현을 돌보게 할 생각도 없는 것 같았다. 이성희의 눈에는 그들이 그저 관현이 죽기만을 기다리는 것처럼 보였다.

10월 10일 오후 6시, 관현은 무려 여덟 시간이 넘도록 응급 상황에 방치되어 있다가 개인병원으로 옮겨졌다. 의사는 관현을 당장 종합병원으로 옮겨야 한다고 말했다.

10월 10일 오후 7시, 관현은 전남대 부속병원으로 옮겨졌다.

관현은 애써 숨을 몰아쉬고 있었다. 의식을 잃지 않으려고 안간힘을 쓰는 기색이 역력했다. 관현의 낯빛은 이제 파리한 기색조차 없이 점점 백지장이 되어가고 있었다.

광주의 별이 되다

국돈표 순환기내과 수련의는 긴급호출을 받고 전남대 병원 응급실로 급히 달려갔다.

응급실 한쪽 구석이 소란했다. 병상에는 눈에 익은 청년이 누워 있었다. 병상 주위를 강정채 교수와 의사 몇 명, 형사로 보이는 사내들이 에워싸고 있었다.

"박관현이야."

국돈표의 귀에 대고 누가 속삭였다. 국돈표도 1980년 전남대 총학생회장 얼굴을 익히 알고 있었다. 소문으로만 듣던 박관현을 이런 식으로 보게 되다니……. 의식은 있지만, 국돈표의 눈에 관현은 심상치 않아 보였다.

"지금 어디가 아픕니까?"

관현에 관한 각종 기록지를 살펴보며 국돈표가 물었다.

"가슴이 답답합니다."

나지막하지만 관현은 또렷한 목소리로 대답했다. 군더더기 하나 없는 말투였다.

"여기저기가 불편하긴 하지만……, 참을 만합니다."

강정채 교수가 검진을 하며 묻는 말에도 관현은 간결하고 정확하게 대답했다.

10월 11일 새벽 2시 30분경, 잠시 의식을 잃고 있던 관현이 신음 소리를 내며 갑자기 붉은 피를 토해냈다.

의사들이 다시 관현 주위로 황급히 몰려왔다. 관현을 검진한 강정채 교수는 울혈성 심부전증의 원인인 급성폐부종 증세가 나타났다고 진단했다. 관현은 곧 중환자실로 옮겨졌다. 관현은 의식을 잃었다가 깨어나기를 거듭했다.

"고맙습니다. 나를 위해서 이렇게……."

의식이 돌아올 때는 꼭 의사들과 주변 사람들에게 고맙다는 말을 전했다. 심지어 관현을 감시하고 있는 교도관에게까지 인사를 잊지 않았다.

의사들은 심근경색증에 급성폐부종의 합병증세가 나타나고 있으며 장기 단식으로 신체의 저항능력이 거의 상실된 상태라고 진단했다. 호전될 가능성이 전혀 없다는 것이 의사들의 의학적 소견이었다.

10월 11일 오전 10시쯤, 소식을 들은 관현의 어머니와 누나들이 중환자실에 도착했다. 다른 구속자 가족과 청년 학생, 시민들도 병원으로 몰려들었다.

이 시각, 관현은 의식이 아주 또렷했다. 관현이 어머니의 손을 붙잡았다.

"어머니, 이 불효자식을 용서하세요."

"관현아, 많이 아프냐? 이제는 이 에미가 곁에 있으마. 그러니 아무 걱정 마라. 아무 걱정 말고……."

어머니는 차마 말을 잇지 못했다.

관현은 어머니의 얼굴에서 눈을 떼지 못했다. 얼마나 그리워하던 어머니인가? 관현은 가슴이 찢어지듯 아파왔다. 관현의 눈가에 맺혀 있던 눈물이 볼을 타고 흘러내렸다.

어머니는 관현의 비쩍 마른 손을 쓰다듬기만 했다. 목구멍이 뜨거워 왈칵 눈물이 쏟아지려 했지만, 애써 참으며 마른침만 삼켰다. 아들 앞에서 결코 눈물을 보여선 안 될 것 같았기 때문이다. 행여 자신의 눈물을 보고 관현이 마음 약해지기라도 할까 봐 어머니는 걱정스러웠다. 어머니가 관현을 내려다보며 웃어 보였다.

관현은 어머니의 손을 잡고 있다가 다시 의식을 잃었다. 관현은 초침이 움직이는 속도로 급속히 악화되어가는 듯했다.

"어머니, 올해 농사는 어떻습니까?"

"어머니, 서울 누님과 이모님은 잘 계시지요?"

의식이 돌아왔다 나갔다 하는 사이사이, 관현은 끊임없이 어머니와 대화하려고 애를 썼다.

"어머니, 임곡 윤상원 형님 댁에는 다녀오셨어요?"

다시 정신을 차린 관현이 가쁜 숨을 몰아쉬며 물었다.

"하도 바빠서 아직 못 가봤다."

"어머니, 저는 그 집 자식 노릇이라도 해야 합니다. 그리고 어머니, 영일이 몸도 불편할 텐데 영일이 아버지께 연락해 얼른 입원시키게 해야 해요."

"알았다, 관현아. 네 말대로 다 할 테니 너는 아무 걱정 마라."

관현의 어머니는 입술을 깨물며 간신히 대답했다. 관현이 어머니를 올려다보며 빙그레 웃었다.

10월 11일 오후 2시께, 광주지방법원에서 '구속집행정지' 결정이 내려졌다. 구속집행정지 결정과 함께 관현을 지키고 있던 교도관들의 움직임이 분주해졌다. 교도관들은 관현과 관련된 각종 서류를 챙기기 시작했다. 혹시라도 관현이 죽으면 책임을 회피하고 뻔뻔하게 도망치려는 수작이었다.

"이 짐승만도 못한 놈들! 쳐죽일 놈들!"

관현의 어머니는 도망치는 교도관들 뒤통수에 대고 외쳤다. 저들이 관현에게 저지른 짓을 생각하면 당장 달려가 멱살을 쥐고 흔들어도 시원치 않을 판이었다. 어머니의 외침은 곧 통곡으로 변했다.

10월 11일 오후 4시쯤, 교도관들이 관현의 소지품과 영치금을 가지고 왔다.

"가지고 가라, 이놈들아. 내 아들을 다 죽여놓고 이게 무슨 짓이냐? 네 더러운 소장 놈에게 갖다 바쳐라. 그리고 소장 놈에게 물어봐라. 네놈이 사람 새끼냐고. 사람의 껍질을 둘러쓴 짐승이냐고."

관현의 어머니와 누나들은 바닥에 쓰러져 오열했다. 이런 끔찍한 일이 세상천지에, 그것도 관현에게 일어나고 있다는 것을 절대 인정하고 싶지 않은 오열이었다. 교도관들은 황황히 병원을 떠났다.

신영일의 어머니와 김상윤이 찾아왔을 때였다. 관현은 마지막 할 일을 해야겠다는 듯, 놀랍게도 의식을 되찾았다.

"영일이를 얼른 입원시켜야 합니다."

"김영철의 건강은 어떻습니까?"

영일의 어머니와 상윤에게 당부하는 관현의 목소리는 점점 가라앉고 있었다. 눈의 초점도 아침나절보다 훨씬 흐릿해 보였다.

이렇게 관현이 삶과 죽음의 갈림길에서 사력을 다해 싸우고 있던 10월 11일 저녁 7시, 광주남동성당으로 홍남순·이기홍·황석영·문병란·송기숙·김동원·명노근·강신석·박석무 등 재야인사들과 김상윤·김상집·전용호·황일봉 등 관현을 아는 50여 명의 선후배가 모였다. 이들은 관현의 병실을 끝까지 지키기로 결의했다. 또 관현의 빠른 쾌유를 비는 특별 미사와 특별 강론을 광주 시민과 함께 열기로 의견을 모았다.

밤이 깊어지면서 더욱 혼미한 상태로 빠져든 관현은 의식불명 상태에서 "신영일을 구하라."는 말을 계속 되뇌었다.

관현의 어머니는 아들의 손을 놓지 않았다.

"어머니, 용서하세요. 이제…… 제 할 일은 다 한 것 같습니다. 재소자 처우 개선도 소장이 약속했으니……. 어머니, 저는 이제 죽어도…… 좋습니다."

이승과 저승의 경계에 서서 처절하게 내뱉는 관현의 한 마디 한 마디는 그대로 어머니 가슴에 비수처럼 파고들었다.

관현은 다시 혼수상태에 빠졌다. 어머니는 관현의 어깨를 흔들어 깨우고 싶었지만, 그저 관현의 손만 꼭 움켜잡고 있었다.

10월 12일 새벽 2시였다.

"나 좀 일으켜줘."

눈을 뜬 관현이 갑자기 또렷한 목소리로 말했다.

사람들 시선이 모두 관현에게로 쏠렸다. 관현이 몸을 뒤틀고 있었다. 일어나려고 몸부림치는 것 같았다. 그러다가 관현이 붉은 피를 토해내기 시작했다.

"의사, 의사!"

"간호사, 간호사!"

어머니는 아들을 얼른 두 팔로 감싸안았다. 관현이 입가에 흥건히 토해낸 핏덩이를 어머니가 닦아주었다. 관현 주위에 몰려 있던 학생들은 차마 볼 수 없는지 울먹이기 시작했다.

황급히 달려온 의사들이 인공호흡을 시키고 강심제를 놓았다. 그러나 다 소용없었다. 관현의 맥박과 호흡은 점점 잦아들고 있었다.

모두가 울기 시작했다. 의사들은 관현에게 씌웠던 인공호흡기를 떼어낼 생각조차 하지 못하고 울었다. 손바닥으로 얼굴을 감싸고 우는 사람, 그 자리에 그대로 주저앉아 우는 사람, 눈물마저 나오지 않는지 허망하기 그지없는 표정으로 관현을 내려다보고만 있는 사람⋯⋯. 다들 정신이 나간 표정이었다.

"관현아! 관현아!"

어머니의 통곡이 적막한 새벽 하늘로 울려 퍼졌다. 참으로 길고 긴 울음, 참으로 서럽고 서러운 통곡이었다.

1982년 10월 12일 새벽 2시 15분.

관현은 그렇게 세상을 떠났다.

관현에게

계절이 바뀌고 해가 바뀌어도 우리는 너를 그리워하고 또 그리워한다. 너를 보낸 지 벌써 30년이 지났구나.

그 모든 일들이 바로 엊그제 일어난 것처럼 생생하기만 한데 나는 벌써 손자 손녀를 둔 할머니가 되었고, 세상도 많이 변했다. 그저 아내이자 어머니이고 며느리로서 평범한 아낙네이던 나는 너를 통해 많은 것을 배웠다.

너는 우리 집안의 대들보였고, 부모님의 희망이었다. 그런 것을 누구보다도 잘 아는 네가 선택할 수밖에 없었던 그 길, 그 가치를 우리는 지극한 슬픔과 비통 속에서 받아들였다. 갑작스러운 너의 빈자리로 인하여 나는 한 가정의 아내, 어머니, 며느리로서가 아닌, 네가 이루고자 갈망했던 것을 찾아야 한다는 책임을 느꼈다. 그래서 민주화를 위해 투쟁이 필요할 때면 피하지 않았고, 우리와 같은 슬픔을 지닌 다른 많은 가족들을 만났다. 우리 사회를 좀 더 좋은 방향으로 발전시키려고 노력하는 많은 사람들도 알게 되었다.

우리나라는 그사이에 너를 비롯하여 민주화를 외치다 숭고하게 목숨을 바친 영령들이 꿈꾸던 이상으로 발전했단다. 사람들은 대한민국의 민주화가 이루어졌다고들 말한단다. 1980년 5·18 민주화운동은 아시아의 많은 나라들에서 민주화와 인권·평화운동을 자극하는 훌륭한 선례로 자리하고 있고, 해마다 5·18 민주화운동의 정신을 계승하기 위한 행사가 다채롭게 펼쳐지고 있으며, 2011년에는 5·18 민주화운동 기록물이 유네스코 세계기록유산에 등재되기도 했다.

하지만 내 생각에는 아직도 가야 할 길이 멀게만 느껴지는구나.

관현아! 처음 나는, 너를 잃은 슬픔에, 그리고 그 슬픔 때문에 돌아가신 어머니 생각에 몸부림쳤지만, 이제는 네가 자랑스럽다.

관현아! 앞에서 말했던 것처럼 세상이 좋아졌다지만 나는 여전히 너에게 많은 빚을 지고 있다는 생각을 하곤 한다. 나라가 올바르게 발전하도록 만들어야 할 책임이 내게 아직도 남아 있다고 생각한다.

네가 간 지 벌써 30년! 앞으로도 너를 가슴에 안고, 내가 할 수 있는 일들을 하도록 노력하겠다. 이번에 너를 기념하는 책이 출간된 것을 기쁘게 생각하며, 감사드린다.

사랑하고 고맙다, 동생아.

박행순(박관현의 둘째 누나)

큰형님께 드립니다.

노래 부르는 것을 좋아하고 된장국을 구수하게 잘 끓이던 형님.

동생에게 늘 따뜻한 휴식처였고 올바른 길로 인도해주던 등대 같은 형님.

부모님에 대한 효심, 온화한 미소, 강직한 품성, 소박한 옷차림이 어울리던 우리 큰형님.

형님께서 돌아가신 지도 30년이 되었습니다. 형님을 향한 그리움이 지금도 이렇게 간절한 것을 보면, 종착역 없는 여행처럼 언제나 형님은 제 마음속에 남아 있는 것 같습니다.

형님과 함께하던 그 시절, 형님의 언행은 언제나 제 삶의 나침반이었지요.

자취생활을 하던 때라 호사스러운 선물은 꿈도 꾸지 못했던 1970년대 말. 제가 중학교 시험에서 좋은 성적을 거두자 형님이 선물로 주셨던 야구 글러브는 지금도 잊히지 않습니다.

형님!

형님이 전남대 법대에 입학한 뒤 처음이자 마지막으로 큰형님(관현), 셋째 형님(관택), 그리고 막내인 저(관선), 이렇게 셋이서 찍은 사진 한 장을 보면서 형님을 그려봅니다.

형님이 들불야학 활동을 열심히 하시던 어느 날이었습니다.

형님은 늦은 밤 동료들과 기분 좋게 막걸리 한잔하고 돌아와 콧노래를 부르며, 그때까지 자지 않고 공부하는 이 동생을 격려해주셨습니다. 그러고는 제 공부에 방해될까 봐 차디찬 마룻바닥에서 조용히 주무셨지요. 형님의 그 포근하고 정겨운 사랑을 절대 잊지 못할 것 같습니다.

그 일이 있고 나서 몇 달 뒤의 일로 생각됩니다. 광주고등학교에서 떠들썩한 축제가 있었는데, 나중에 알고 보니 광주고 출신인 형님께서 민주적인 방법에 따라 처음으로 전남대 총학생회장에 당선된 것을 축하하는 축제의 한마당이었습니다. 나는 그 사실을 알고서 동네 친구들에게 실컷 자랑하고 다녔습니다. 형님이 정말 자랑스러웠지요.

그렇게 자랑스러웠던 형님은 총학생회장에 당선된 후에도 변함없이 늘 이 동생의 밥상을 챙겨주셨지요. 모든 일에 소홀함이 없으셨던 형님이었습니다.

군부독재에 항거하여 민주주의를 부르짖으며 5·18 민주화운동의 도화선이 되셨던 형님을 2년이 흐른 1982년 9월 어느 날, 광주지방법원 법정에서 다시 뵙게 되었지만, 그날이 형님을 볼 수 있는 마지막일 줄은 정말 꿈에도 몰랐습니다.

1982년 10월, 고통도 없고 차별도 없는 평화롭고 아름다운 세상으로 떠나가시던 날. 이 동생은 전남대 병원 장례식장에서 미처 슬퍼할 겨를도 없이 상주로서 광주의 수많은 시민과 학생들의 조문을 받아야 했습니다.

그러나 형님, 저는 상복을 입고 있으면서도 형님의 죽음을 받아들일 수 없었습니다. 언제나 등대처럼 이 동생의 마음속에 꺼지지 않는 희망으로 자리하고 있는 형님인데, 어떻게 형님의 죽음을 인정할 수 있었겠습니까?

30년 전 마음에 새긴 형님을 향한 사랑과 그리움이 지금까지도 선명한 것을 보면 형님은 언제까지나 제 가슴에 꺼지지 않는 불꽃으로 남아 계실 거라 생각됩니다.

형님! 정말 보고 싶습니다. 그리고 존경합니다. 먼 훗날 하늘나라에서 만나게 되면 형님의 따뜻한 사랑과 가르침에 다시 한 번 감사하다, 말씀 올리겠습니다.

형님, 사랑합니다!

막냇동생 관선 드림

관현, 그리운 친구에게

　고등학교 학창시절 방학이면 편지 몇 통쯤은 주고받았을 테지. 지금은 무슨 내용이었는지 전혀 기억나지 않는구나. 하지만 너와 함께한 많은 일들이 막걸리 독에 술이 괴어 기포가 방울방울 솟아 오르듯 두서없이 떠올라 한 편의 이야기가 되곤 한다.

　지금부터 30년 전인 1982년 10월 어느 날 부대에 출근했더니, 평소 내가 좋아하던 분(김기생 수사반장)이 수사반으로 나를 불러 네 사망 소식이 실린 신문기사를 보여주었다. 그길로 너의 불갑 고향 집으로 달려간 나는 공군 중위의 정복을 입은 채 내내 호상을 보았다. 장례를 끝낸 후 부대에 복귀하자마자 보안사령부로 소환되어 추궁받았지만, 김 반장님의 도움으로 다행히 호된 추궁은 면했다.

　사망 당시 너는 교도소의 급식을 포함한 부당한 처우에 항의하는 단식을 하던 중이었어. 고등학교 시절 스포츠 슈퍼스타였던, 누구보다 강건했던 너의 죽음을 나는 받아들이기 어려웠다. 네가 세상을 떠나기 얼마 전 작은 누나 내외분과 함께 갔던 면회가 너와의 마지막이 될 줄을 몰랐다. 나는 생각했다. '처우 개선에 목숨까지 걸어야 했을까?'라고 말이다.

하지만 너는 언제나 그랬다. 네가 있는 모든 자리에서, 그리고 누구에게나 늘 최선을 다하고자 했다. 네가 가족, 특히 어머니에게 최선을 다한 것은 너의 사랑만큼이나 강한 장자로서의 의무감 때문이었을 거야. 너는 고등학교 시절 반장으로서 최선을 다했고, 대한민국 군인으로서도 최선을 다했다. 들불야학에서도 스승으로서 심신을 아끼지 않았다는 소식을 전해 들었다. 80년 봄의 정국에서도 그러했을 것이다. 항상 스스로를 채찍질하던 우직한 너의 성품이 너를 죽음으로 몰고 간 것일까? 나는 나 혼자 묻고 대답하기를 반복했다.

너는 네 어머니를 사랑하듯 친구들의 어머니도 다 좋아했다. 아마 네 어머니처럼 농사를 지으셔서 우리 어머니를 특히 애틋하게 여겼나 보다. 너는 불갑 너의 집에서 농사일 돕기를 끝내고는 광주로 가던 길목 외치에 있는 우리 시골집에 곧잘 들렀다. 어머니는 혼자 있는 때가 많았던 터라 너를 반가워하셨지. 보리를 마당에 거두어놓고 갑자기 비가 몰아칠 때 네가 와서 마루와 창고로 모두 집어넣었다는 말씀은 두고두고 하셨다. 소탈한 네가 어머니가 차려주신 밥을 맛있게 먹었다는 말씀도 자주 하셨지.

문득 고등학교 1학년 때 생각이 난다. 초등학교 4학년 때부터 부모님과 떨어져 도시에서 유학했던 나는 유별나게 외로움과 슬픔에 젖어 살았다. 그나마 조금 활달해진 것은 고등학교 시절 너를 포함한 여러 친구들 덕분이었을 거다. 나는 지금도 생생하게 기억나는,

유치 찬란한 몇 구절을 어느 공책 뒷면에 끼적거려놓곤 했다.

　　그대는 모르리, 사나이의 설움을.
　　그대는 모르리, 사나이의 괴로움을.

　우연히 이 글귀를 본 너는 크게 공감하는 눈치였다. 열여섯 소년의 세상에 무슨 설움과 괴로움이 그렇게 많았을까? 하지만 우리 인생이란, 육십이 되어가는 지금도 열여섯이던 그때도 많은 어려움이 있는 게지. 지금 생각해보면, 만능 운동선수에 공부도 잘했던 너에게 그 당시 괴로움은 세상에 대한 도리, 특히 부모님의 기대에 부응해야만 한다는 것이었을 게다. 자식에게 헌신했던 그 시대 부모의 기대란, 농사짓는 부모님의 기대란, 이를테면 자식이 판검사가 되는 것이었다. 너는 나중에 야학 생활, 학생회장 생활, 80년 봄의 역할 등을 하면서 이를 깨고 나갔지만, 그래도 죽음에 이르러서는 이 괴로움 때문에 무척 슬퍼했을 것 같다. 부모님의 기대에 미치지 못했다는 괴로움에 너를 붙잡고 놓지 않았으리라.
　그렇지만 우리의 고등학교 시절을 관통한 것은 그런 괴로움과 슬픔보다는 십대 후반의 발랄함과 유쾌함이었다. 유신의 공포가 드리워진 시절이었지만 그래도 우리에게는 젊음이 있었다. 그때 우린 정말 공부도 열심이었고, 유머와 위트 섞인 대화도 많이 나눴고, 웃기도 많이 웃었으며, 노래도 실컷 불렀다. 너는 균형 속의 파격과 염화미소를 외치고 다니며 중장거리 필드의 왕자 자리도 놓치지 않았다. 너는 성인이와 함께 우리 반 운동회 우승을 책임지곤 했었다. 음악 실기시험 때 〈한 송이 흰 백합화〉를 부르며 배권태 선생님의 피아노 건반을 훑어내려 화나게 한 것도 너였지? 너의 십팔번은 〈한 많은 대동강〉이었다. 그 노래를 부를 때면 어김없이 너의 풍부한 제스처가 나오곤 했다. 껄껄껄 하는 호탕한 웃음도 함께였다.

고등학교를 졸업한 뒤 나는 광주에 남고 친구들은 다 서울로 가버렸다. 너는 재수를 거쳐 군대에 갔다. 방학 때 내려온 친구들과 만나기도 했지만 나에겐 외로운 시절이었다. 그러다 네가 전남대학교 법학과 입학을 결정한 1978년의 1월과 1학년생이던 7월 여름, 우리는 같이 어울렸다. 그해 1월 우린 술을 참 많이도 마셨다. 영광의 문유, 박기학, 그리고 너 박관현과 함평의 나, 정상현, 임곡의 고영대, 그리고 한두 명은 더 있었을 거야. 우리는 부모님 계신 고향집을 찾아가 하루씩 자면서 무슨 벼슬이라도 한 것처럼 거한 상을 받고 밤새워 술을 마셨다. 예나 지금이나 술 못 먹는 나도 그때는 맥주병깨나 해치웠던 것 같다.

그해 여름 우리는 다시 한 번 뭉쳤다. 그때 문유는 빠지고 김진완이가 같이했지. 우린 목포에서 배를 타고 노화도를 거쳐 보길도에 들어갔다. 바닷가 검은 조약돌이 천연기념물인 중리에서 하루를 묵었다. 바닷가 집이라 처마는 유난히 낮지만 나름 근사했던 그 기와집. 그 집에는 20대 안팎의 세 자매가 살고 있었지. 세 자매의 부모님은 서울 사는 아들을 만나러 가서 없었지. 우리가 쌀을 씻자 남자는 그런 것 하면 안 된다고 양푼을 빼앗아갔다. 비록 연정은 없었지만, 순박한 세 자매는 지금도 뇌리에 남아 있다. 그리고는 여수로 나가 오동도에서 난생처음 멍게를 먹었다. 아직은 빳빳한 네 학생증을 맡기고 우린 멍게를 원 없이 실컷 먹었구나.

작년 여름 보길도로 추억여행을 떠났다. 이번엔 김진완과 네가 없는 대신 홍성인이 함께했다. 그 깨끗하던 바다는 없었다. 동네 꼬마 녀석들이 개구리처럼 헤엄치던 그 바다는 없었다. 그리고 그 기와집도 없었다. 세 자매가 쌀 양푼을 뺏어가던 우물가도 없었다. 그리고 밤에 몰래 물을 끼얹던 공동우물도 사라졌다. 하룻밤 묵으려던 계획을 취소하고 우리는 부랴부랴 섬을 떠나왔다. 그러기에 첫사랑은 찾는 것이 아니라던가. 추억의 여행지는 다시 가는 것이 아니라던가.

첫사랑과 추억의 여행지는 다시 찾는 것이 아니지만, 우리의 친구 관현, 너에 대한 기억만은 어찌 된 일인지 해를 거듭할수록 새로워진다. 30년의 세월이 그 기억을 황금빛으로 물들이는 화학작용을 계속하고 있는데도 말이다.

관현, 돌아오는 30주기에는 망월동으로 꼭 너를 찾으러 가겠다. 30년의 세월 동안 변한 것은 무엇이고 그대로 남아 있는 것은 무엇일까? 술 한잔 마시면서 얘기해보자.

그리운 친구여, 안녕!

상현 씀

내 짝꿍 관현이를 그리워하며

몇 년 전인지 기억은 정확하지 않다. 2000년대 중반인 것도 같다. 하여튼 오십이 넘은 언제인가 나는 밤마다 관현이를 찾아갔다. 나는 긴 통로를 걸어서 이승이 끝나고 저승이 시작되는 문 어귀까지 갔다. 그곳에는 햇불이 밝혀져 있고 문은 닫혀 있었다. 그곳만 지나면 관현이를 볼 수 있는데 문은 열리지 않았다. 그렇게 나는 언제나 만나지 못한 진한 아쉬움 속에서 잠을 깨곤 했다.

어느 때는 관현이가 서울에서 광주로 내려온다는 소식이 전해졌다. 나는 그 소식을 듣고 관현이가 오기로 한 약속 장소 근처에 갔다. 기억하기로는 광주의 어느 저수지 근처로 여겨진다. 아! 이제 그리던 관현이를 볼 수 있겠구나. 관현이는 죽은 것이 아니라 살아 있다. 그런데 막상 그곳으로 가보면 관현이는 오지 않았다. 나는 또 진한 아쉬움 속에서 깨어나곤 했다. 이런 비슷한 꿈을 몇 번이나 꾸었는지 모르겠다. 왜 그때는 잠만 자면 이런 꿈들이 며칠이고 이어졌는지 지금도 나는 잘 모르겠다.

고등학교 시절, 지금 생각하면 거의 무의식 상태에서 학교와 집을 왔다 갔다 했던 것 같다. 무엇 하나 뚜렷이 기억되는 게 없다. 관현이와는 고등학교 2학년 때 같은 반이 되었다. 짝꿍을 번갈아 가면서 바꾸었기 때문에 2학년 내내 짝꿍이었던 것은 아니지만, 그는 여러 번 내 짝꿍이 되었다.

관현이에 대한 나의 첫 기억은 팔씨름대회다. 어느 날 점심시간을 이용해 교실에서 즉흥적으로 팔씨름대회가 열렸다. 관현이가 몇 사람을 제쳤는지 모른다. 나는 우연히 마지막 주자로 나섰는데, 관현이를 꺾는 바람에 단 한 번의 겨루기로 팔씨름왕이 되었다. 그 뒤로 팔 힘이 좋다고 해 운동회 때 원반던지기 반 대표로 뽑히기도 했다. 그러나 성적은 정말 형편없었다. 아마도 관현이를 꺾은 것은 팔 힘이 세어서가 아니라 관현이가 앞서 힘을 너무 많이 소모해버린 덕분이 아니었나 생각된다. 그런데 관현이는 이기거나 지거나 항상 호탕하게 웃었다.

2학년 운동회가 끝나고 우리 반은 장성 백양사로 놀러 갔다. 운동회 프로그램에는 가장행렬이 있었는데 우리 반은 영국 여왕의 즉위식을 선보였다. 반 전체가 역할을 분담하는 등 워낙 열심히 준비했기 때문에 우승할 거라 예상했지만 우리는 2등에 그쳤다. 아쉬움이 큰 운동회였다. 성과를 내지 못한 아쉬움에 단합대회 겸 백양사로 뒤풀이를 간 것인데, 여기서도 나는 또 한 번 관현이의 덕을 입었다. 큰 암벽 안쪽 움푹 파인 곳에 관현이가 들어가 양팔을 벌리고 서 있었다. 나에게는 관현이의 그 모습이 꽤 폼 나게 보였다. 부러워하는 나를 보더니 관현이는 바로 내려와서 그 자리를 내게 양보했다. 나는 얼떨결에 암벽 사이에 올라가 섰다. 누가 사진을 찍었는지는 모르지만, 이 사진이 졸업 앨범에 실렸다. 아마 그 사진이 아니었다면 나는 졸업 앨범에 멋진 사진 한 장도 남기지 못했을 것이다. 이것도 관현이 덕분이었다.

대학에 가면서 관현이를 거의 보지 못했다. 내가 관현이를 다시 본 것은 대학을 졸업하고 입대하기 전이었다. 그때 관현이는 전남대에 막 입학했다. 1978년 초 나는 관현이를 비롯해 몇몇 친구들과 제주도·보길도 등 여러 곳을 여행했다. 또 친구 집을 두루두루 찾아다니기도 했다. 이때 관현이의 고향 영광 불갑 집에도 가서 논적이 있다. 아마도 설 무렵이었던 것 같다. 관현이 어머님은 장남의 친구들을 위해 맛있는 음식과 술을 차려주셨다. 우리는 밤새 먹고 노래 부르고 춤추며 놀았다. 관현이는 춤을 추면서 흥을 돋우었다. 그 전에도 그 뒤에도 이처럼 여진이 오래 남는 한바탕 흥은 없었던 것 같다.

내가 군대에서 휴가 나왔을 때 관현이가 우리 집으로 찾아와 밤늦게까지 술을 마신 적이 있다. 그때는 광주항쟁 전으로, 관현이가 들불야학 강학을 하던 때다. 관현이는 나에게 노동자의 삶에 대해, 그들의 생각에 대해 이야기했다. 그 내용이 하나하나 다 기억나지는 않지만 노동자의 현실을 내게 알려주고 내 의식을 일깨워주고자 했던 이야기 같다.

하지만 나는 관현이의 말을 받아들일 준비가 되어 있지 않았다. 나는 그저 "관현이 네가 책임져야 한다."고만 말했다. 참으로 부끄러운 말이었으나 관현이는 화를 내거나 나를 질책하지 않았다.

그날 우리 어머니는 내가 밤늦게까지 자지 않고 술 마시는 것을 보고 버럭 고함을 치면서 그만 자라고 역정을 내셨다. 관현이는 "술은 제가 다 마실 테니 염려 마세요." 하고 우리 어머니를 안심시켰다. 관현이다웠다.

내가 제대했을 때 관현이는 수배 중이었다. 제대한 뒤로 나는 그를 볼 수 없었다. 그렇게 세월이 흘러갔다.

그러던 어느 날, 내가 한국노총에 다닐 때였다. 나는 관현이가 위독하다는 소식을 듣게 되었다. 그러고 나서 얼마 뒤에는 죽었다는 소식까지 듣고 말았다.

나는 관현이를 면회하지도 못했다. 왜 면회 한 번 가지 못했을까? 나의 각박한 마음이 아쉬울 뿐이다. 나는 영결식 전날 그의 시신이 안치된 영광의 원불교 교당을 찾아갔다. 그날 밤 나는 관현이 누님의 곡소리를 들었다. 관현이 누님은 "우리 동생 연애 한번 못해보고 죽었네."라며 밤새 통곡했다. 이 통곡 소리에 나도 모르게 주르륵 눈물이 흘러내렸다. 누님이 한 번 통곡하면 내 눈물도 주르륵, 또 통곡하면 또 주르륵. 나는 이보다 더 애절한 통곡 소리를 지금까지 들어보지 못했다.

그 뒤 나는 책으로 관현이를 만나게 되었다. 내가 한국노총을 그만두고 사계절출판사에 근무할 때였다. 그때 마침 사계절출판사에서 관현이의 책을 내기 위해 준비하고 있었는데, 우연히 내가 그 책의 교정을 맡았던 것이다.

관현이는 팔방미인이라고 할 만큼 다재다능했다. 전남대 학생회장 시절, 그는 특히 연설을 잘했다고 한다. 하지만 원고를 검토하는 과정에서 내가 가장 깊은 인상을 받은 것은 들불야학 강학 시절 관현이가 학생들, 그리고 주민들과 스스럼없이 어울리고 그들과 깊은 유대를 쌓았다는 대목이었다. 이것이 관현이의 진면목이구나 싶었다. 나는 그 대목을 읽고 또 읽으면서 관현이야말로 진정한 민중의 벗이구나 생각하게 되었다. 관현이가 민중의 벗이 된 것은 하나도 이상할 것이 없지만, 누구나 그렇게 될 수 있는 것은 또 아닐 것이다.

박기학

친구에게

관현이,

자네가 떠나간 지도 벌써 30년, '무정세월 약유수(無情歲月若流水)'인가?

최유정 작가가 자네한테 보내는 편지를 써달라네. 군대 훈련소에서 낡은 옷에다 부모님께 쓴 편지 말고는 편지라곤 써본 적이 없는 나에게, 죽은 지 30년이 지난 친구에게 편지를 쓰라고? 참, 기가 막혔네.

망설이다가 그러마 하고 대답은 했지만 막상 쓰려 하니…….

자네가 간 지 한 세대가 지났는데 나는 무엇을 하고 살았는지? 살아남은 자의 죗값으로 질풍노도처럼 광란이라도 해봤는지? 아니면 물결 잠든 호수에 비춰보며 처절한 반성이라도 해봤는지? 보고 싶다는 말보다 부끄러움이 치고 올라와, 떠오르는 자네 얼굴을 감히 똑바로 마주할 수가 없네.

자네가 그토록 갈망했건만 미안하게도 세상은 그리 변한 게 없네. 민초들의 하루하루는 짓는 것이 한숨이고 쏟는 것이 피눈물이고, 도처에서 준동하는 숭미 친일파들에 의해 남과 북은 또다시 우리의 뜻과는 상관없이 멸망의 길로 내몰리고 있네. 그런데도 한 줌 모래알만도 못한 권력을 움켜쥐겠다고 아등바등하는 꼬락서니들이라니!

배가 자꾸만 산으로 가려 하네. 하고 싶은 말은 결국 자네가 보고 싶다는 말뿐인데 말일세.

관현이.

30년을 더 주었는데도 아직 딴소리냐고 자네가 나를 꾸짖을 것만 같아. 자네 곁에 가지 못하는 비겁한 놈이 그냥 넋두리하는 것으로 들어주게.

관현이,

부디 혜량하고 잘 쉬고 있게나. 우리 헤어진 30년보다는 만날 날이 더 가깝지 않겠는가! 그때 다시 만나…….

강섭이가

기억

열사 돌아가신 지 벌써 30년! 새삼 깊은 상념에 잠기게 된다.

박관현 선배에 얽힌 기억은 1982년 10월 12일, 전남대 병원 응급실에서 시작된다. 5·18을 경험한 새내기 대학생인 나는 박관현 선배가 위독하다는 소식을 전해 듣고 동지들과 함께 전남대 병원 응급실로 달려갔다. 사실 내가 선배에 대해 아는 것이라곤 아무것도 없었다. 단지 내가 몸담고 있는 동아리 선배라는 것과 감옥에 갇혔다가 죽음을 맞고 있다는 사실뿐이었다.

내가 뛰어가 만난 선배는 의식이 없었다.

그날 저녁 나는 선배의 시신을 지키던 중 시신을 탈취하려는 경찰에게 끌려가 광주 동부경찰서 유치장에 갇히는 신세가 되었다. 이것이 내 첫 경찰서 경험이다.

누구나 죽음 앞에서는 분노하고 슬퍼하며 제정신이 아니라고들 한다. 더군다나 감옥에서 죽어 나온 것이니. 당시 박관현 선배의 죽음에 대한 분노는 하늘을 찌를 수밖에 없었다. 나 역시 겁 없는 대학생이었다. 당시 역사에 대한 인식은 깊지 않았어도 5·18의 항쟁과 죽음을 목격한 나로서는 선배의 죽음 앞에서 하나도 무서울 것이 없었다.

나는 탈취당한 시신이 영광 고향에 서둘러 묻혔다는 소리를 유치장에서 들었다. 갑자기 오기가 생겨났다. 경찰서에서 훈방된 나는 곧바로 시위 대열에 동참했다. 또다시 잡혔다가 풀려나서 다시 검거되는 과정을 되풀이했다. 꼬박 그렇게 일주일을 풀렸다 들어갔다를 거듭하며 선배를 살려내고자 하는 투쟁으로 하루하루를 보냈다.

그렇게 시작된 나의 대학생활은 4년 내내 투쟁으로 이어졌고, 결국 나는 대학 4학년 때 삼민투 사건으로 3년 7개월의 형을 받게 되었다. 박관현 선배의 죽음이 끝내 나를 감옥으로까지 이끈 것이었다.

내가 광주교도소 미결수가 되어 갇힌 곳은 박관현 선배가 마지막에 살았던 독방이었다. 0.75평 독방은 숨조차 제대로 쉬기 힘든 열악한 공간이었다. 나는 기가 막혔다. 이런 곳에서 과연 인간이 살아갈 수 있는지 궁금하기까지 했다.

좁은 공간을 서성이며 지내던 어느 날, 나는 우연히 흰 벽에 쓰인 '박관현 살다 감'이라는 글귀를 발견했다. 박관현 열사가 거짓말같이 내게로 다시 다가온 순간이었다.

아, 나를 운동으로 이끈 이가 바로 박관현 열사 아니었던가? 그런 그를 또다시 이렇게 만나게 되다니.

외롭고 답답하기만 하던 0.75평 공간이 한순간 넓어지는 기분이

들면서 나는 갑자기 생기를 되찾았다. 내 몸 곳곳으로 박관현 열사가 숨을 불어넣어주는 듯했기 때문이다.

박관현 선배의 시신을 지키려다가 난생처음 유치장 신세를 졌고, 1980년 5월의 진상을 규명하는 투쟁 과정에서 구속되었고, 다시 또 이렇게 박관현 선배가 마지막 삶을 꾸려나가던 공간에 내가 서 있게 되었으니, 어쩌면 이 모든 것이 다 운명이라는 생각이 들었다.

박관현 열사가 우리 곁을 떠난 지 어느덧 30년!

많은 것이 변했다.

불의와의 타협 없는 투쟁, 진보를 향한 사소한 갈등과 투쟁. 어쩌면 이러한 모든 갈등과 투쟁이 우리 사회를 변화시킨 것이리라.

그러나 우리가 또한 잊지 말아야 할 것이 있다. 이렇게 지난한 과정을 일궈낸 핵심에는 사람이 가장 소중하다는, 너무도 당연한 진리가 숨어 있다는 것이다. 과거 지난한 투쟁은 사람이 사람답게 사는 세상을 만들기 위한 빈틈없는 시간들이었던 것이다.

나는 이 모든 것이 박관현 열사에게서 시작되었다고 생각한다. 5·18에서 시작된 것이고 5·18을 승리로 이끈 이 땅 민중에게서 시작된 것이라고 생각한다. 나 또한 박관현 열사의 뜻을 세우기 위해 어느 때는 제도정치권에서, 어느 때는 거리에서 부대끼며 싸워왔다고 자부한다.

그럼에도 떨쳐내기 힘든 회한이 남는다.

그토록 싸워왔건만 우리 사회는 아직도 30년 전의 시점에 그대로 멈추어 있는 듯하다. 사람들은 여전히 갈등과 분열, 미움으로 똘똘 뭉쳐 있다. 나쁜 권력을 쫓아내기 위한 투쟁은 지금도 계속되고 있다. 이쪽이나 저쪽이나 편 가르기 싸움으로 모두 제정신들이 아니다.

나는 여전히 성숙의 과제를 안고 있는 우리 사회 앞에 1980년 전남도청 앞의 함성이, 죽음의 고통이, 열상(裂傷)의 흔적이 고스란히 남아 있다고 생각한다. 박관현 선배에 대한 기억이 30년이 지난 오늘까지도 지워지지 않는 이유 또한 이러한 문제들 때문이다. 그가 내 곁에 여전히 머물러 있는 기분 역시, 해결되지 않은 이러한 문제들 때문이다.

나는 이 책을 통해 많은 사람들이 박관현 선배를 다시 기억하기를 바란다. 시시각각 다가오는 죽음의 공포 속에서도 끝끝내 꿈과 희망을 잃지 않았던 그의 강인함을, 내가, 우리가, 다시 배웠으면 하는 바람이다.

마지막으로, 나의 선배, 광주의 아들이자 민주화의 새벽 기관차 박관현 선배의 영전에 그가 그토록 좋아했다던 막걸리 한 사발 바치고 싶다.

열사의 정신이 맴도는 날

강기정

친구 박관현에게 보내는 편지

관현아!

네가 유명을 달리한 지도 벌써 30년이 되었구나!

나는 그동안 무엇을 하며 살았을까.

강섭이는 요즘도 술 한잔하면, 네 누님이나 남동생, 그리고 후배들에게 "관현이 죽인 놈이 바로 요놈이여!"라고 나를 지목한다.

그러면 나는 배시시 웃을 뿐이다.

내 웃음 속에는 한없는 괴로움과 엄청난 무게의 빚더미가 쌓여있다.

"병신 같은 놈, 죽기는 왜 죽어!" 그렇게 생각하다가도, "너무 좋은 놈이 죽었어."

가끔 내가 중얼거리는 소리다.

나는 네가 감옥에서 죽어갈 때, "제발 죽지만 말아다오."라며 얼마나 빌었는지 모른다.

1982년 10월, 나는 너의 임종이나 시신조차 보지 못했다.

나는 이미 1981년 6월부터 잠수함을 타고 있던 몸이었다.

'아들 사건'으로 수배되어 기소중지자로 떠돌고 있었는데,

'윤한봉 밀항 사건'으로 또다시 수배된 상태였다.

서울의 뒷골목을 배회하다가 너의 죽음을 전해 들었을 때, 그 처절한 안타까움이란 어떤 말로도 표현할 수 없었다.

동지를 잃은 분노! 친구를 보낸 그 아픔!

이 편지를 쓰면서 또다시 눈시울을 붉히며,

뜨거운 가슴으로 운다.

관현아!

언제 불러도 정다운 그 이름, 관현아!

우리 저승에서 만날 때 뜨겁게 포옹할 수 있도록, 정말 부끄럽지 않게 살자고 굳게 다짐하면서 인사를 마친다.

정용화

●●● **1953년 6월 10일**

호적에는 출생연도가 1952년으로 되어 있지만, 실제로는 1953년 이날 전라남도 영광군 불갑면 쌍운리에서 농업에 종사하는 박정한 씨와 이금녀 여사의 5남 3녀 중 장남(6대 장손)으로 태어났다. 손위로 누님만 셋이었기 때문에 그의 출생은 집안의 큰 경사였다.

●●● **출생~1958년**

아버지가 장기 하사로 입대하자 아버지를 따라 군부대가 있는 논산으로 이사한다.

●●● **1960년 3월**

아버지가 군무(軍務)를 마친 뒤 고향으로 돌아와 농사일을 시작함.
이곳에서 불갑초등학교 입학. 초등학교 시절 동무들보다 영리하고 판단력이 뛰어나 가족들의 사랑을 독차지했다.
인심이 후하고 유머 감각이 풍부한 할아버지와 전통불교를 믿는 할머니의 영향을 받았다.

●●● 1965년

불갑초교 6학년 때 일류 중학교 진학을 위해 광주 수창초교로 전학. 뒷바라지를 위해 어머니가 함께 따라나선다. 이듬해 광주서중 입학시험에 떨어져 6학년을 두 번 다녔다.

●●● 1967년 3월 이후 중학 시절

광주 동중학교에 진학. 성적이 우수하고 리더십과 언변이 뛰어나 학급 간부와 학교 간부를 겸했다. 양강섭·장석웅 등 전남대에서 만나게 되는 친구들을 일찍이 여기서 만난다.

●●● 1970년 3월 이후 고교 시절

광주고등학교에 진학. 그사이 할머니가 세상을 떠나 어머니는 시골로 내려가고, 누님들과 함께 학교 주변에서 생활한다. 성적이 뛰어났고, 운동을 즐겨 했다. 노래를 구성지게 잘 부르고 의리가 두터워 친구들 사이에서 인기가 좋았다.

다 떨어진 운동화를 신고 도시락 반찬으로 된장을 싸 가지고 다닐 만큼 남의 이목에 구애받지 않고 자신의 주관을 꿋꿋이 세워나갔다. 이 시절 법대에 진학해 법관이 되겠다는 목표를 세운다.

고교 3년 때인 1972년 유신체제가 발동하자 몹시 분노한다. 그날 일기에는 "자유스럽게 말할 수 없어 외롭다."고 쓰여 있다.

송경안·김경택·신계륜·정상현·김삼수·김재효·양강섭 등 현재 각계에서 활약하고 있는 인물들과 절친했으며, 대학 진학 뒤에도 교분을 계속 유지했다.

●●● 1973년 1월

광주고등학교 졸업. 서울대 법대에 낙방한 뒤 서울의 큰누나 집에서 기거하며 재수 생활을 한다.

●●● 1974년

대학 진학 공부를 계속하다가 영장을 받고 군에 입대. 강원도 홍천 골짜기에서 성실하게 근무한다.

●●● 1977년

군 제대. 대학 진학 공부를 다시 시작한다.

●●● 1978년

전남대 법대에 차석으로 합격.

전학기·양강섭·정용화 등을 만나면서 사회과학 공부를 시작하고 학생운동에도 관심을 두게 된다. 정의감이 있고 책임감이 강하며 리더십이 뛰어난 것을 간파한 중고등학교 동창 양강섭이 그를 적극 추천. 동일방직 똥물사건, 함평 고구마 사건 등의 얘기를 나누며 함께 분노하기도 했다.

2학기 초, 군에서 제대한 뒤 복학한 중고등학교 동창 장석웅이 관현이라면 전남대 학생운동의 활성화에 크게 기여할 수 있으리라는 판단 아래 관현에게 자료를 제공하고, 동아리와 김상윤·윤한봉 등 학생운동 선배들을 소개함.

가톨릭농민회 주최 '쌀 생산자대회'에 장석웅·이세천 등과 함께 참여해 행사를 돕는다. 광주 지역 민주인사들이 마련한 '민주대학'의 일에도 적극 나선다.

● ● ● **1978년 12월~1979년 9월**

겨울방학을 기해 마련된 '광주공단 노동자 실태조사'에 참여. 장석웅·이
세천·박병섭·신영일·안진 등 조사반원들과 실제 운동을 위한 만남이 시
작됨. 공단 주변에 자리 잡은 들불야학 강학들과도 만나기 시작한다.

윤상원·박용준·김영철 등과도 구체적인 일을 통해서 만난다.

1979년 들어 실태조사반이 합숙을 시작하면서 그의 활약이 두드러진다.

실태조사를 마무리 짓고 '조사보고서' 작성. 실태조사 결과를 바탕으로
전남대 내에 '사회조사연구회'를 창립하고 부회장직을 맡는다.

들불야학 강학으로 참여할 것을 권유받고 망설이다가 '민중과 함께하는
삶'에 동의해 강학으로 참여.

들불야학 강학으로 활동하면서 노동문제 교육이라는 야학의 일반 기능
이외에 지역사회개발운동(빈민운동)과 결합되는 분위기를 간파하고 누구
보다 열성적으로 활동한다.

● ● ● **1979년 10월**

시위예비음모사건인 이른바 인성다방 사건과 상담지도관실 방화사건으
로 그와 관계를 맺었던 동지들이 구속되자 뒷바라지를 한다.

강학 회의, 강학 세미나, 주변 청소년들 수업, 주변 광천시민아파트 청년
들과의 교류 등을 주도적으로 이끌어간다.

••• 1980년 3월

들불야학 4기 입학식을 마치고 강학으로 성실히 일하던 중 학내자율화추
진위원회에서 2차 공청회 연사로 나와달라는 부탁을 받고 수락. 공청회에
서는 '대학의 모순 극복'이라는 제목으로 연설. '대중지도력이 탁월하다
는 평가'를 받는다.

••• 1980년 4월

전남대 민주화운동 세력의 일치된 권고에 따라 총학생회장에 입후보, 유
세 때마다 박수갈채를 받는다. 4월 9일, 압도적인 표차로 총학생회장에
당선.
'민주학원의 새벽 기관차'라는 구호를 앞세우고 전남대 학생운동의 선봉
장이 된다. 4월에는 병영집체훈련 문제, 어용교수 문제, 상담지도관실 폐
쇄문제 등 학내의 비민주적인 잔재 청산을 위해 잦은 대중집회와 농성 등
을 이끌었다.

••• 1980년 5월

5월 8일부터 15일까지를 '민족민주화 성회' 기간으로 설정하고 운동세력
을 지도.
14·15·16일의 가두 진출과 도청 앞 광장에서 열린 '민족민주화 성회' 주
도. 탁월한 웅변력, 일사불란한 지도력을 최대한 발휘해 시민들 사이에서
'광주의 아들, 무등의 아들, 5월의 아들'로 부상한다.

●●● 1980년 5월 18일

5·17 계엄확대조치와 5·18항쟁으로 수배를 받고 은신. 5월 18일 오후, 사전검거를 피해 양강섭·김영휴·차명석과 여수 앞 돌산섬으로 피신. 돌산섬에서 뼈를 깎는 심정으로 광주 5·18항쟁을 지켜본다. 항쟁이 무력으로 진압된 후 돌산섬을 나와, 목포 앞 암태도 부근 초란도에서 당국의 추적을 피한다.

6월 초순, 도피처를 서울로 옮긴다. 김영휴가 안내한 은신처를 나와 제수 씨와 누님의 도움으로 삼양동 산동네의 이모집 다락방에 기거.

●●● 1981년

삼양동 이모집에 기거하면서 소금 장사, 막노동자, 모기장 치는 장사로 생활. 5공화국이 들어서면서 계엄이 해제되는 등 상황이 유화되자 스스로 벌어서 살겠다는 각오로 막일도 서슴지 않는다.

●●● 1981년 9월

삼양동 다락방을 나와 공릉동에 있는 '화랑섬유'라는 요코공장에 취업. 공장 동료들과 토론할 기회를 자주 마련하고 야유회 등을 통해 인간적인 우의를 돈독히 한다.

●●● 1982년 4월 5일

요코공장 식당에서 점심을 먹다가 부산 미문화원 방화사건의 수배자와 광주항쟁 수배자를 찾는 텔레비전 뉴스를 보게 된다. 이날 저녁 상금을 노린 동료 노동자 최행락과 이순분의 신고로 공릉동 파출소에 연행, 체포.

286

●●● 1982년 4월 12일

광주교도소 미결 2사 18방(독방)에 '내란 중요 임무 종사'로 구속 수감.
교도소에서 임낙평·신영일 등 그리운 후배들을 만난다.

●●● 1982년 7월 8일

신영일·김철수·오상석 등과 함께 1차 단식투쟁 시작. 교도소의 폭력적인
탄압으로 보름 만에 단식 해소. 교도관에게 폭행을 당하고 기결사로 강제
전방되어 강제 급식을 당한다.

●●● 1982년 8월 말~9월 초

8월 말 교도소 당국의 극악한 처우에 항의해 단식투쟁에 들어간 부림사
건 관련자인 부산 지역 청년 최준영·김재규·송세경과 학림사건 관련자
이선근·이덕희에 대한 폭력적 탄압에 항의해 양심수 처우 개선, 재소자
처우 개선 등 몇 개 항목의 요구사항을 내걸고 신영일 등과 2차 단식투쟁
에 돌입.

●●● 1982년 9월 15일

단식 10여 일째인 이날 1심 결심공판을 받는다. 내란 중요 임무 종사 등
공소사실이 모두 인정되어 징역 10년을 구형받는다. 탈진한 상태에서도
감동적인 최후진술을 해 방청하러 온 광주 지역 민주인사와 성직자들에
게 감동을 준다.

광주 지역 민주인사, NCC 인권위원회, 천주교정의평화위원회, 구속자 가
족 등이 그의 장기 단식에 관심을 두고 재소자 처우 개선 등을 교도소에

적극적으로 요구.

•••• 1982년 9월 말

일부 처우 개선 등을 약속한 교도소 당국에 완전 해결을 주장하며 부분 단식. 이즈음 선고공판에서 징역 5년을 선고받는다.

•••• 1982년 10월 4일

교도관의 폭력행위 근절 등의 요구사항을 내걸고 또다시 부분 단식에서 단식으로 전환, 3차 단식에 돌입.

이날 관현이 재소자 수칙을 상습적으로 어겼다며 교도소 당국이 금치 징벌 처분을 내림. 기결사의 '특수 징벌방'에 갇히고, 서신·접견·운동·목욕·구매 등 재소자의 모든 권리를 박탈당한다. 단식 계속. 광주 지역 민주 세력과 성직자의 노력, 단식 양심수 가족들의 항의·농성 이어짐. 10월 8일 윤기석 목사 등과 함께 접견. 교도소장 최근식에게서 완전 처우 개선을 확약받고, 징벌 조치도 철회하겠다는 통보를 받는다.

•••• 1982년 10월 10일

특수 징벌방에서 미결사 독방으로 돌아와 방 안 청소 도중 통증으로 졸도. 임시로 병사에 입원했으나 저혈압, 맥박 불규칙, 가슴 통증, 구토 등의 증세가 계속되자 사회 병원 진료를 위해 전남대 부속병원으로 이송. 상태가 더욱 나빠지자 의사들의 권유에 따라 입원. '장기 단식으로 인한 급성 심근경색증'으로 1차 진료를 받고, 상태가 계속 악화되자 중환자실 입원. 한밤중에 피를 토하는 등 '급성폐부증' 증세가 나타났다.

••• 1982년 10월 11일

'구속집행정지' 결정을 통고받는다. 가족과 동료, 선후배들이 병실을 찾음. 병원에서는 오늘내일이 고비라며 병세가 호전되기를 기대. 이날 저녁 민주세력이 남동성당에서 그의 입병 대책과 양심수들의 처우 개선에 대한 대책을 논의. 그의 쾌유를 기원하는 특별미사가 이어짐.

••• 1982년 10월 12일

새벽 2시, 피를 토하다 절명. 인공호흡, 강심제 투입 등 의료진의 노력에도 불구하고 사망. 우리 나이로 30세, 만 29세의 굵고 짧은 인생을 마감.

오전, '고 박관현 장의위원회'가 구성되고 '광주시민장'으로 영결식을 치르기로 결정.

이날 밤 10시가 넘어 무장경찰이 시신을 탈취, 강제 부검이 실시됨.

13일 새벽, 경찰의 강제 운구로 고향인 영광군 불갑면의 원불교당에 시신이 안치됨. 군직원·면직원 등 강제동원된 사람들이 영결식을 준비하고 장지도 결정됨.

이날 오전 10시, 홍남순 변호사 등 일부 인사들과 고향 마을 사람들이 고향 앞산 어귀에 묻음.

••• 1985년~1987년

1980년 당시 전남대학교 총학생회 활동을 한 지인들을 중심으로 '전남대학교 80총학동지회'가 1985년에 결성되었다. 이후 1987년에 80총학동지회, 들불야학, 사회조사반 선후배 및 동문 제현들이 모여 '박관현 열사 기념사업회'를 결성했다. 기념사업회는 박관현 열사의 전기 『광주의 넋 박관현』을 1987년 출간했다. 관현의 묘는 1987년 11월 13일 영광군 불갑면에서 망월동 민주열사묘역(구묘역)으로 이장되었다.

◦◦• 1989년~현재

80총학동지회와 전남대 총학생회는 공동으로 '박관현상'을 제정하는 한편, 박관현의 명예졸업을 추진, 1989년 2월 관현이 전남대학교 명예 행정학사를 받도록 했다. 80총학동지회는 그동안 모은 기금으로 관현장학재단을 설립하고 1997년부터 매년 관현의 뜻을 기려 장학금 지급 사업을 벌이고 있다. 또한 2001년 4월에는 영광JC 주관으로 박관현 열사 추모비 건립추진위원회가 결성되었다. 영광JC는 2001년 11월 영광 불갑면에 박관현 열사 동상을 건립하고 관현의 뜻을 기리기 위한 백일장 행사를 벌여 나가고 있다. 박관현 열사의 묘지는 1997년 4월 11일 5·18 신묘역으로 이장되었다.

새벽 기관차 박관현 평전

2012년 10월 8일 1판 1쇄

지은이 최유정

편집 김태희, 김태형, 이혜재   **디자인** 권지연   **마케팅** 이병규, 최영미, 양현범, 정은숙   **제작** 박흥기
출력 한국커뮤니케이션   **인쇄** POD코리아   **제본** 정문바인텍

펴낸이 강맑실   **펴낸곳** (주)사계절출판사
주소 (우)413-756 경기도 파주시 문발동 파주출판도시 513-3
전화 031)955-8558, 8588   **전송** 마케팅부 031)955-8595 편집부 031)955-8596
홈페이지 www.sakyejul.co.kr   **전자우편** skj@sakyejul.co.kr
독자카페 사계절 책 향기가 나는 집 http://cafe.naver.com/sakyejul
페이스북 www.facebook.com/sakyejul   **트위터** www.twitter.com/sakyejul

ⓒ (재)관현장학재단 2012

ISBN 978-89-5828-638-7 03990

이 도서의 국립중앙도서관 출판시도서목록(CIP)은 e-CIP 홈페이지(http://www.nl.go.kr/ecip)와
국가자료공동목록시스템(http://www.nl.go.kr/kolisnet)에서 이용하실 수 있습니다.
(CIP제어번호: CIP2012004407)